제2판
(개정판)

외식사업경영론

조문수 · 윤혁수 공저

기문사
www.kimoonsa.co.kr

책머리에

우리 나라의 외식산업은 1988년 서울올림픽을 기점으로 급속도로 발전하여 지금은 20조원 규모의 외식시장, 30여만개의 외식업체와 종사자 300만명을 헤아리는 최대의 산업으로 성장하였다. 이러한 양적성장의 이면(裏面)에는 일부 외식사업체들이 3년 사이에 도산하고 있는 참담한 현실과 IMF극복 프로그램으로서 외식사업 창업이 회자(膾炙)되고 있는 것이 현실이다. 이런 양면성이 존재하는 상황에서 국내 대학들에 체계적인 교육을 위하여 외식관련 학과가 생기고 있다는것은 참으로 다행스러운 일이다.

전문인력을 양성하는 대학에 '외식', '식당', '조리', '레스토랑' 등의 명칭이 사용되고 있다는 것과 향후 이러한 학과가 증가할 것이라는 예상은 그만큼 우리의 외식산업이 발전하고 있다는 사실일 것이다. 다만 증가 추세에 있는 외식 관련학과와 시장규모에 비추어 볼 때 국내 외식산업은 아직까지 기반이 미비하며 경영구조가 취약하다는 문제점을 내포하고 있다. 따라서 앞으로의 외식산업은 과학적이고 효율적인 경영에 의해서만 가능할 것이다. 외식사업의 과학화와 효율화를 달성하고 외식사업을 성공으로 이끌기 위해서는 입지나 자본, 기술보다는 외식사업에 대한 경영자의 '진짜 열정'이 필요하다. 이 책은 바로 이러한 '진짜 열정'을 가지는데 필요한 기본 지식을 제공할 것이다.

저자들은 외식사업에 관한 이론들을 연구하고 가르쳐 오면서 외식사업에 관한 체계적인 교재의 필요성을 인식하여 이 책을 저술하였다. 독자들이 이 책을 읽으면서 외식사업에 관한 이론과 실제를 조금이나마 이해할 수 있다면 이는 우리들의 능력이라기 보다는 지금까지 외식사업 전반에 관하여 연구해 온 수많은 학자들의 노력의 결실일 것이다.

학기를 중심으로 하는 대학에서는 1장부터 12장까지의 내용을 중심으로 강의할 수 있도록 교재를 구성하였으며, 13장과 14장은 실무중심의 과제

(Report)를 부과할때 또는 외식사업을 창업하고자 할 때 유용하게 이용할 수 있을 것이다.

제1부는 외식·사업에 관한 일반적인 내용으로, 제1장 외식과 외식산업, 제2장 외식소비자 행동의 이해, 제3장 외식사업의 창업, 제4장 외식사업 관련법규로 구성되어 있다.

제2부는 외식사업 경영 전반에 관한 내용들을 중심으로, 제5장 외식사업 마케팅, 제6장 외식사업의 서비스관리, 제7장 메뉴관리, 제8장 메뉴엔지니어링, 제9장 식자재 관리로 구성되어 있다.

제3부는 실무중심 분야로 외식사업의 생산지점인 주방을 중심으로 구성되어 있는데 제10장 주방관리, 제11장 주방의 설계, 제12장 주방설비, 제13장 주방설계와 사례, 제14장 주방설비의 종류와 특징의 5장으로 구성되어 있다.

저자들은 이 책의 체계를 다듬어감에 있어 외식사업 분야에서 지금까지 이루어진 연구성과들 중 비교적 기본적인 내용들을 중심으로 정리하고자 나름대로 최선을 다하였으나 학문의 성취가 일천(日淺)하여 체계나 내용면에서 많이 부족할 것으로 생각된다. 그러나 동료 학자들과 이 책을 읽는 독자들의 아낌없는 질책과 격려가 있다면 후일에 더 보완하여 보다 완성된 내용으로 거듭 태어날 수 있을 것이다.

이 책이 나오기까지 참으로 많은 분들의 격려와 보살핌이 있었으나 우리 저자들의 부족한 필력(筆力)으로 인하여 이 분들의 고마움을 글로 다 표현하지 못하였다. 그렇지만 이 글을 마무리하면서 오늘의 우리가 있도록 해주신 부모님과 은사님들의 은혜만은 되새기고 싶다. 아울러 한권의 책으로 출간될 수 있도록 도움을 주신 기문사 한인환 사장님과 직원들에게도 감사 드린다.

끝으로 이 책속에 가족들의 희생어린 사랑이 배어 있음을 느끼며, 향후 학계(學界)와 외식사업에 기여할 수 있는 좋은 책들이 출판되어 이 책의 부족한 면을 채워준다면 이 책은 나름대로의 존재의미를 지닐 수 있을 것이다.

2010년 3월

조문수·윤혁수

차 례

제 1 부 외식사업의 이해와 창업

제 1 장 외식과 외식산업

제 2 장 외식 소비자 행동의 이해

제 3 장 외식사업의 창업

제 4 장 외식사업 관련법규

제 2 부 외식사업 경영의 이해

제 5 장 외식사업 마케팅

제 6 장 외식사업의 서비스관리

제 7 장 메뉴관리

제 8 장 메뉴엔지니어링

제 9 장 식자재 관리

제 3 부 주방관리 및 주방설계

제 10 장 주방관리

제 11 장 주방의 설계

제 12 장 주방설비

제 13 장 주방설계와 사례

제 14 장 주방설비의 종류와 특징

제 1 부

외식사업의 이해와 창업

제 1 장 외식과 외식산업

제 2 장 외식 소비자 행동의 이해

제 3 장 외식사업의 창업

제 4 장 외식사업 관련법규

제 1 장

외식과 외식산업

1. 외식의 개념과 외식산업

1) 외식의 개념과 외식산업

외식이라 함은 밖에서 음식을 먹는 것으로 가정의 식생활을 기준으로 구분한다. 즉 가정내의 식생활을 내식(內食)이라 하고 가정외의 식생활을 외식(外食)이라 한다. 종래의 외식산업에 있어서 외식에 대한 개념은 가정외 식생활을 그 범위로 하였다. 그러나 인스턴트식품, 레트로이트식품, 출장연회, 도시락판매 등 다양한 소비형태가 생겨남에 따라 현대적 의미의 외식이란 가정외 식생활과 가정내에서의 외식적 내식까지 포함하는 개념으로 발전하였다.

도이토시오(土井利雄)는 내식과 외식을 내식적 내식, 외식적 내식, 내식적 외식, 외식적 외식으로 〈표 1-1〉과 [그림 1-1] 같이 분류하였다.

〈표 1-1〉 내·외식 분류 및 내용

구 분	내 용
내식적 내식	전통적 의미의 내식으로 가정내 가공·조리과정을 거친 식생활중심
외식적 내식	가정내 식사이나 제한적인 조리로 완전조리나 반조리식품중심
내식적 외식	일반적인 가정음식의 가정외 식사중심
외식적 외식	전문요리나 고급음식 등 외식 본래의 가정외 식사중심

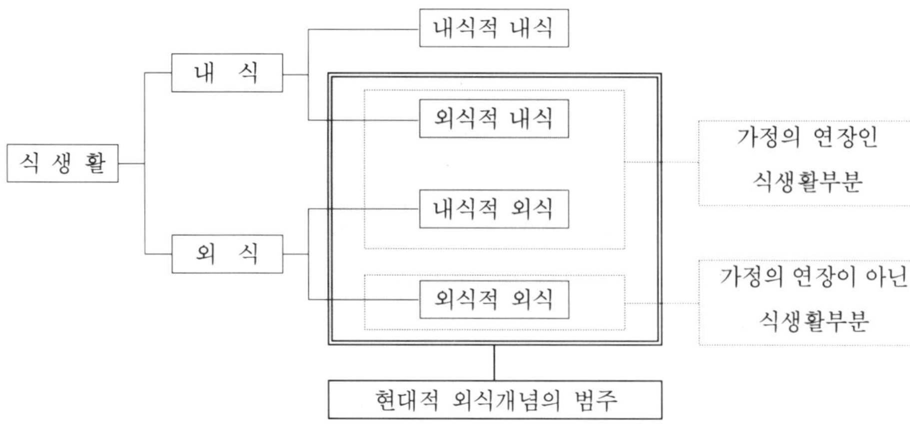

[그림 1－1] 도이토시오(土井利雄)의 내식·외식 분류

도이토시오의 내식·외식분류는 외식의 개념을 체계화하였다는 점에서 의미를 부여할 수 있으나 현대적 의미에서의 외식을 설명하기에는 미흡하다. 이에 대하여 한국외식연구소에서는 다음과 같이 내·외식의 개념을 정리하고 있다.[1)]

내외식의 구분은 외부생산자에 의하여 조리된(부가가치가 창출된) 최종소비상품이냐 아니냐에 의하여 결정되어야 하므로 도이토시오의 분류방법은 새로운 시각에서 기술될 필요가 있다. 내식적 내식은 가정내에서 원자재, 반가공식품, 또는 완전가공식품을 조리한 식사를 가정내에서 하는 것을 의미하며, 외식적 내식은 외부의 생산자에 의하여 조리되어진 것을 가정내에서 하는 것(배달음식, 출장음식)으로 보는 것이 타당하다고 볼 수 있다. 내식적 외식은 가정에서 조리한 것을 외부에서 식사하는 것(도시락)을 의미하며, 외식적 외식은 가정 밖에서 외부의 생산자에 의하여 조리되어진 것을 의미한다고 할 수 있다. 내식적 내식이나 내식적 외식은 가정에서 원자재를 조리하는 것이기 때문에 효율성(utility)은 증가하지만 가사노동의 가치(value)측정이 어렵고 비상업적이기 때문에 외식의 범주에 넣을 수 없고, 외식적 내식과 외식적 외식만이 외식산업의 범주에 속한다 할 수 있다. 따라서 외식적 내식은 eating market의 영역과 비슷하고 외식적 외식은 dining market의 영역과 비슷하다.

이상의 도이토시오와 한국외식산업 연구소의 내·외식 분류의 한계점을 지적하면 다음과 같이 정리될 수 있다.

1) 한국외식산업연구소, [외식사업경영론](서울 : 백산출판사, 1995), p. 17.

첫째, 가사노동에 대한 명확한 기준이 모호하다.
둘째, 단어 자체의 뜻만으로 내·외식을 이해하기에는 곤란하다.
셋째, 현대적 의미의 외식 범주에 완전조리식품까지 포함시키는 것은 무리가 있다. 즉, 완전조리 식품은 식품제조업체에서 생산되는 공산품이기 때문이다.
넷째, 외식시장이 확대되고 있는 추세에 비추어 볼 때 단체급식과 출장연회에 관한 내용이 빠져 있다.
다섯째, 음료(주류포함)를 판매하는 요식업에 대한 설명이 제외되어 있다.
여섯째, 음식제공에 필요한 서비스에 대한 설명이 미흡하다.
일곱째, 전문요리와 고급요리에 대한 명확한 구분기준이 제시되어 있지 않다.

2) 외식산업의 특성

외식산업이란 외식활동에 대응하여 성립된 일단의 산업군으로 식생활에 있어서 외식의 범주에 연관된 산업이다. 종래의 요식업, 접객업, 음식점업 등으로 불리우던 음식점영업이 오늘날 외식산업으로 발전한 것은 전체적인 시장규모의 확대와 단순히 음식을 만들어 제공하는 역할에서 탈피하여 음식과 서비스의 제공, 분위기의 연출, 가치의 창출 등을 상품으로 제공하는 개념으로 발전하였다. 이는 외식산업이 제조업과 서비스업을 함께 추구하는 복합산업으로 자리하였기 때문이다. 이러한 외식산업은 제조업인 동시에 서비스 산업이며, 인간의 기본욕구를 다루는 복합산업으로 다음과 같은 특성이 있다.

① 외식산업은 생산과 판매가 동시에 이루어지는 서비스산업이다.
② 외식산업은 식품제조, 유통, 서비스산업의 성격을 띤 복합산업이다.
③ 사업성의 측면에서 외식산업은 업소의 위치를 우선으로 하는 입지산업의 특성을 가지고 있다. 즉, 입지전략과 상권분석을 통하여 사업의 타당성조사가 이루어지고 수익성 위주의 효율적 사업경영이 요구되는 산업이다.
④ 외식산업은 고객과 직원, 경영자가 삼위일체가 되는 서비스연출산업이다. 즉, 인간과 인간간의 관계를 중심으로 하는 고감도 연출이 필요한 인재산업이다.
⑤ 외식산업은 표준화, 단순화, 전문화 시스템을 전제로 하는 매뉴얼산업이다.
⑥ 외식산업은 업소 경영경험과 노하우를 통하여 규모의 경제와 표준화를 실현하는 프랜차이즈산업이다.

⑦ 오늘날의 외식산업은 기존의 품질, 서비스, 청결(QSC)의 중심요소와 더불어 분위기, 시간, 가치(ATV)가 강조되는 산업이다. 즉 품질, 서비스, 청결을 바탕으로 제공시간의 최적화와 분위기의 연출, 메뉴와 가격면에서 고객만족의 가치를 추구한다(Q: Quality, S: Service, C: Cleanness, A: Atmosphere, T: Timing, V: Value).

2. 외식산업의 분류

1) 외식산업의 업종별 분류

외식산업의 업종을 분류하는 기준은 학자에 따라 조금씩 달리하고 있으나 일반적으로 음식과 음료(주류 포함)를 중심으로 구분하는데 이를 정리하면 [그림 1-2]와 같다.

- 외식산업
  - 음식 · 요리중심
    - 일반제공
      - 일반음식점
        - 한식점
        - 레스토랑
        - 중국음식점
        - 분식점
        - 기타음식점 등
      - 특수음식점
        - 열차식당
        - 기내식당
        - 선박식당
        - 출장조리
        - 완제품판매 등
      - 부속음식점
        - 호텔, 여관, 콘도
        - 쇼핑센타
        - 리조트
        - 편의점
        - 자동판매기
    - 단체제공
      - 학교
      - 기업
      - 병원
      - 특수시설(군대, 교도소 등)
      - 사회복지시설 등
  - 음료·주류중심
    - 음료전문
      - 다방
      - 커피전문점
      - 전통찻집 등
    - 주류중심
      - 술집(호프, 룸싸롱 등)
      - 나이트클럽
      - 극장식식당 등

[그림 1-2] 외식산업의 업종별 분류

이상의 내용을 요약하면 외식산업의 분류형태는 다음과 같은 기준을 토대로 변화되어 왔음을 알 수가 있다.[2)]

① 국가별·개인별로 그 종류가 계층별·내용별로 다양하게 분류되어 왔다.
② 외식산업의 종류는 시대별로 변화를 가져왔다.
③ 외식산업의 종류는 개성의 변화에 따라 상품력을 가지고 산업으로서 변화를 해왔다.
④ 식·음료별로 구분을 하고 있으나 고객을 대상으로 하는 실제 이용시에는 명확한 구분이 어렵다.
⑤ 업태유형에 따라 차별화의 성격을 강하게 띄고 있다.
⑥ 고객의 욕구변화에 능동적으로 대처해 나가고 있다.

한편 우리나라의 경우를 보면 2008년도 경제기획원에서 발행한 한국표준산업 분류에서 외식산업을 다음 〈표 1-2〉와 같이 분류하고 있다.

〈표 1-2〉 한국표준산업 분류(korea Standard Industrial Classification)

중분류	소분류	세분류	세세분류	항목명	구분수	비고
56				음식점 및 주점업		
	561			음식점업		
		5611		일반음식점업		
			56111	한식음식점업		
			56112	중식음식점업		
			56113	일식음식점업		
			56114	서양식음식점업		
			56119	기타 외국식 음식점업		
		5612		기관구내 식당업		
			56120	기관구내 식당업		
		5613		출장 및 음식 서비스업		
			56131	출장 음식 서비스업		
			56132	이동 음식업		
		5619		기타 음식점업		
			56191	제과점업		
			56192	피자, 햄버거, 샌드위치 및 유사 음식점업		
			56193	치킨 전문점		
			56194	분식 및 김밥 전문접		
			56199	그 외 기타 음식점업		
	562			주점 및 비알콜음료점업		
		5621		주점업		
			56211	일반유흥 주점업		
			56212	무도유흥 주점업		
			56219	기타 주점업		
		5622		비알콜 음료점업		
			56220	비알콜 음료점업		

2) 원융희, [외식사업론](서울 : 대왕사, 1994), pp. 24~26

2) 외식산업의 업태와 특성

외식산업에서 업종이라 함은 취급메뉴에 따른 구분으로 한식, 양식, 일식 등을 말한다. 업태라 함은 미국에서 사용하기 시작한 용어로 서비스방식에 따라 패스트푸드, 패밀리레스토랑, 디너하우스 등으로 구분한다. 우리나라의 외식산업의 업태를 메뉴와 객단가, 업체 등으로 구분하여 예시하면 〈표 1-3〉과 같다.

〈표 1-3〉 한국 외식산업의 업태 분류

구 분	커 피 숖	패스트푸드점	패밀리레스토랑	스페셜레스토랑
서비스형태	셀프 서비스 테이블 서비스	셀프 서비스	테이블 서비스	테이블 서비스
제공시간	1분-3분 이내	1분 이내	5분-20분 이내	10분-30분 이내
객 단 가	1천원-2천원	2천원-4천원	5천원-1만원 메뉴에 따라 2만원대까지	1만5천원 이상 소득표준율표상 고급음식점기준
주 메 뉴	커피, 음료 등	햄버거, 치킨 등	스테이크, 커틀렛 샐러드 등	고급 전문음식
메 뉴 수	10-30 종류	20-40 종류	60-200 종류	전문메뉴 (60 종류 이내)
메뉴구성	음료와 스넥 (구성의 한계)	가벼운 메뉴 구성의 한계 간단한 세트메뉴	정식메뉴와 개별 선택가능한 메뉴	전문 메뉴와 정식메뉴
이용시간	상시	아침, 점심	점심, 저녁	점심, 저녁
대상고객	대중, 20-30대층	10대-20대후반	가족 단위, 20-30대후반	특수층 모임, 단체 등
주 차 장			구비 필수	구비 필수
이용빈도	수회/주	수회/주	1-2회/주	1-2회/월
업 소 예	쟈뎅 샤가	롯데리아 켄터키 프라이드 맥도날드	코코스 데니스 T.G.I.	뉴욕 뉴욕 베니하나 삼원가든

주 : 패밀리레스토랑을 메뉴와 가격, 분위기 및 서비스 정도에 따라 캐쥬얼레스토랑과 패밀리레스토랑, 패밀리다이닝 등으로 세분하여 분류하기도 한다.

패밀리레스토랑이란 비교적 고급화된 다양한 메뉴를 테이블서비스로 가족이 함께 즐길수 있는 분위기의 레스토랑을 가리킨다. 패밀리레스토랑은 소득수준의 증가와 핵가족화 등 사회여건의 변화에 부응하여 기존의 패스트푸드가 가지지 못하는 가족적 분위기 제공이라는 업태 차별화의 필요에서 생성되기 시작하였다.

특히 외식다운 외식을 찾는 고객층의 증가로 객단가의 상승과 매출효율의 상승 외에도 체인경영과 중간관리자를 통한 서비스 관리 등 외식산업 경영관리 측면에서 고객의 기대에 능동적으로 대처하는 장점이 있다.

이미 기존의 중소 경양식점 등은 그 경쟁력을 상실하여 향후 시장은 대형화된 체인형태의 레스토랑이 시장을 지배할 것으로 전망되고 있다. 패밀리레스토랑은 서구식 건물과 여유있는 주차시설의 확보, 밝은 분위기와 친절하며 독특한 접객 서비스 등의 특징 외에도 양식 중심이나 표준화된 메뉴와 이에 적합한 주방설비의 구비 등으로 음식의 품질수준을 유지하는 특징이 있다.

3) 식품위생법상의 식품접객업 분류

식품위생법이나 한국표준산업분류, 소득표준율 등에서는 외식산업을 산업군으로 분류하지 아니하고 식품접객업으로 분류하여 업태를 구분하고 있다. 특히 2008년 6월에 개정된 식품위생법에서는 〈표 1-4〉와 같이 종래의 논란이 많았던 다방 영업과 대중음식점, 유흥음식점 등의 업태 구분을 명확히 하여 변화하는 외식 시장의 업태 특성에 적합하도록 조정하였다.

〈표 1-4〉 식품위생법상의 식품접객업 분류

영업의 종류	범위
휴게음식점	영업음식류를 조리 · 판매하는 영업으로서 음주행위 금지(패스트푸드점, 커피숍, 찻집 등)
일반음식점영업	음식류를 조리 · 판매하는 영업으로서 식사와 함께 부수적으로 음주행위 허용(한식, 일식, 중식, 레스토랑 등 일반음식점)
단란주점영업	주로 주류를 조리 · 판매하는 영업으로서 손님이 노래 부르는 행위 허용(유흥접객행위 금지)
유흥주점영업	주로 주류를 조리 · 판매하는 영업으로서 유흥종사자 및 유흥시설 설치를 허용하고 손님이 노래를 부르거나 춤을 추는 행위 허용(룸살롱, 카바레, 디스코 클럽 등)
위탁급식영업	집단급식소를 설치 · 운영하는 자와의 계약에 의하여 그 집단급식소 내에서 음식류를 조리하여 제공하는 영업
제과점영업	주로 빵, 떡, 과자 등을 제조 · 판매하는 영업으로서 음주행위가 허용되지 아니하는 영업

1994년 4월 30일의 식품위생법 시행령에 따라 종전의 식품접객업은 식품 위생법 시행령 부칙 제2조 영업허가에 관한 경과조치와 같이 분류할 수 있는데 종

전의 분류와 현행 분류와의 차이점을 정리하면 〈표 1-5〉와 같다.

〈표 1-5〉 식품접객업상의 업태 변경

종전의 분류	현행 분류
1. 대중음식점 여업(식사류 등 음식물만 판매하는 경우) 3. 다방영업 6. 휴게실 영업	가. 휴게음식점 영업
4. 일반조리 · 판매업 5. 대중음식점 영업(식사류 등 음식물만을 판매하는 경우 외의 대중음식점 영업의 경우) 7. 이동조리 · 판매업 8. 출장조리 · 판매업 9. 대중음식점 영업	나. 일반음식점 영업
10. 유흥접객 영업(주류와 안주만을 판매하는 경우)	다. 단란주점 영업
11. 유흥접객 영업(주류만 안주만 판매하는 경우외의 유흥접객 영업의 경우)	라. 유흥주점 영업
	마. 위탁급식 영업
2. 과자점 영업	바. 제과점 영업

3. 외식산업의 당면과제 및 시장전망

1) 외식산업의 당면과제

오늘날의 외식산업은 양적 성장과 질적 성장이 함께 이루어지고 있으나, 그 성장의 방향은 양에서 질로 변화되고 있다. 즉 운영적인 면과 외식의 가치화가 외식사업 성공의 관건이 될 것이다. 따라서 오늘날의 외식산업이 당면하고 있는 문제는 다음과 같다.

① 경영자 의식의 문제 : 외식산업을 낮게 평가하는 직업관과 의욕의 부족 그리고 제조와 판매, 서비스의 복합산업인 외식산업에 대한 전문 경영지식의 부족 등

② 인적자원의 문제 : 성장기 시장에 대응할 인적자원의 문제로 교육훈련의 미비와 자질개선 노력의 부족, 3D 업종기피에 따른 인력난 및 생산성 향상 방안의 부재, 그리고 우수한 인재 양성 프로그램의 미비와 조직의 구성 문제 등

③ 품질수준의 문제 : 품질기준과 실제 품질간의 차이에서 파생되는 음식의 품질, 메뉴에 적합한 적정 설비의 도입 및 표준양목표(recipe)의 미비, 품질의 비균일성과 품질관리의 미비 등

④ 원가회계의 미숙 : 주요 식자재 시장가격의 변화와 인건비의 상승 등 제반 원가의 증가, 그리고 수익성과 최적원가의 산정능력 부족 등
⑤ 운영자금의 부족 : 자금한계에 따른 우선투자 문제, 운영자금의 부족과 현금 흐름에 관한 계획의 부재 등
⑥ 관리상의 문제 : 업소 이미지관리의 인식 결여, 열악한 근무환경과 높은 이직율, 그리고 중간관리자의 부족과 업무조정능력 부재 등
⑦ 식품에 관한 지식의 부족 : 식품에 관한 지식과 조리경험의 부재, 조리사에 대한 지도·감독 능력 부족, 그리고 연구하는 자세의 부족 등
⑧ 메뉴기획의 부재 : 고객의 욕구 파악, 원가와 수익성의 함수관계 해석, 인력과 숙련도의 부족, 메뉴분석 능력 부족, 고객지향적 메뉴가치 창출 미비 등
⑨ 주방설비의 문제 : 고품질의 상품가치를 창조하기 위한 주방설비의 성능 문제, 주방설비에 대한 지식 부족 및 사용상의 부주의 등

2) 외식산업의 시장 전망

앞으로의 우리나라 외식산업은 새로운 감각의 업태 출현과 기존 업소의 근대화가 함께 이루어지며, 외식산업 전반에 걸친 독창적 아이디어가 가미된 차별화 브랜드가 주도하게 될 것으로 전망된다. 1인당 국민소득이 1만달러가 넘어선 ' 96년부터는 대기업 등 자금력, 조직력, 전문성과 노하우 등을 구축한 업체 중심으로 외식산업은 대변혁을 맞이하였고, 고객 가치와 고객 만족을 지향하며 특히 프랜차이즈 산업의 활성화가 이루어지고 있다. 또한 중앙 집중식 주방(central kitchen)과 식자재 공장, 물류센터 구축 등도 활발하게 추진되면서 동시에 과학적이고 합리적인 경영으로 효율성을 추구하는 업체가 시장을 선도할 것으로 전망하고 있다.(catering 및 위탁경영 전문업체와 같은 업태의 시장 확대 예상 등)

식생활에 있어서는 식생활의 세계화 추세와 가공식품화 경향과 가족이나 모임 외에도 개인적 외식의 증가, 간편식과 고급요리 전문점의 차별화 등의 경향이 예견된다. 이에는 기존의 맛과 분위기에 대한 식상함에서 벗어난 새로운 맛, 식사형태, 감각 연출과 차별화된 공간을 제공하는 민속·민족 요리점의 출현 등을 그 예로 들 수 있겠다.

경영관리 측면에서는 인력의 부족으로 자동화 및 생산성과 쾌적성을 추구하는 근무 환경 조성과 중간관리자의 양성으로 공급자 측면에서는 경영자, 중간관리자, 직원으로 역할을 분담하여 업무의 효율화 및 서비스관리를 추진할 것으로 예상되며 메뉴별로 이에 적합한 고성능 주방설비의 개발과 활용, 그리고 표준화와 매뉴얼화 된 관리로 고질적인 문제이던 품질수준의 유지가 이루어질 것으로 전망된다.

햄버거 등의 패스트푸드와 피자, 편의점의 외식코너, 패밀리레스토랑 등의 발전과 전문 외식그룹의 탄생 그리고 관련산업인 인테리어, 주방설비, 컨설팅 관련 산업 등의 발전이 예상된다. 그외 농장, 공원, 유원지, 휴게소, 휴양지는 물론 호텔, 스포츠센터, 리조트, 골프장, 팬션 등과의 복합화 및 건설, 부동산, 유통, 식재, 식품산업과도 연계하여 외식산업은 대형화 혹은 계열화될 것으로 전망된다. 따라서 타산업과의 복합전개, 공동진출 현상이 두드러지면서 새로운 형태와 새로운 기법의 프랜차이즈 산업이 등장하고 전통 음식에 있어서도 근대화, 과학화, 시스템화가 접목되면서 해외시장 진출도 가능하게 될 것으로 전망하고 있다. 앞으로의 외식산업은 창의적인 아이디어와 고객 가치를 창출하는 업종 및 업태만이 시장을 주도하며 변화와 발전을 모색할 것이다. 따라서 시대적인 소비패턴에 맞는 감각적인 업소 연출과 서비스가 필요한 것이다. 외식사업을 경영하는 입장에서는 우선 시스템화, 매뉴얼화, 기술혁신화 등의 문제부터 시작하여 외식 산업 발전을 추진해 나가야할 책임과 사명이 필요한 때이다.

4. 외식사업의 경영형태

외식사업의 경영형태는 독립경영과 체인경영, 그리고 계약경영 등 크게 세 가지의 관리형태로 구분된다. 독립경영이란 투자에서 운영까지 그 모든 영업활동상의 권한과 책임이 경영자에게 부여되는 형태로 대부분의 외식업소가 독립경영의 형태를 띠고 있다. 체인경영이란 프랜차이즈 경영이라고도 하는데 투자에서 영업까지 2개 이상의 업소를 대상으로 체인화하여 운영하는 형태이다.

경영계약은 근래에 들어 각광을 받기 시작한 관리형태로 부동산이나 자본은 있으나 경영능력이 부족한 경우 외식전문 기업으로 하여금 대리경영토록 하는 방법이다. 소유주는 토지, 건물, 시설과 운영자금을 제공하고 외식기업은 경영에 필요한 모든 권한을 위임받아 경영한다. 이른바 외식사업의 소유와 경영의 분리가 일어나는 형태로 외식기업은 경영의 책임을 지지만 법적책임의 당사자는 소유주가 된다. 각각의 관리형태상의 장단점을 나열하면 다음과 같다.

1) 독립경영의 장단점

① 수익성이 높으며 통제가 용이하다.
② 시장에 대응하는 정책의 결정이 빠르다.
③ 자금운영의 어려움과 효율이 낮다.
④ 사업에 대한 위험도가 높다.

2) 체인경영의 장단점

(1) 체인본부(Franchiser)의 측면

① 신규업소의 개업시 적은 자본으로 상표이용료 및 기술지원료 등의 수익을 창출한다.
② 단기간내 업소의 확대와 체인의 지명도를 높일 수 있다.
③ 가맹점의 증가분 만큼 이익이 증가한다.
④ 규모의 경제로 구매상의 이점을 가진다.
⑤ 관리의 체계화가 요구되며 가맹점 통제가 용이하지 않다.
⑥ 가맹점의 과실이 전체 이미지를 손상시킨다.
⑦ 가맹점과의 마찰과 영업상의 책임소재 해결이 불분명하다.
⑧ 가맹점이 탈퇴한 후 유사영업을 창업하여 경쟁관계를 형성할 수 있다.

(2) 가맹점(Franchisee)의 측면

① 체인의 시스템을 따르므로 경험의 부족에서 오는 위험을 줄일 수 있다.
② 체인의 상호, 상표, 상품의 사용과 경영노하우를 전수받을 수 있다.
③ 통합된 영업, 광고, 판촉 등의 지원으로 영업효과를 높일 수 있다.
④ 재고의 부담을 덜 수 있으며 품질의 균일화를 이룰 수 있다.
⑤ 표준화된 통일방식을 따르므로 임의로 더 나은 방안을 채택할 수 없다.
⑥ 체인본부와의 이해가 상반되는 경우 그 해결방법이 복잡하다.
⑦ 불평등한 계약을 요구하는 경우가 많다.
⑧ 체인본부의 사세가 약화되는 경우 그 보상이 어렵다.

3) 경영계약(Management Contract)의 장단점[3)]

① 전문가에 의한 경영으로 경영이 안정된다.
② 높은 수익을 기대할 수 있다.(일반적으로 프랜차이징보다 수익성이 높다)
③ 경영노하우와 시스템, 경영방침을 적용하므로 외식기업의 이미지가 유지된다.
④ 소유주와 경영자의 갈등이 있을 수 있다.
⑤ 영업부진에서 오는 손실을 소유주가 감수하여야 한다.

참고 1 법인사업자와 개인사업자의 비교

구　분	법인 사업자(법인격)	개인 사업자(개인격)
등기·등록여부	법인등기(법원등기과) 사업자등록(세무서)	등기불필요 사업자등록
인적·물적 구성요건	이사3인(대표이사1인포함) 감사1인 자본금 5천만원 이상	대표자 1인 기재(세무서) 공동사업인 경우 공동대표기재, 동업계약서 첨부
재무제표의 공시	매년 1회 일간지에 대차대조표공고, 공고불이행 가산세	공고의 의무가 없고 불이행 가산세도 없음(비밀유지가능)
과세원리 범위	순자산 증가설 (모든 수익, 이익에 과세)	소득원천설 (열거된 수익만 과세. 이자수입, 고정자산손익은 사업소득 과세대상)
법인세 소득세율	32%(1억 이하부분은 18%) 주민세까지 34.4% (=32%×1.075)	45%(6천4백만원 초과, 6단계) 주민세까지 48.4% (=45%×1.075)
토지 건물 등 양도세율	57%(=32%+25%) (부가세 법인세 이중과세)	60%(5억 초과) (5단계 세율적용)
지급이자 및 금융비용의 비용인정여부	원칙적으로 모든 지급이자 금융비용의 비용 인정	수입목적으로 직접사용된 부채의 지급이자만 비용인정
일반적 선택경향	지향적 법인, 종합건설업 등. 은행거래 차입금이 상당한 법인	사업의 초기. 소매, 유통 등. 순수자기자본, 사채거래가 많은 사업자

3) 종래에는 경영계약에 의한 매출액 기준으로 그 성과를 배분하였으나 매출지상주의가 발생시키는 문제(수익성과 상반되는 경우의 발생과 고객의 지속성 문제 등) 등으로 인하여 근래에는 매출과 수익성을 함께 고려하여 경영성과를 배분하는 방법이 일반적으로 채택되고 있다.

4) 외식프랜차이즈 시스템

프랜차이즈의 유래는 19세기말 미국에서 양키페드라(행상인)에게 일정지역에서 특정상품의 독점 판매권을 준 것으로부터 시작한다. 일반적으로 프랜차이즈의 정의는 업소를 경영하는 마케팅방법의 하나로서 가맹본부(프랜차이저)가 가맹사업자(프랜차이지)와 업소운영에 관한 계약을 체결하고 본부의 상호, 상표, 기타 영업에 관한 운영방법이나 상품제조상의 노하우를 제공하여 상품의 판매나 기타 영업행위의 행사권리를 부여하는 대신 가맹사업자는 일정한 대가를 본부에 지불하고 사업에 필요한 자금을 투자하여 본부의 지도나 통제에 의해 사업을 운영하는 일체의 비즈니스를 말한다. 즉 체인본부와 가맹점간의 공존공영을 목적으로 쌍방간의 계약에 의한 권리와 의무가 수행되는 것이다. 따라서 프랜차이즈 패키지의 내용과 밀도가 중요한 포인트가 되는 매우 합리적이고 효율적인 체인운영의 방법이라고도 할 수 있다.

외식 프랜차이즈에 있어서 로얄티 지급 방법으로는 매출액 비율방식, 영업이익 배분방식, 정액방식, 수수료수입 비례방식, 영업규모 비례방식, 상품공급 대체방식의 6가지가 있다. 현재 우리나라의 외국 도입 브랜드의 경우 순매출의 3~5% 수준을 로얄티로 지급하고 있다. 이외 식재료 및 제품 공급의 경우 본부로부터의 일괄공급, 본부 및 지정업자로부터의 공급, 일부를 제외한 각기 자유로운 공급방식 등이 상호계약으로 운영된다.

국내 외식산업의 경우 프랜차이즈시장은 영세난립형 체인본부의 속출과 전문성, 자금력, 조직력, 노하우 부족 등의 문제와 짧은 연륜때문에 불신과 도산, 부도가 지속되고 있는 상황이다. 업소의 복수 전개를 전제로 하는 외식 프랜차이즈는 본부의 기능과 역할은 물론 가맹점을 최우선으로 하는 사업전개로 본부와 가맹점 쌍방간의 경영의 독립성을 계속 유지하면서 공리공존을 추구하나 현실의 시스템은 그러한 원리원칙이 충분히 이행되지 못하고 있는 실정이다. 즉 가맹점은 본부의 지도력, 리더십, 노하우 제공 등의 기대심리가 크지만 실제 본부의 기능과 역할은 기대에 못미치는 수준이다. 따라서 체인 본부로서는 업종의 차별화 및 강점, 메뉴구성 등을 충족시키는 유통, 경제성과 효율성을 추구하는 경영관리 그리고 기술혁신 등 제반 노하우를 개발 정착시키는 등의 노력이 요구된다.

참고 2 경영관리와 분야별 관리대상

경영관리란 사업을 운영하는 것으로 경영자가 수행하는 고유직능과 관련된 결합적이며 통합적인 활동이다. 경영관리란 목표의 달성을 위해 점증하는 시장의 환경변화와 영향에 대해 적절히 대응하기 위한 경영자 활동으로서의 전략적 관리와 일상업무의 처리와 관련된 관리과정으로서의 업무적 관리로 그 기능이 분화되어 있다. 즉 자신이 경영하는 업소가 미래에도 존속, 성장하기 위한 혁신적 업무로서의 전략적 관리와 당장의 존속에 필요한 일상업무로서의 업무적 관리라는 업무를 담당한다. 이러한 경영관리는 그 관리의 대상에 따라 인적자원관리, 마케팅, 재무관리, 회계, 생산관리 등으로 구분된다.

경영 분야	관리대상 자원	지향 목표와 성과
인적자원관리	인적자원	인력개발, 성취감, 만족감
마케팅	고객, 시장, 상품	고객만족, 시장확대
재무관리	자금	효율적 자금조달과 활용
회계	정보자료	자산운영의 결과분석
생산관리	설비요소	생산성, 능률

5. 한국과 일본의 외식산업 변천과정

외식산업은 1인당 GNP가 1,000달러 수준일 때를 외식산업의 시발점으로, 1인당 GNP가 5,000달러를 넘어서는 시점에서 성장기로 진입한다. 그리고 소득수준과 외식산업 발전간에는 밀접한 관계가 있다.

우리나라의 외식산업은 1900년대초 가내주도형 식문화에서 출발하여 경제수준이 향상된 1980년대에 들어서야 비로서 외식산업의 성장기를 맞이하게 되었다. 양적 팽창에서 질적 경영으로 전환하고 있는 1990년대에는 외식산업시스템의 도입 등이 전개되는 전환기에 진입하여 새로운 형태의 업소와 함께 기존업소의 성장과 도태가 함께 일어날 것으로 전망되고 있다.

특히 우리나라의 외식산업은 미국의 외식산업 변천사보다 서구식 외식이 도입 된 1960년대 이후의 일본의 외식산업 변천사와 매우 유사한 형태로 전개되고 있다. 급속한 경제성장과 국제화로 미국과 유럽의 영향을 향후 많이 받겠지만, 그 주류의 흐름은 여전히 일본시장의 상황과 함께 할 것으로 전망된다.

〈표 1-6〉 한국과 일본의 외식산업 변천과정

연도	일본	한국
40년대	요식업으로 전개 (우동, 튀김 등) 백화점내 식당가, 레스토랑 동장 로얄('50)-고급레스토랑	
60년대	GNP : 1,400달러/'65시장 : 5조엔 요식업 - 외식산업 (태동기) 음식업 자유화를 근간으로 발전	GNP : 100~200달러 분식 장려와 식생활 개선문제 부각 개인업소와 노점상의 출현
70년대	GNP : 5,000달러 /'76시장 : 10조엔 서구식 외식의 도입(발전기) 센트럴 키친 및 매뉴얼화 외식혁명('78-GNP 8,500달러) 스카이락('70), K.F.C. ('70), 맥도날드('71), 롯데리아('72), 데니스제팬('73), 웬디스('78)	GNP : 250~ 1,600달러 업소의 영세, 경제개발, 식생활개선 해외브랜드 도입 및 프랜차이즈 태동 난다랑('79 국내 프랜차이즈의 효시) 롯데리아('79 서구식 외식시스템의 시발점)
80년대 초반	GNP : 10,000달러 /'82시 장 : 17조 외식산업의 전환기(고도성장기) 대기업의 참여와 영업활성화 프랜차이즈 및 다점포 전개 스카이락, 데니스제팬 등 기업공개	GNP : 1,600~ 2,200달러/' 82시장 : 2조6천 외식산업의 태동기(요식업-외식산업) 영세체인의 난립(햄버거, 국수, 치킨 등) 해외유명브랜드의 진출 아메리카나('80), 웬디스('82), K.F.C. ('84), 피자헛('84)
80년대 후반	GNP : 20,000달러 /' 87시장 : 21조 외식산업의 재도약기(안정성장기) 정보 관리 및 업소관리 시스템화 식자재공장, 물류센타 건립 고감도 외식산업으로 진입 외식그룹 등장-스카이락, 로얄, 세이부세촌, 다이에이 등	GNP: 2,200~4,100달러/' 88시장 : 6조5천 외식산업의 성장기 식생활의 외식화, 레저화, 가공식품화 패스트푸드 및 프랜차이즈중심의 시장 패밀리레스토랑의 도입 맥도날드('86), 피자인('88) 코코스('88), 쟈뎅('89)
90년대	GNP : 28,000달러 외식산업의 침체회복 및 성장기 민속요리점 및 해외진출 타업종과의 복합화 종합생활기업으로의 변화	GNP : 10,000달러/' 96 시장 : 20조 외식산업의 전환기, 시스템화 대기업의 진출 및 유명브랜드 도입 프랜차이즈별 성장 및 도태 시즐러, 스카이락, TGI 등
2000년대 초반	전문요리식당 증가 음식의 안정성 강조 인력부족(젊은 인력)	GNP : 20,000달러 육박 이탈리안 음식전성시대, 한국고유음식의 재등장, 기능성 식품, 건강지향식과 다이어트 음식의 가속화 허브 향신료 등 신선한 재료를 이용한 음식의 소비 증가

한국표준산업 분류 및 설명 : 음식점 및 주점업(56)

음식점업 : 접객시설을 갖추고 구내에서 직접 소비할 수 있도록 주문한 음식을 조리하여 제공하는 음식점을 운영하거나 접객시설 없이 고객의 주문한 음식을 직접 조리하여 배달、제공하는 산업활동을 말한다. 여기에는 회사, 학교 등의 기관과 계약에 의하여 음식을 조리、제공하는 구내식당 운영활동이 포함된다.

일반음식점업 : 각종의 정식류를 조리하여 제공하는 산업활동으로서 한식과 일식, 중식, 서양식 및 기타 외국 음식점을 운영하는 산업활동을 말한다.

한국음식점업 : 한국식 음식을 제공하는 산업활동을 말한다.

중식음식점업 : 중국식 음식을 제공하는 산업활동을 말한다.

일식음식점업 : 정통 일본식 음식을 전문적으로 제공하는 산업활동을 말한다.

서양식음식점업 : 서양식 음식을 제공하는 산업활동을 말한다.

기타외국인음식점업 : 정식류를 제공하는 기타 외국식 음식점을 운영하는 산업활동을 말한다.

기관구내 식당업 : 회사, 학교, 공공기관 등의 기관과 계약에 의하여 구내식당을 설치하고 음식을 조리하여 제공하는 산업활동을 말한다.

출장 및 이동음식점업 : 연회장 등과 같은 행사 시에 특정장소를 출장하여 음식서비스를 제공하는 산업활동과 고정된 식당 시설이 없이 각종의 음식을 조리하여 제공하는 이동식 음식점을 운영하는 산업활동을 말하낟.

출장 음식 서비스업 : 파티, 오찬, 연회 등의 행사 시에 고객이 지정한 장소에서 출장하여 주문한 음식물을 조리하여 제공하는 산업활동을 말한다.

이동 음식업 : 특정장소에 고정된 식당을 개설하지 않은 이동식 음식점을 운영하는 산업활동을 말한다. 예: 포장마차(이동식), 이동식 떡볶이 판매점, 이동식 커피 판매점, 이동식 붕어빵 판매점

기타 음식점업 : 정식을 제외한 피자, 햄버거, 샌드위치, 분식류, 스낵류 및 유사 식품 등을 조리하여 소비자에게 제공하는 음식점을 우녕하는 산업활동을 말한다.

제과점업 : 즉석식의 빵, 케익, 생과자 등을 직접 구워서 일반소비자에게 판매하거나 접객시설을 갖추고 구입한 빵, 케익 등을 직접 소비할 수 있도록 제공하는 산업활동을 말한다. 접객시설을 갖추고 떡을 제공하는 경우도 여기에 포함한다.(떡집 – 음식점 형태)

피자, 햄버거, 샌드위치 및 유사 음식점업 : 피자, 햄버거, 샌드위치, 토스트 및 유사 음식을 직접 조리하여 일반 소비자에게 판매하는 산업활동을 말한다.

치킨 전문점 : 양념치킨, 프라이드 치킨 등 치킨전문점을 운영하는 산업활동을 말한다.(제외: 주료와 치킨을 함께 판매 시 주된 산업활동에 따라 분류)

분식 및 김밥 전문점 : 김밥, 만두, 라면, 떡볶이 등의 간이음식을 조리하여 제공하는 음식점을 운영하는 산업활동을 말한다.

그 외 기타 음식점업 : 달리 분류되지 않은 기타 음식점을 운영하는 산업활동을 말한다.

주점 및 비알콜음료점업 : 접객시설을 갖추고 주류 및 비알콜음료를 판매하는 산업활동을 말한다.

주점업 : 요정, 바, 나이트클럽, 비어홀, 디스코클럽, 카바레, 대포집 등과 같이 술과 이에 따른 요리를 판매하는 산업활동을 말한다.

일반 유흥 주점업 : 접객요원을 두고 술을 판매하는 유흥주점을 말한다.(예: 요정, 룸싸롱, 서양식 접객주점, 한국식접객주점, 바(접객서비스 딸린), 비어홀(접객서비스 딸린))

무도 유흥 주점업 : 무도시설을 갖추고 술을 판매하는 무도 유흥주점을 말한다.(예: 무도유흥주점, 카바레, 극장식주점(식당)클럽, 나이트클럽)(제외: 무도장 및 콜라텍 운영(91291)–그(스포츠)외 기타 오락관련 서비스업)

기타 주점업 : 대포집, 선술집 등과 같이 접객시설을 갖추고 대중에게 술을 판매하는 기타의 주점을 말한다.

비알콜 음료점업 : 접객시설을 갖추고 주스, 커피, 홍차, 생강차, 쌍화차 등을 만들어 제공하는 산업활동을 말한다.(예: 주스 전문점, 커피숍, 찻집、다방)

제 2 장

외식 소비자 행동의 이해

1. 소비자의 의사결정과 합리적 소비행동

소비자는 효용을 극대화하는 방향으로 합리적인 의사결정을 하기 때문에 효용극대화(utility maximization)의 추구는 소비자행동의 목표가 될 뿐만 아니라, 동시에 소비자행동이론의 대전제가 된다. 소비자는 소득을 각 재화 구입에 어떻게 배분하여야 극대의 효용을 얻을 수 있을까? 이것이 바로 소비자선택(consumer choice)의 문제인 것이다.

오늘날 소비자행동이 마케팅에서 학문적으로 차지하는 비중은 소비자의 욕구를 중요시하는 마케팅 컨셉(marketing concept)의 도입과 함께 매우 커지고 있으며, 다양하게 변화하는 마케팅 환경으로 인하여 마케팅 활동은 더욱 복잡하고 어려워져 의사결정자는 단순한 판매자료를 넘어서 소비자행동에 관한 정확한 분석과 정보를 요구하게 되었다.

인간은 이성적인 동물이므로 합리적인 의사결정을 하게 된다. 이 과정에서 소비자는 정보를 구하고자 노력하며, 획득된 정보는 일련의 과정을 거쳐 인지되게 된다. "블랙박스"모형이라고 불리는 소비자행동에 대한 전통적인 접근방식은 외부환경의 자극과 반응에 대해서 주로 연구하였는데, 이 때 [그림 2-1]에서 나타난 바와 같이 '블랙박스'는 외부로 부터 직접관찰할 수 없는 인간의 심리적 구조를 의미한다.

이것은 현상에 대한 사실을 기록하지만, 어떻게 하여 자극이 구매를 이끌었는가 하는 소비자 마음의 내부적인 과정에 대해서는 알아내지는 못했다. 이 모형은 소비자의 내적 정보인지과정이 아니라 외부의 자극에 대한 소비자의 행동에 초점이 맞추어져 있어 소비자의 인지과정을 도외시하였다는 점이 한계로 지적된다. 따라서 이러한 이론이 지배하였던 과거의 마케팅 연구는 제품에 대한 개발전략, 할인전략, 침투가격전략 등의 생산지향적인 사고가 지배적이었다. 그러나 이러한 정책에는 한계가 있으므로 더욱 정밀하고 타당한 연구가 진행될 필요성이 제기되었다.

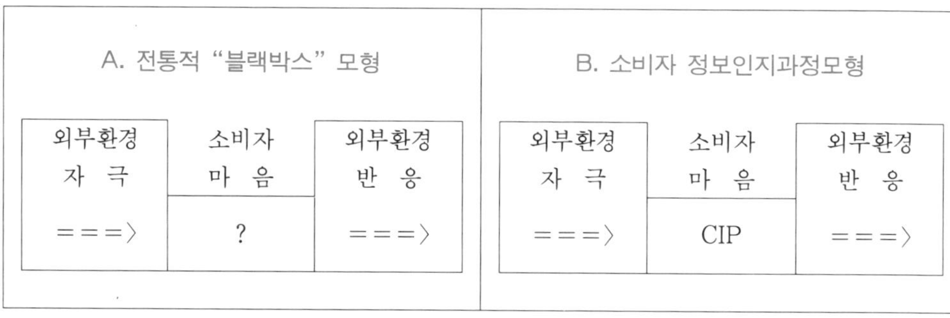

자 료 : William L. Wilkie, Consumer Behavior(N.Y.: John Wiley & Sons, Inc., 1994), p. 179.

[그림 2-1] 전통적 "블랙박스"모형과 소비자 정보인지과정모형

소비자가 정보를 인지하고 이를 분석하고 처리하는 과정에 대한 이론을 제시한 것이 소비자정보인지이론(consumer information process: CIP)이다. 소비자는 정보를 인지하면 일련의 과정을 거치면서 정보를 분석하게 된다. 이와 같은 소비자정보처리에 관한 연구는 '블랙박스'모형에서 제시하지 못했던 마음의 내적 움직임과 심리적 현상에 관하여 설명하고 있다. 이와 같이 '블랙박스'모형이 과정보다는 자극-반응에 초점을 두는 반면 새로운 접근방법은 선택결과보다는 정보처리과정에 초점을 두고 있다.

이러한 연구가 이루어짐으로 해서 어떠한 요인들이 소비자의 구매행동과 선택행동에 영향을 미치는지에 대한 부수적인 연구가 행동과학적, 심리분석적, 경제학적 방법에서 진행될 수 있었다. 소비자행동이라고 하는 것은 본래 동태적인 것이고 진행적인 것이기 때문에 어떤 시점에서 일어나는 행위이라기 보다는 시간의 흐름에 따라 파악되어져야 하는 과정이다.

소비자는 실제 상황과 바람직한 상황간에 차이를 느끼게 되면 이 차이를 해결하기 위한 욕구가 발생한다. 이러한 욕구가 문제의 인식이며 소비자는 이러한 문제의 해결자이다. 소비자가 문제를 해결하는 데는 3가지의 특성을 갖는데 첫

째, 소비자는 주관적인 판단에 따라서 합리적으로 의사결정을 하며, 둘째, 의사결정과 행동은 불충분한 정보에 의하여 이루어지고, 셋째, 소비자는 만족을 극대화하려는 방향으로 행동한다.

기업의 커뮤니케이션 노력에 의하여 소비자가 그 제품을 알고 구매하기까지의 과정을 대체로 자각(awareness) → 지식(knowledge) → 호감(liking) → 선호(preference) → 확신(conviction) → 구매(purchase)의 단계로 나타낼 수 있다.

소비자가 여러 가지의 상표 대안들을 한 자리에 놓고 각 속성에 관한 정도를 획득할 때 정보탐색을 하는 방식으로는 상표별 처리(processing by brand), 속성별 처리(processing by attribute), 그리고 혼합식 처리(processing by a mixed way)가 있다. 상표별 처리는 소비자가 한 가지 상표를 선택하여 그 상품의 속성과 특성에 관한 정보를 획득하여 처리한 후 다른 상표를 선택하여 그 상표의 정보를 획득·처리하는 식인데 반해, 속성별 처리는 한 가지 속성에 대하여 각 상표의 정보를 획득·처리한 다음 다른 속성에 대하여 각 상표의 정보를 획득·처리하는 식이다. 그리고 혼합식 처리는 두 가지 방식을 혼합한 방식이다.

소비자가 여러 가지 처리방식 중 어떤 방식으로 처리하는 가는 제품과 관련된 소비자의 특성이나 의사결정단계에 따라 다르다. 연구 결과에 의하면 의사결정단계의 초기에는 속성별 처리를 하다가 후기에는 상표별 처리를 하는 경향이 있는 것으로 나타났는데, 이는 자신이 중요하게 생각하는 속성에 의하여 몇 가지 상표들을 선정한 다음 각각의 상표를 속성별로 세밀하게 평가하는 것이다. 또한 소비자의 제품경험과 지식수준이 높을수록, 그리고 제품이 자주 구매되는 것일수록 상표별 처리를 많이 하는 것으로 밝혀졌다.

그리고 소비자가 제품의 정보를 획득하여 의사결정을 할 때 주로 이용하는 방법에는 비보완적 방식(noncompensatory rule)과 보완적 방식(compensatory rule)이 있다. 비보완적 방식(noncompensatory rule)은 〈표 2－1〉에서와 같이 한 평가기준에서의 약점이 다른 평가기준의 강점에 의하여 보완이 되지 않는 것으로 메뉴 선택시 「맛」을 중시하는 고객이라면 여러 속성 중 먼저 「맛」이라는 속성을 평가하고 평가치가 높은 아이템인 C를 선택하게 된다. 만일 「가격」을 중시하는 고객이라면 여러 속성 중 「가격」을 먼저 살펴 본 다음 결정이 여의치 않을 경우에는 다른 속성으로 이동한다.

보완적 방식(compensatory rule)은 고객이 여러 상표대안들을 자신이 중요시 여기는 평가기준들에 의하여 평가하는 방식으로 이 방식은 각 상표의 강점과 약점이 상표들간에 상충되는 수가 흔히 있다. 이때 고객은 각 상표에 있어서 어떤 속성의 약점을 다른 속성의 강점에 의해 보완하여 전반적 평가를 하는데 이를 보완적 방식에 의한 평가라고 한다. 〈표 2-2〉와 같이 고객이 보완적 방식을 선호할 경우 합계치가 가장 높은 아이템 B를 선택하게 된다. 그러나 일반적으로 소비자는 각 속성별로 중요도를 다르게 평가하므로 가중치를 두는 것이 더 설명력이 있을 것이다.

〈표 2-1〉 비보완적 방식의 예

아이템 / 속성	아이템의 평가		
	A	B	C
영양가	5	3	4
조리법	5	5	4
맛	4	4	5
모 양	2	5	2
가 격	2	2	2
합 계	18	19	17

〈표 2-2〉 보완적 방식의 예

아이템 / 속성	아이템의 평가		
	A	B	C
영양가	5	3	4
조리법	5	5	4
맛	4	4	5
모 양	2	5	2
가 격	2	2	2
합 계	18	19	17

소비자는 문제를 해결하기 전에 내적탐색(internal search)과 외적탐색(external search)을 행하며, 외적탐색은 새로운 정보를 획득하는 것으로서 소비자는 외적탐색을 위하여 의도적으로 자신을 정보에 노출시킨다. 그리고 소비자의 외적 정보 탐색노력의 정도에 따라 구매 의사결정은 제한적 문제해결, 포괄적 문제해결과 일상적 문제해결로 구분할 수 있다.

Wilkie는 소비자행동을 "소비자가 요구와 욕망을 만족시키기 위하여 제품이나 서비스를 선택하고, 구매하고, 사용하고, 처리할 때 일어나는 정신적, 감정적, 신체적 활동들"로 정의하면서 아래와 같이 소비자행동의 주요한 7가지의 특성을 제시하였다.

① 소비자행동은 동기화된 행동이다.
② 소비자행동에는 많은 활동이 내재되어 있다.
③ 소비자행동은 과정이다.
④ 소비자행동은 시간의 흐름과 복합성에 따라 다양하다.

⑤ 소비자행동은 여러 가지 역할을 수행한다.
⑥ 소비자행동은 외부 요인에 영향을 받는다.
⑦ 소비자행동은 사람에 따라서 다르다.

소비자행동에 관한 주요 이론은 〈표 2－3〉에서 보는 바와 같이 5가지의 영역에서 발전되어 왔다. 그러나 5가지 주요 접근방법은 개별적인 소비자행동의 원인이 되고 영향을 주는 것에 대한 중요한 시사점은 제시하지만 소비자행동의 모든 견해를 설명하는데는 한계를 가지고 있다.

〈표 2－3〉 소비자행동에 관한 5가지의 주요 이론

접근방법	주 창 자	학문 영역	시　　기
경제적 소비자	Marshall	경제학	1800년대 후반
조직적 소비자	Hobbes	철　학	1600년대 중반
상황적 소비자	Pavlov	심리학	1800년대 후반
심리분석적 소비자	Freud	심리학	1800년대 후반
사회적 소비자	Veblen	사회·경제학	1800년대 후반

자료 : Philip Kotler, “Behavioral Models for Analyzing Buyers,” *Journal of Marketing,* (Oct. 1965), pp. 37～45.

이에 대하여 소비자행동을 설명하려는 연구는 계속되어져 왔으며, 이는 경제적 접근방식, 행동과학적 접근방식, 환경심리적 접근방식의 3가지로 크게 대별된다. 이 중에서도 Fishbein의 합리적행동이론이 소비자행동을 설명하는데 많은 지지를 받고 있으며, 현재까지도 이 모형에 관한 연구가 다수 진행되고 있다.

초기에 Fishbein은 행동에 대한 태도모형에서 태도(attitude: A)는 신념의 강도(strength of belief: b_i)와 행동결과의 평가(evaluation of the outcome: e_i)에 대한 함수라고 설명하였다. 이에 대한 식은 다음과 같다.

$$A=\sum_{i=1}^{n} b_i e_i$$

Rosenberg은 다속성태도모형(multi－attribute mode)을 통하여 어떠한 대상을 선호하는 것은 대상에 대한 인식과 개인의 제품속성에 대한 중요성과의 관계라고 주장하였다. 그리고 아이젠과 휘시바인(Ajzen－Fishbein)은 인간의 행동은 행동의도의 함수이며 행동의도는 행동수행에 대한 태도와 구체적인 상황에서 사회적 규범에 순응하려는 동기의 결합함수라고 말하고 있으며, 이에 대한 식은 다음과 같다.

$$B \text{ or } BI = (Aact)W_0 + (NBS)W_1$$

아이젠과 휘시바인(Ajzen－Fishbein)의 합리적행동이론(theory of reasoned action)에 의하면 인간은 합리적이며 자신이 이용할 수 있는 정보를 체계적으로 사용한다는 것과 행동과 의도는 큰 차이가 없는 것으로 가정하고 있다. 인간의 행동은 행동에 대한 태도(attitude toward behavior)와 주관적 규범(subjective norm)과의 결합함수이며 태도는 소비자 신념(belief)과 평가(evaluation)와의 함수이다. 그리고 주관적 규범은 규범적 신념(normative belief)과 준거인들에 순응하려는 동기유발 정도와의 함수관계에 있다. 이에 대한 상호관계는 [그림 2－2]와 같다.

$$B \sim BI = W_1 A_B + W_2 SN$$

여기서, $A_B = \sum_{i=1}^{n} {}_{i}e_{i}$, $SN = \sum_{j=1}^{m} NB_j\ MC_j$

B : 구매행동(behavior)

BI : 구매의도(behavior intention)

A_B : 제품 구매행동에 대한 태도(attitude toward behavior)

b_i : 구매행동이 결과 i를 가져다 줄 것이라는 소비자 신념(belief)

e_i : 결과 i에 대한 소비자 평가(evaluation)

SN : 주관적 규범(subjective norm)

NB_j : 규범적 신념(준거인 j가 그 행동에 관하여 갖는 규범에 관한 개인의 신념 : normative belief)

MC_j : 준거인 j에 순응하려는 동기(motivation to comply with referent j)

n : 중요한 신념의 수

m : 중요한 준거인 혹은 준거집단의 수

W_1, W_2 : 상대적 중요도에 대한 가중치

$$\sum_{i=1}^{n} b_i e_i \rightarrow A \searrow$$

$$BI$$

$$\sum_{j=1}^{m} NB_j\ MC_j \rightarrow SN \nearrow$$

[그림 2－2] Fishbein의 구매의사결정 모형

Fishbein의 모형은 다양한 제품에 걸쳐 미국 소비자들의 구매의사를 예측하는데 뛰어난 성과를 보여 주었지만 기본적으로 미국 소비자들의 행동에서 밝혀진 연구결과 및 이론들을 문화적 배경이 다른 지역에 그대로 적용하여 다른 문화권의 소비자행동을 설명하고 예측하는 데는 무리가 있다. 따라서 이를 다른 문화권에 적용할 때는 어느 정도의 수정이 필요하다. 이에 이철은 비교문화적 관점에서 Fishbein의 모형을 연구하였는데 그는 한국적 수정모형에서 규범적 신념과 준거인에 순응하려는 동기가 함수관계를 가지는 주관적 규범(SN) 대신에 체면의식(face-saving pressure)과 집단동조의식(group-conformity pressure)을 제시하였다. 따라서 소비자는 정보수집, 정보처리 등의 일련의 과정을 거치면서 합리적으로 선택행동을 하고 있음을 알 수 있다.

2. 외식 소비자의 레스토랑 선택

레스토랑의 식사와 같은 서비스는 생산과 소비가 동시에 일어나므로 일반 재화에 비하여 덜 표준화되어 있는데, 서비스 산업에 있어서 많은 서비스들이 소비과정에서 일어나기 때문에 서비스를 소비하기 이전에 평가한다는 것은 불가능하다. 이러한 서비스의 무형성과 동시성 때문에 구매자들이 서비스를 평가하는데 많은 어려움을 경험하게 되며 이에 따른 위험 요소도 일반재화 구입시 보다 서비스 구입에 있어서 더 높다. 따라서 외식업체는 이러한 고객의 위험지각도를 낮추는 전략을 실시할 필요가 있으며, 이 전략은 서비스 상황에 대한 명확한 정의에 의하여 좌우된다.

Filitrault와 Ritchie는 식당서비스 속성에 관한 연구에서, 고객의 선택 속성으로 상황요인을 요리의 종류, 가격, 서비스의 질, 식당의 분위기, 음식의 질로 제시하였다. 상황에 따라서는 친구, 친지와의 식사 상황, 사업목적 상황, 주말가족식사 상황 등으로 정의한 상황과 정의되지 않은 상황으로 나누어 연구하였다. 먼저 상황들 사이의 차이에 있어서는 적용된 세 가지 모형; Fishbein의 기대-가치모형(expectancy-value), 컨조인트 분석법(conjoint measurement), SE모형(self-explicated model)에 따라 속성수준의 중요성에 차이가 있었으며, 각 상황에 따라서 평가가 유의적이었다. 즉, 속성의 중요도는 상황에 따라 차이가 있으며, 이는 상황 설정에 따라 속성에 대한 태도가 달라진다는 것을 의미한다. 따라서 상황이 레스토랑에 있어서 제품 또는 서비스 속성에 영향을 미친다고 할 수 있다.

속성평가를 위하여 채택된 conjoint분석법은 표적시장에 가장 적절한 제품을 디자인하기 위하여 사용되는 방법인데, 이를 위해서 마케터는 각각의 속성에 있어서 자사 제품이 어느 정도 수준을 갖도록 할 것인지를 결정하여야 한다. 조사자는 응답자들에게 각 속성에 있어서 다른 수준의 값을 갖는 여러 제품들을 제시하고 응답자들로 하여금 선호순서를 나타내게 해야 하며, 이 속성들로부터 조사자는 각 속성의 중요성 정도와 가장 효과적인 속성조합을 발견할 수 있기 때문에 속성평가에 있어서 유용하게 사용되는 방식이다.

June과 Smith도 이용상황에 따른 레스토랑의 선호태도를 분석하기 위한 그들의 연구에서 서비스 속성과 이용상황에 따른 레스토랑선호를 분석하고자 레스토랑 식사를 대상으로 하여 지역 라켓클럽 구성원들로 부터 자료를 수집하였다. 서비스속성(service attributes)으로서 ① 가격, ② 분위기, ③ 수준높은(인정받은) 주류(酒類)확보, ④ 서비스, ⑤ 질적 수준의 5개를 도출하여 분석하였다. 친구와의 식사, 생일 축하, 사업목적, 가족식사 등의 4가지 상황에 대한 각 속성들의 상대적 기여도를 측정하였다.

연구의 결과는 친구와의 식사상황에서 각 속성의 상대적 기여도는 주류가 가장 높은 반면, 가격이 상대적으로 가장 낮았다. 그리고 생일 축하 상황에 대하여는 주류와 서비스를 중요하게 생각하는 것으로 분석되었다. 또한, 사업목적 상황에 대하여는 서비스가 가장 중요한 것으로 조사되었으며, 가족식사 상황에 대하여는 서비스와 가격이 중요한 요인이었다. 전반적으로 서비스 수준과 수준 높은 주류확보가 레스토랑 선택에 가장 큰 영향을 미치고 있으며, 다음으로 가격, 음식의 질, 분위기의 순으로 레스토랑을 선택할 때 영향을 미친다고 그의 연구에서 주장하였다.

Miller와 Ginter는 식음료제품에 대한 소비자의 태도에 영향을 미치는 상황적 요인을 조사하기 위하여 소비자에게 4가지 이용상황하에서 패스트푸드 레스토랑의 속성을 제시하고 평가하도록 하였다. 이용상황에 따라서 요구되는 속성간에는 차이가 존재하였으며, 4가지 이용상황에 따라서 예측력은 유의한 차이를 나타내고 있으나 전반적으로 상황적 모형이 비상황적 모형보다 예측력이 높은 것으로 평가되었다. 이용상황 중에서도 비교적 시간적 여유가 있는 저녁식사의 경우가 시간적 여유가 없는 점심시간 보다 예측력이 높게 조사된 것으로 보아 상황변수가 고객의 선택행동을 설명함에 있어서 유용한 변수임을 확인할 수가 있다.

〈표 2-5〉 호텔 선택에 있어서 식음료부문의 속성별 중요도

구분 순의	도심지호텔		교외호텔		리조트호텔	
	속성명	평균	속성명	평균	속성명	평균
1	종사원의 서비스	4.48	종사원의 서비스	4.49	청결성	4.49
2	청결성	4.45	청결성	4.42	종사원의 서비스	4.44
3	접대의 용이성	4.07	주차시설	4.15	식사분위기	4.28
4	식사분위기	4.06	주위 경관	4.15	예약의 편의성	4.12
5	예약의 편의성	4.02	식사분위기	4.09	종사원의 메뉴에 대한 지식	4.08
28	호텔의 평판	3.19	정보의 유용성	3.35	오락시설	3.57
29	기타 레저시설	3.16	지불수단 다양성	3.34	정보의 유용성	3.50
30	오락시설	3.15	일상활동 연계성	3.19	일상활동 연계성	3.29
31	어린이용 시설	2.84	어린이용 시설	3.19	어린이용 시설	3.17
32	이용에 따른 지위수준의 과시	2.78	이용에 따른 지위수준의 과시	2.79	이용에 따른 지위수준의 과시	3.02

자료 : 차복재, "관광호텔 선호태도에 영향을 미치는 호텔속성에 관한 연구", 계명대학교 대학원, 박사학위논문, 1987. 115~117쪽을 재구성함.

레스토랑을 선택할 때 고려하는 중요도와 만족도 간에는 차이가 있으며, 호텔의 유형에 따라서도 중요도에 있어서 차이를 나타내고 있다. 차복재교수는 호텔 선택에 있어서 식음료부문의 속성으로 32가지 속성을 제시하고, 이들을 7가지 태도의 구조적 차원으로 연구를 실시하였다. 이는 〈표 2-5〉에서 나타난 바와 같이 호텔의 유형에 따라 차이가 있으며, 각 속성별 중요도의 평균은 비교적 높게 나타났다.

전체 호텔에 공통적으로 나타난 상대적 중요속성은 종사원의 친절한 서비스, 위생 및 청결상태의 양호함, 아늑한 식사 분위기이며, 상대적으로 덜 중요한 것으로 조사된 속성은 이용고객의 지위 수준과 본인의 연계성, 어린이용 시설, 기타 일상활동과의 연계성이었다. 그리고 32가지 속성의 중요도 순위와 호텔유형

과의 상관분석의 결과는 전체적으로 3가지 유형의 호텔별 순위간에는 거의 유사하였는데 특히 도심지호텔과 교외호텔간의 순위상관이 높게 나타났다. 이는 두 호텔유형간에 중요도 순위가 아주 유사함을 의미한다.

3. 식습관 형성 및 외식 소비자의 환경

어떤 사람이 메뉴 아이템을 선택하거나, 소비자들이 음식을 선택하기 전에는 여러 가지 다양한 요인들에 의하여 영향을 받는다. "사람은 자기가 좋아하는 것을 먹기를 원하며, 자기가 먹는 것을 선택하려고 한다"라는 말에서 바로 우리는 음식선호의 복잡한 특성을 짐작할 수가 있다. 따라서 외식 경영자들은 모든 소비자들이 음식에 대하여 지식과 경험을 가지고 있다는 사실을 인식해야 한다. 이러한 지식과 경험을 바탕으로 소비자는 서비스와 제품을 비교하여 행동으로 옮기며, 음식선호 패턴은 순간 또는 지속적인 선택행동의 결과로 형성된다.

1964년 음식습관위원회(Committee on Food Habits)의 정의에 의하면 음식습관은 개인에 있어서 사회적, 문화적 환경에 대한 반응으로써 음식을 선택하고 소비하는 방식이다. 결론적으로 식습관과 수용태도는 학습되고, 습득되어 마침내는 자신의 한 부분이 되는 것이다. 식습관과 수용은 개인의 자아표현이며 이는 점차적으로 어느 특정 음식들을 선호하는 태도를 형성한다. 따라서 외식업소는 이러한 소비자의 행동을 이해하여 소비자의 욕구와 요구를 레스토랑의 스타일과 테마(주제)에 반영시켜야 한다. 메뉴기획시 "메뉴는 고객을 유인하지만 고객이 지불하는 금액의 가치를 받을 때 고객은 만족하며, 최상의 서비스가 제공될 때 고객은 재방문한다"는 것을 항상 기억하여야 한다.

고객은 어디서, 무엇을, 누구와 함께 식사할 것인지를 결정함에 있어서 가격에 대한 기대감과 판단점(guideline)을 갖고 레스토랑을 선택하게 된다. 따라서 외식행동은 가격과 아이템에 대한 고객의 가치판단이 상호작용하여 이루어지는 선택행동이다.

특정 음식을 선호하는 이유는 여러 가지가 존재하며, 그리고 다양한 요인들이

서로 복합적으로 개인들에게 영향을 미친다. 이에 대하여 Khan은 음식을 선호하는 태도에 영향을 미치는 요인을 본질적 요인, 비본질적 요인, 생물적·생리적·심리적 요인, 개인적 요인, 사회 경제적 요인, 문화 및 종교적 요인으로 분류하여 제시하였으며, 이 중에서도 본질적 요인이 음식을 선택하는데 직접적으로 영향을 미치고, 비본질적 요인은 외부영향요인으로 선호태도에 영향을 미친다고 제시하였다.

[그림 2-3]에 제시된 바와 같이 각 요인들은 독립적으로 영향을 미치기보다는 서로 상호 작용하여 복합적으로 영향을 미치고 있다.

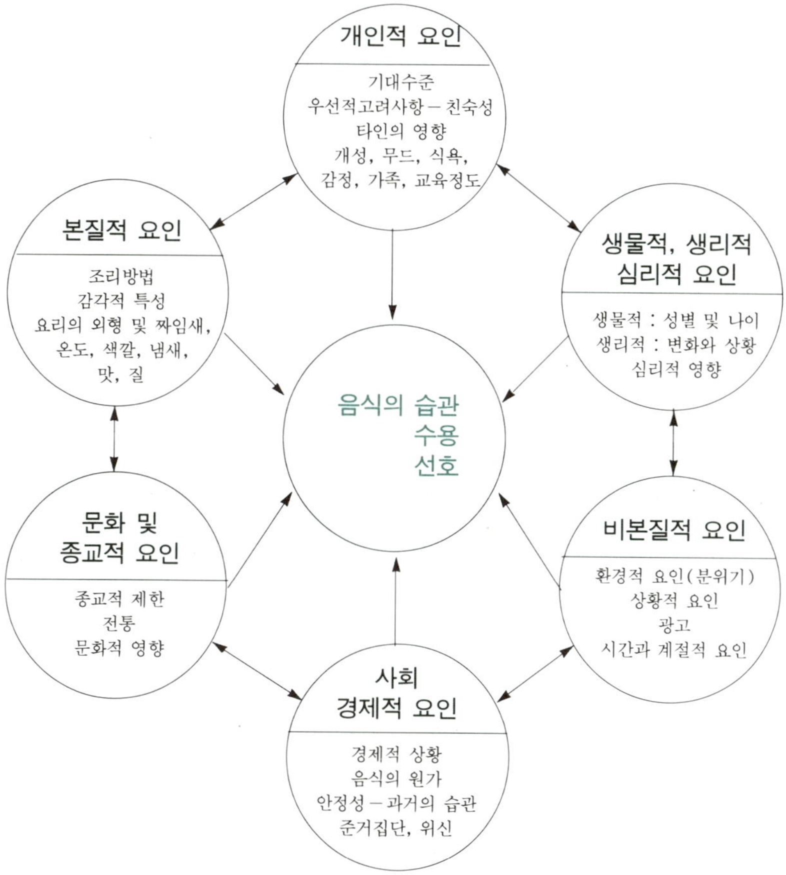

자료 : Mahmood A. Khan, "Menus and Menu Planning," in Mahmood A. Khan, Michael D. Olsen and Turgut Var, eds., *VNR'S ENCYCLOPEDIA of HOSPITALITY and TOURISM* (N.Y.: VNR, 1993), p. 91.

[그림 2-3] 음식에 대한 습관, 수용 및 선호에 영향을 미치는 요인

이 외에도 인구통계적 요인, 물리적 환경(거리 등), 영양적 요인, 인종, 사회적 현상(전염병, 재난 등), 건강에 대한 욕구, 감정적 요인, 교육 환경 등 많은 요인들이 개인의 태도를 형성하는데 영향을 미치고 있다고 하나, 인구통계적 변수나 개인의 성격과 같은 변수들이 만족/불만족에 미치는 영향은 미미한 것으로 밝혀지고 있다.

특정 음식만을 선호하는 집단이 있다면 이 집단은 시장분석의 필요한 부분으로써 이용될 수 있으며, 이러한 특정 집단을 목표시장(target market)으로 시장세분화를 하여 이들이 필요한 메뉴를 개발해 집중적으로 공략할 수 있다.

특별 메뉴를 사용함으로써 우리는 메뉴의 변화에 대한 고객의 반응을 측정 할 수가 있다. 즉, 잘 팔리지 않는 아이템의 적정성 여부나 고객의 요구 변화를 시험할 수가 있으며, 이러한 시험을 통하여 시장에 대한 통찰력을 얻을 수 있으며 경쟁 제품에 대한 비교우위를 확보하게 된다.

소비자의 음식선호에 관련된 연구가 부족하기 때문에 경영의 도구로써 이용 가능성을 예측하기는 어렵지만 이러한 연구가 효율적으로 이용되기 위해서는 좀 더 많은 연구가 필요하다. Khan은 소비자의 음식 선호에 관한 연구의 효용성을 다음과 같이 제시하고 있다.

첫째, 예측성이다. 예측은 경영의 기능에서 가장 중요한 부분이며, 특히 음식 선호에 대한 연구는 메뉴를 평가하고 생산을 예측하는데 유용하게 이용될 수 있다.

둘째, 판매믹서를 구성하는데 유용하다. 환대산업의 많은 부분들은 한 분야만의 영향을 받는 것이 아니라 여러 분야에서 복합적으로 영향을 받는다.

셋째, 메뉴를 개발하고 개선시킨다. 음식선호연구는 기존의 메뉴를 개선시키고 새로운 아이템을 개발하는데 유용하다. 선호도에서 낮은 점수를 받은 아이템은 재배치되거나 개선될 수 있어 음식의 질을 향상시킬 수 있다.

넷째, 아이템의 선택을 용이하게 한다. 메뉴 아이템들은 선호정도에 따라서 선택된다. 만일 어떤 아이템이 높은 선호도를 갖는다면 이와 비슷한 아이템들이 집단화될 수가 있다.

다섯째, 아이템들을 결합시키고 보완할 수 있다. 음식을 판매하면서 이와 어울리는 음료를 함께 판매하여 수익성을 제고시킬 수 있다. 그리고 주요리(main dish)에 어울리는 특별한 소스나 조미료를 개발함으로써 매상을 증대시킬 수 있으며 이는 음식의 맛이나 향을 좋게 하여 레스토랑의 이미지도 향상시킬 수 있다.[3)]

여섯째, 대상고객을 흡수할 수 있다. 특정한 음식을 선호하는 집단은 있기 마련이다. 따라서 이러한 집단은 마케터의 주요한 대상시장이 될 수가 있다.

일곱째, 특별한 식사를 제공한다. 음식 선호는 나이, 성별 또는 생리적 상황에 따라서 다양하다. 따라서 이에 어울리는 특별식을 제공할 수가 있다.

여덟째, 제품을 개발하고 분석할 수가 있다. 선호도에 따라서 새로운 제품을 개발할 수 있으며 개선할 수가 있다.

아홉째, 시장을 분석한다. 음식선호연구는 시장을 분석하고 향후 성장을 예측하는데 중요하다.

열 번째, 경영의 주요한 분석수단이다. 이 연구는 효과적인 경영수단이며, 메뉴의 작성에서 한가지 또는 여러 가지를 결합시키는데 유용하다. 그리고 Khan은 음식선호에 관한 연구의 필요성을 아래와 같이 제기하였다.

첫째, 음식 선호는 여러 가지 요인들에 위하여 다양하게 영향을 받으며 매우 복잡하다.

둘째, 음식 선호에 관련된 자료들이 상당히 부족하다.

셋째, 음식 선호를 평가하고 계량화시킬 방법론이 부족하다.

넷째, 음식 선호에 관한 연구는 행동과학, 의학 등 다양한 학문을 망라해야 한다.

다섯째, 음식 선호에 관한 방법들이 연구되고, 개발되어야 한다.

4. 외식 소비자의 메뉴선택시 고려요인과 영향요인

1) 음식의 맛과 양

맛은 냄새와 함께 향미의 주요소이며 화학적 감각에 속한다. 화학적 감각이란 어떤 물질이 해당 감각기관의 세포막 표면에 화학적으로 결합됨으로써 발생하는 감각

---

3) 요소와 요소간의 결합으로 얻어지는 긍정적 효과를 상승 효과(synergy effect)라 한다. 동양권 특히 한국에서는 음식간에 융화의 정도가 있다고 생각하여 어떠한 음식은 불완전한 어떠한 음식을 보완할 수 있다고 주장한다. 따라서 '우리의 것'을 세계에 알리기 위해서는 이러한 원리를 메뉴 기획자가 연구하여 메뉴를 기획할 때 유용하게 사용하면 正(+)의 상승 효과를 가져올 수 있다.

을 말하는 것으로 맛을 내는 물질과 직접 접촉할 때에 비로소 감각이 발생한다.

맛에는 일반적으로 단맛, 짠맛, 매운맛, 신맛, 쓴맛으로 구분하며, 맛이 느껴지는 혀의 부위는 위치에 따라서 다른 것으로 알려져 있다. 어떤 물질이 맛을 지니려면 수용성이어야 하는데 어떤 화합물의 화학구조와 맛 사이에는 연관성이 있어 만일 화학 구조상에 변화가 생기면 맛이 달라질 수 있다. 맛에는 한계치가 존재하며 사람, 검사시기, 검사방법, 온도에 따라서 차이가 날 수 있다.

음식의 맛은 온도와 관련이 크며, 단맛은 온도의 증가에 따라 증가되고, 짠맛, 쓴맛은 온도가 증가함에 따라 감소되며, 신맛은 영향이 없다. 그리고 음식에는 맛에 영향을 주는 적절한 온도가 있는데 이 온도일 때 음식이 가장 맛있다.

우리나라에 있어서 어머니들은 음식의 온도에 관하여 민감하였다. 이러한 지혜는 온도계라는 표준화된 도구를 이용하는 것이 아니라 민간의 비법으로서 집안의 여인들에게 전수되어져 왔다. 이것은 음식의 온도가 맛에 미치는 영향이 크다는 것을 인지한 사항이다. 이 중에서도 여자가 처음 음식을 배울 때 부뚜막에 새끼손가락을 대어서 그 온도를 체감하게 하여 국이나 음식을 만들 때 음식의 온도가 부뚜막 온도와 똑같도록 교육하였다. 이는 온돌방에 밥사발을 묻어두었던 것과도 맥을 같이한다. 이 온도는 현재 약 45℃로 추정되며 한식의 맛에 가장 어울리는 온도이다. 이는 음식의 맛이 몇 ℃라는 정확한 의미에서의 기준보다는 체험적인 개념에서의 온도를 중요시하는 맛의 지혜이다. 가장 맛있게 느껴지는 식품의 온도로 밥은 45℃, 빵은 20℃, 커피와 차, 스프는 70℃이다.

보통의 식품에는 두가지 이상의 맛이 함께 존재하며, 두가지 이상의 맛이 존재할 때 서로 맛을 감소시키거나 또는 증가시키는 경우를 접하게 된다. 그리고 맛의 감각은 온도에 따라서 일정한 양상으로 나타나지 않으며, 용매의 종류에 따라서도 달라지고, 일정한 맛에 오랫동안 접촉하면 맛이 둔화되고 있다. 그러나 외식산업 경영자들은 맛의 변화를 시도하려는 노력이 미흡하다. 따라서 요리를 할 때는 맛의 조화를 이루는 것이 무엇보다 중요하며, 고정고객을 지속적으로 유치하기 위해서는 조리법을 달리하거나 소스(sauce)를 개발하여 맛에 둔화된 고객을 변화시킴으로써 지속적으로 고객을 확보할 수 있다.

어떤 음식물을 받아들이는가의 여부를 결정하는 강력한 요인의 하나로 생리학적인 감각이 있다. 음식의 맛에 대한 심리적·정신적인 반응도 이 감각기관과 밀접한 관계를 가지고 있으므로 식품의 조리는 물론이고 조리한 요리를 어떻게, 어느 만큼 고객에게 제공하는가, 주방의 위생상태, 식당의 분위기, 가격 등 여러 가지 고객의 반응을 살펴야 한다. 일반적으로 외식소비자들이 음식을 선택할 때 '음식의 맛'을 가장 중요하게 고려하는데 비해, '음식의 양'은 상대적으로 덜 중요하게 느끼는데 이는 양이 많은 것보다는 '음식의 맛'을 더 중요하게 생각하는 것으로 나타나 최근의 생활수준 향상에 따른 식생활의 변화를 반영하고 있다.

음식의 양은 그릇의 7부 정도가 보기도 좋고 먹음직스럽게 느껴진다. 최근에 건강과 다이어트(diet)에 관심이 높아지면서 외식업체에서는 메뉴를 기획할 때 음식의 양에 관하여 많은 신경을 쓰고 있다. 특히 일률적으로 제공되던 스테이크의 고기양을 레스토랑에 따라 양을 달리하거나, 메뉴에 고기의 무게를 표시하여 고객이 원하는 양을 취사선택 할 수 있도록 배려하고 있다.

일반적으로 음식의 양은 생활수준과 밀접한 상관관계를 가지며 생활수준이 향상됨에 따라 '양'보다는 '질'을 더 우선시 하는 경향이 있다. 그리고 다이어트를 계획하는 사람들이나 식사의 양이 적은 고객들은 메뉴의 다른 요인들 보다도 음식의 양을 우선시하는 경향이 있다. 또한 모든 사람의 건강상태는 섭취하는 음식과 영양에 따라 달라지므로 음식의 질과 양은 건강을 유지하는 중요한 요인이 된다.

음식은 섭취하기에 적당한 기호적 성격을 지녀야 하는데 즉, 맛, 향기, 색깔, 물성 등을 가지면서 식욕을 만족시켜 쾌감을 주는 것이라야 한다. 음식의 기호적 가치는 관능적 품질특성(sensory quality attribute)으로서 사람의 시각, 미각, 촉각, 후각 등 관능에 의하여 판단된다. 이들 기호성분은 식욕과 만복감의 관계를 갖고 있어 맛있는 음식은 식욕을 증진시키며 만족감을 부여하고 소화액의 분비를 좋게하여 영양소의 흡수를 증가시킨다.

음식에 대한 인간의 기호는 각각의 지역과 역사적 배경에 따라 형성되고 태어난 환경에도 크게 좌우된다. 그런 의미에서 기호는 하나의 문화라고도 할 수 있으며 원리적으로 볼 때 부모에서 자식으로, 그 세대에서 다음 세대로 이어지는 학습에 의한 것이라고도 할 수 있다.

맛에 대한 기호를 성별에 따라서 비교하면 매운맛에 대한 남성의 기호가 여성에 비해 월등히 높은 수치를 보였고(P<0.01), 지역별 비교에서는 짠맛, 매운맛에 대한 농촌의 기호가 도시에 비해 높은 경향을 보여(Duncan's Test P<0.05), 농촌이 도시보다 더 자극적인 맛을 선호하고 있는 것으로 조사되었다. 이 조사에 의하면 조사대상자가 가장 좋아하는 맛은 매운맛이고, 그 다음이 단맛, 짠맛, 쓴맛, 신맛의 순이었다.

호텔 등에서 신제품을 개발하거나 기존제품을 개선하기 위하여 맛을 테스트하게 되는데, 맛을 판단하는 시식가 집단에는 훈련된 전문가 집단과 소비자 집단이 있다. 전문가 집단은 6명에서 12명 사이의 인원으로 구성되며, 품질의 특성과 아이템간의 차이점을 주로 처리하고, 이들은 계량화에 대한 훈련을 받으며 맛에 관하여 민감하다. 소비자 집단은 50명에서 100명 사이의 인원으로 구성되며, 아이템의 선호와 반응에 관하여 기업에 자문한다. 시식가 집단에서 맛을 분간하기 위하여 사용하는 방법에는 아이템간의 차이점을 분간하는 분별법, 3가지 제품을 테스트한 후 한가지는 다른 2가지와는 다르다고 판별하는 삼각판별법, 맛의 미묘한 차이점을 묘사하는 묘사법이 있다. 이 중에서는 분별법은 레스피와 조리법의 변화를 체크하는데 유용하며, 묘사법은 맛을 표현하는 작업으로 맛을 일정한 척도에 의하여 분류하여 계수화한다. 이 방법에는 맛의 프로필(flavor profile)과 7점 척도법이 사용된다.

2) 가 격

가격은 고객수와 판매 수입에 직접적으로 영향을 미치며 최적가격은 이윤과 가격에 대한 공정성과 적정성을 확보하여야 하고, 가격 결정에 있어서 가장 중요한 것은 고객의 평가를 파악하는 것이라 하겠다.

많은 고객들이 가격보다는 품질과 가치에 관심을 두고 있다. 즉, 고객은 고품질의 상품을 원하며 이에 상응하는 가격을 기꺼이 지불할 용의가 있다. 특히 외식을 할 때는 가격보다는 분위기를 우선시 하는 경향이 있으며, 주말에 외식이 많은 것은 고객이 가격을 그다지 중요하게 생각하지 않거나 특별한 모임 또는 요리를 즐기기 위해 방문하는 경우가 많기 때문이다.

전통적인 경제이론에서는 제품의 가격이 상승함에 따라 수요량은 감소한다는 이론하에 판매량을 늘리기 위해서는 가격을 낮추어야 한다고 주장한다. 그러나 메뉴의 가격을 결정하는데 심리적 가격 기술이 자주 이용되어 왔으며, 이러한 심리적 가격에 대한 연구가 꾸준히 진행되고 있다.

Smith는 "비인기 제품이지만 향후 수익성이 있다면 가격을 인하함으로써 판매량을 늘릴 수 있다"는 견해로 전통적인 가격이론을 지지한 반면에 Kreul는 "소비자가 인식하는 가격에는 심리적인 면이 강하게 작용한다"고 주장하였다. 그리고 Carmin과 Norkus는 "가격의 변화에 대한 소비자의 심리적인 반응을 연구하여 일정한 가격대에서는 가격의 미묘한 차이를 소비자는 인식하지 못한다"고 주장하였다.

[그림 2-4]의 보기2와 같이 수요곡선이 수직으로 변화하거나 비탄력적인 지점을 Carmin과 Norkus는 "신비한 지점(magic numbers)"라 부른다. 가격에 대한 고객의 심리반응은 여러 가지 유용한 전략을 제공하는데, 가격표를 작성한 때 일반적인 원칙은 「가장 비싼 주요리(entree)의 가격은 가장 싼 주요리 가격의 2.5배를 넘지 않는다」는 것이다. 그러나 이러한 원칙이 무시되고 가격차가 이보다 크다면 고객은 싼 가격의 아이템을 선택하게 될 것이다.

일반적으로 레스토랑 가격정책은 크게 "가격지향적"과 "가치지향적"인 정책으로 대별된다. 고객은 가격에만 영향을 받지 않고 레스토랑의 명성, 분위기, 이미지와 서비스의 형태에도 영향을 받는다. 그리고 외식산업의 특이성으로 인하여 구매행동에 미치는 심리적 가격 정책의 결정에 어려움을 증가시켰다.

외식은 가격 뿐만 아니라 소비자의 특성에 따라 달라지는데, 레스토랑을 이용하는 고객들은 상대적인 가격보다는 마케팅 활동 요소들에 더 영향을 받으므로 경영자는 이러한 가정을 근거로 하여 고객믹스전략과 가격전략을 수립해야 한다.

메뉴의 가격을 결정할 때는 음식뿐만 아니라 음식에 따라서 어울리는 음료에 대한 가격까지도 염두에 두어야 한다. 즉, 메뉴기획자는 음식과 음료에 대한 조합 여부를 결정해야 한다. 그러나 일부의 경영자들은 이 둘을 독립적으로 구분하기를 선호한다.

경영자들은 치열한 경쟁, 운영비용의 상승, 노동력 부족, 고객수와 이윤의 감소 등 경영상의 어려움을 자주 겪게 된다. 따라서 대부분의 경영자들은 합리적인 가격정책을 수립하고자 노력하며, 이러한 정책 속에서 논리적이고 객관적인 기준을 찾고자 노력한다. 일반적으로 가격인상은 제품에 대한 이윤 폭을 높일 수 있으나, 상대적으로 고객의 수를 감소시키는 역효과를 초래한다.

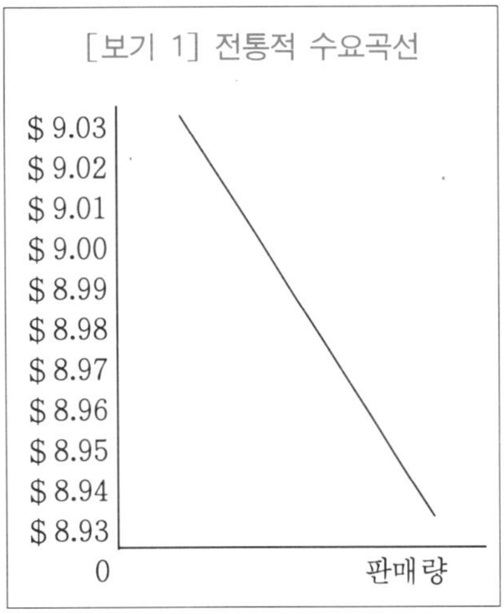

자료 : JoAnn Carmin and Gregory X. Norkus, "Pricing Strategies for menus: magic or Myth?," *The Cornell H.R.A. Quarterly.* Vol.31, No.3, 1990, p.46.

[그림 2-4] 전통적 수요곡선과 레스토랑에서의 수요곡선

고객에 따라서 편의성과 같은 요인을 선호하는 고객은 편의도에 따라서 높은 가격을 지불하기도 한다. 이는 고객이 레스토랑에서 식사를 마치고 계산을 할 때 일반적으로 그 식사에 대한 가치를 판단한다는 것이다. 만일 고객이 가격보다도 식사의 질이나 가치를 높이 평가한다면 식사에 대한 주관적 가격은 적당하다고 인식하거나 만족하지만, 싼 가격임에도 불구하고 고객이 재방문할 의사가 없어 재구매행동을 하지 않을 때는 만족도는 떨어지게 된다. 따라서 가격보다는 서비스나 분위기 등 가격 외적요인을 검토해야 할 것이다.

메뉴 가격을 판매량 감소없이 인상시킬 수 있다면 경영자에게는 최상의 방법일 수 있으나 대부분의 가격 인상은 판매량의 변화를 유도한다. 이때 가격은 상품 판매의 중요 요소이며 판매 통제의 시작점이므로 경영자들은 메뉴 아이템과 수요의 탄력성에 기초하여 가격을 결정해야 한다.

Marm과 Rosiello는 "전형적인 제조업체가 판매량 감소없이 가격을 1% 인상하게 되면 이익은 11.1% 증가한다"고 지적하였고, Touche는 1992년 발표한 「1991년 레스토랑산업운영보고서」에서 "레스토랑산업의 높은 고정비율을 고려

한다면 가격의 1%인상은 이익에서 20%만큼의 증가를 가져온다"고 제시하였다. 결론적으로 가격전략의 효력은 경영자들이 가격 변화에 대한 소비자의 반응을 얼마나 잘 아느냐에 달려 있다. 그리고 고객이 가격과 가치에 대한 인지도가 낮다면 일반적으로 고객은 자신의 경제적 상황을 고려하여 가격에 맞추려 노력할 것이다.

가격 결정에 있어서 주로 이용되는 방법은 평균가격방법(전체 매상/고객수)인데 Miller는 진일보한 방법으로 빈도분포를 제시하였다. 이 방법은 어느 가격대의 제품을 선호하는 지와 가격변곡점을 알 수가 있어 가격을 결정하는데 유용한 방법이 되고 있다.

가격세분화는 가처분 소득이나 상품 구매력에 따라서 대상시장을 구체화시키는 것으로 이 기법은 외식산업에서 중요한 역할을 수행해 왔다. 인플레이션, 기업의 침체와 경제적 혼란기에는 가격세분화 전략이 더욱 중요하며 이때의 가격세분화는 시장이나 소비자 집단을 구매력이나 지출 규모에 따라서 나누는 것을 의미하는데, 공무원, 봉급생활자와 군속들이 가격에 민감한(price sensitivity) 집단으로 분류된다. 가격세분화의 관심과 소비자가 가격에 대하여 민감하게 느끼는 지점은 마케팅 조건에 주요한 요인이다.

메뉴가격의 결정은 2가지 요인에 근거를 두고 있다.

첫째, 원가를 충당하고 이익을 내기 위해서는 얼마만한 수입이 있어야 하는가 하는 예상판매액을 결정해야 한다. 그러나 무턱대고 가격을 수입에만 의존하여 결정할 수 만은 없다.

둘째, 대상고객층의 수입, 가처분 소득, 앵겔지수 등을 고려하여 고객이 지불 가능한 범위내에서 가격을 결정해야 한다.

〈표 2-6〉 1년 1,800만$의 매상고를 가진 레스토랑의 원가표

구 분	음식 원가	인건비	음료(주류 포함)	합 계	평 균
비율(%)	46	32	22	100	33

자 료 : Donald E. Lundberg, *The Hotel and Restaurant Business*, 6th ed., (N.Y. : VNR, 1994), p. 258.

Lundberg는 1년에 1,800만$의 매상고를 가진 레스토랑의 원가를 조사하여 〈표 2-6〉을 제시하였는데, 이 레스토랑의 주요 원가인 식자재원가는 46%로 이 수치는 호텔의 식자재원가 권장율 33%보다 높다. 식자재원가가 높으면 고객에게 질 높은 요리를 제공할 수 있다는 점에서는 좋으나 수익성을 저하시킨다.

수입대비 식자재 원가비율을 살펴보면, 시설이나 기업의 형태 그리고 방침에 따라 다르지만 대체로 다음과 같다.

① 호텔이나 식당 30~40% ② 학교, 산업체급식 등 단체급식 50~60%
③ 학교구내식당 50~60% ④ 군대급식 90~100%

3) 메뉴 품목의 종류와 다양성

고객들이 메뉴의 다양성과 상상력을 제공하기를 원하는 오늘날 외식업체에 있어서 메뉴는 넓은 의미에서 도달 가능한 시장의 범위를 결정하기 때문에 메뉴 아이템의 선택과 연출 방법은 매우 중요하다. 그리고 메뉴는 여러 점에서 매우 중요한데 예를 들어, 메뉴에 따라서 필요한 장비가 결정되고 이에 따른 투자는 필수적이다.

일반적으로 메뉴의 아이템이 많을수록 요구되는 장비는 더욱 다양해진다. 만일 레스토랑에서 햄버거, 핫도그, 튀김요리, 음료수와 같은 단순한 품목만을 판매한다면 요구되는 장비도 단순하겠지만, 20~30가지의 품목을 판매하는 레스토랑에서는 다양한 요리법과 장비가 필요할 것이다.

고객이 메뉴를 선택할 때 아이템 수는 중요한 요인이 되는데 이는 비슷한 조건의 레스토랑이 존재할 때 다른 곳에는 없는 아이템이 준비되어 있다면 고객의 선택 폭이 그 만큼 크기 때문에 고객은 그러한 레스토랑을 선호하게 되기 때문이다. 그러나 아이템의 수와 다양성의 문제는 고객의 선택행동과 더불어 원가와 직결되므로, 아이템을 다양하게 메뉴를 기획한다면 식재료 확보에 대한 원가관리에 문제가 있을 것이다. 그러나 소수의 소비자를 위한 메뉴의 개발도 필요하다. 왜냐하면 그 아이템을 선택하는 사람이 의사결정권자이거나 의사결정과정에 중요한 위치를 차지할 수도 있기 때문이다. 따라서 대중적이지 못하지만 특정 계층

(예 : 어린이를 위한 메뉴, 고령층을 위한 메뉴)이 이용함으로 해서 다른 아이템의 구매를 유인할 수 있기 때문에 메뉴기획자는 이러한 점을 간과해서는 안된다. 예를 들면 어린이용 아이템은 판매량이 적을지 모르지만 그 아이템으로 인하여 부모들이 높은 수익률이 있는 아이템을 주문할 수도 있다.

Drew는 메뉴아이템의 단순화를 역설하는 대표적인 학자인데, 그는 영국의 Essex, Notting Ham의 레스토랑의 예를 제시하면서 메뉴의 단순함이 레스토랑 경영의 성공을 보장한다고 역설하였다. 한편 메뉴의 내용을 너무 단순화하는 것을 경계하면서 고정된 메뉴와 아이템의 변화를 조화시키는 것이 중요하다고 주장하였다. 아이템의 수를 적정 수준까지 제한할 때 얻을 수 있는 이점은 아래와 같다.

첫째, 고객이 메뉴를 선택하는 시간이 줄어들어 회전율을 높일 수 있다.
둘째, 식자재의 재고를 줄여 신선도를 유지하고 비용을 절감할 수 있다.
셋째, 레스토랑의 전문성을 부각시킬 수 있다.
넷째, 생산과 서빙에 소요되는 시간이 줄어들어 경비를 절감할 수 있다.
다섯째, 표준화를 통하여 음식의 질을 유지할 수 있다.
여섯째, 생산에 소요되는 공간과 기자재를 최소화할 수 있다.
일곱째, 메뉴 선택에 대한 예측성이 높아져 준비 단계에 작업의 효율성을 기대할 수 있다.
여덟째, 주문과 통제체제를 단순화함으로써 관리와 감독이 용이하다.
아홉째, 메뉴의 개발이 용이하다. 그러나 메뉴가 간결함으로 얻는 이점이 큰 반면 너무 단순한 메뉴는 고객이 메뉴를 가볍게 인식할 우려가 있다.

외식산업에 있어서 영양프로그램은 영양에 관심이 지대한 고객층－상용여행자, 국제회의 참석자와 중산층 관광자의 욕구를 인식한 호텔 체인에 의하여 광범위하게 개발되었다. 이러한 호텔들은 "건강식" 메뉴를 별도로 구성하거나 기존 메뉴에 "건강식"에 관한 새로운 아이템을 3～4가지 추가하였다.

아이템을 선택함에 있어서 아이템의 수와 다양성이 주요한 요인이다. 과거에는 질보다는 양, 기능보다는 심미적 요소가 메뉴기획과 디자인에 있어서 주요 변수요인이었으나, 오늘날 메뉴기획에 있어서는 양보다는 질을, 미적 요인보다는 기능적인 면을 더 중요시한다. 그리고 메뉴에서의 아이템의 위치(position)는 그 아이템의 대중성에 영향을 미치며 이윤 향상에 기여할 것이다.

적정 수준까지 아이템 수를 제한하는 것이 관리차원과 마케팅 측면에서 유리하며 일반적으로 메뉴상의 아이템의 수와는 관계없이 고객이 선호하는 아이템의 수는 각 집단 별로 4~5가지 아이템으로 제한되어 있으나 대부분의 메뉴기획자들은 아이템의 수를 제한하는 것이 다양성을 저해한다고 생각한다. 그러나 아이템 수의 제한이 다양성의 제한을 의미하는 것이 아니므로 아이템의 수와 다양성은 다른 차원에서 고려되어져야 하며, 한 예로서 영양식이 레스토랑의 긍정적 이미지를 형성한다.

따라서 다양성의 제고는 아이템의 수를 늘리는 것보다는 아이템의 다양화, 조리방식, 색상 등을 통하여 한 차원 높은 다양성을 고객에게 제공함으로써 높일 수 있는데, 특히 클립－온, 팁－온 메뉴의 활용은 고객에게 메뉴에 대한 신선함과 다양함을 제공하며, 메뉴 교체효과까지도 기대할 수 있다. 그리고 메뉴의 아이템은 전략 사업단위(strategic business units: SBUs)로 인식되어져야 한다.

레스토랑의 형태에 따라서 고정메뉴를 사용하거나, 계절별로 바꾸거나, 보다 자주 메뉴에 변화를 준다. 메뉴의 변화는 새로운 시장을 창출하고, 고객을 확보하고, 경쟁력을 지속시킬 수 있기 때문에 고정적인 메뉴를 서브(serve)하는 레스토랑도 팁－온 메뉴나 클립－온 메뉴를 사용하여 아이템의 종류를 변화시키는 것이 바람직하다.

4) 영양적 요인과 건강적 요인

과거 외식산업의 메뉴기획에 있어서 영양에 관한 역할을 소비자행동, 태도와 음식에 대한 습관이나 기호와는 별개로 "임상적(clinical)"관점에서 행해졌으나, 현재의 외식산업에 있어서 영양프로그램(nutrition programs)에 대한 이해는 필수적이다.

오늘날 영양에 관심을 가지는 사람이 늘어나면서 이에 대한 시장 변화가 나타나고 있기 때문에, 영양프로그램은 외식산업에 있어서 마케팅 요소가 되고 있으며 경쟁력을 유지하는데 필수적인 요인으로 고려되고 있다. 메뉴기획의 목적 중 한 가지는 건강에 도움을 주기 위한 것과 우수한 영양소를 함유한 식품을 섭취하는데 있다. 식품의 기본구성은 단백질, 지방, 탄수화물, 무기물과 비타민 등이며 구성요인들 의 열량영양소는 칼로리로 측정되어지고 총필요열량은 사람에 따라서 다르다. 나라마다 연령, 성별 등에 따라 최소한의 영양권장량을 정하여 시행하고 있다. "영양식" 메뉴 아이템의 판매는 다른 촉진 요소에 의한 판매이윤 면에서도 더 유리한 것으로 판명되었다.

여기서 제품의 개발은 첫째, 소비자의 자각된 기대에 부응하며, 둘째, 조리기술을 개발함과 아울러 이에 상응하는 장비와 기구를 준비하고, 셋째, 영양적인 요인을 고려하여 이루어진다. 이와 같이 영양적 요인은 성공적인 레스토랑 경영에 있어서 중요하며, 영양적 요인을 고려한 영양프로그램의 특성을 정리하면 〈표 2-7〉과 같다.

〈표 2-7〉 외식산업에서의 성공적인 영양프로그램 특성

1. 영양 문제에 관한 고객의 관심 정도와 형태가 조사되었다.
2. 고객의 건강에 대한 요구뿐만 아니라 품질에 대한 기대에 부응하는 메뉴 아이템을 개발하였다.
3. 촉진프로그램은 고객에게 자신들이 어떻게 그들의 요구를 수용했는지를 인식시켰다.
4. 메뉴 아이템은 참신하고 창조적이며 바람직한 이미지를 전달하였다.
5. 메뉴 아이템은 레스토랑의 전반적인 주제(theme)와 일치했으며, 메뉴에 대한 진부한 생각을 버리도록 유도하였다.
6. 메뉴 아이템은 저-칼로리, 저-콜레스테롤, 저-지방, 저-소금(염)과 같은 다이어트용보다는 영양식 메뉴 아이템의 "건강적", "영양적"이점을 강조하였다.
7. 메뉴 아이템은 영양에 관한 현재의 고객 요구 뿐만 아니라 미래의 관심에 관해서도 부응하고 있다는 유연성(미래지향성)을 부각하였다.
8. 메뉴 아이템은 고객 뿐만 아니라 레스토랑 점원에까지 "가정적"인 분위기를 연출하였다. 이러한 현상은 프로그램에 대한 열의를 발생시켰다.
9. 메뉴 아이템은 변화하는 고객의 욕망에 부응하면서 그들의 품질을 지속적으로 개선시킬 수 있도록 메뉴와 프로그램을 재검토하여 수정한다.

자료 : Beth L. Carlson, "Meeting consumer needs-the basis for successful marketing of nutrition in foodservice," *International Journal of Hospitality Management,* Vol. 5, No. 4, 1986, p. 169.

영양에 관한 관심은 외식을 할 것인지, 어디서 할 것인지, 무엇을 선택할 것인지를 결정할 때 반영된다. 영양식은 외식을 결정할 때, "중요하다"라고 생각하는 지지자들은 75%~80%이며, 영양에 관해 관심이 있거나 지식이 있는 사람들은 반복 구매자로서의 인구통계적 특성을 나타내며 레스토랑 이용고객의 65%는 외식업체 경영자들이 고객에게 제공하는 음식에 대한 영양적인 면을 책임져야 한다고 생각한다.

영양식 프로그램은 고객의 요구와 욕구에 기업이 부응하고 있다는 사실을 부각시킴으로써 기업의 이미지를 제고시킬 것이며 다른 경쟁 업체에 비하여 경쟁적인 우위를 확보할 것이다. 따라서 마케팅의 강조는 특별한 메뉴 아이템보다는 프로그램 자체에 두어야 한다.

Carlson은 영양촉진프로그램을 위해서는 검증된 촉진전략을 수행하는 것, 영양촉진프로그램을 위한 전략, 목표와 시장의 개념을 구체화시키고 이해하는 것을 제시하였다. 그리고 영양프로그램에 대한 고객의 인식에 영향을 미치는 5가지 요소로

첫째, 영양식 메뉴 아이템에 관한 고객의 요구에 대한 직원의 태도와 반응
둘째, 영양식 메뉴가 어느 선까지 레스토랑의 기존 메뉴와 분위기를 보완하는지의 정도
셋째, 정규 메뉴 아이템 가격과 영양식 아이템과의 상대적 가격
넷째, 영양식 아이템의 외형과 연출 능력
다섯째, 영양식 아이템의 광고와 판촉을 말하고 있다.

영양촉진프로그램은 시장점유율을 개선시킬 수 있으며, 단기적으로는 고객을 유인하여 판매량 증진을 가져오고, 장기적인 성공 여부는 이 정책에 대한 고객의 이미지를 어떻게 강화하느냐에 달려 있다.

영양촉진프로그램은 레스토랑에 대한 소비자의 인식을 강화시키고 수익성 있는 시장 판로를 보장해 줌에도 불구하고, 단지 레스토랑 경영자의 25%만이 그들 메뉴에 '건강식'과 '영양식'에 대한 촉진 프로그램을 실행하고 있다.

우리의 영양상태는 어른, 어린이 할 것 없이 모두 건강한 상태, 건강치 못한 상태(부족 또는 과잉), 반건강 상태의 3가지가 있는데, 질병과 건강의 판정기준

은 〈표 2-8〉와 같다. 반건강상태를 한계상태(marginal state)라고 하여 영양성 질환(결핍증과 과잉증)의 예비적 상태를 먼저 파악하며, 예방할 수 있는 지식을 알아야 건강을 유지할 수 있다.

최근에 건강에 대한 관심의 고조는 이제 도를 넘어서 건강염려증이라는 신종 질병도 야기시키고 있다. 이러한 현상은 성인병의 확대와 조기화, 영양의 과다섭취와도 무관하지 만은 않다. 이렇게 일반 대중의 건강에 대한 관심이 대단하다 보니 중앙일간지 마다 주1회 이상씩 건강에 관한 기사를 게재하고, 각종 매스컴에서도 「건강코너」를 신설하였다.

〈표 2-8〉 질병과 건강의 판정기준

의 학	질 병 의 학		건 강 증 진 학	
건강 상태	질병 (병인)	반질병 (반병인)	반건강 (반건강인)	건강 (건강인)
의학적 상태	의 료		건 강 증 진	

자료 : 전희정·전세열·심영자, 「식품과 현대인의 건강」, (서울 : 지구문화사, 1995), 250쪽.

그리고 대형종합병원에서의 '가정의학과' 또는 '예방의학과'설치, 건강보조식품 산업의 급속한 성장, '건강도서붐' 등은 우리 사회가 최근에 얼마만큼이나 건강을 깊이 인식하고 있는지를 보여주는 예가 될 것이다. 따라서 '건강'에 대한 고객의 욕구를 외식업소가 어떻게 수용할 것인지가 외식업체의 현실 과제이다.

5) 준거집단과 사회적 체면의식

외식소비자는 상업적 정보원천 보다는 친구나 가족 등 준거집단이 제공하는 정보나 의견을 보다 신뢰하는 경향이 있으므로, 개인들간의 구전커뮤니케이션은 잠재고객의 신제품 수용에 매우 중요한 역할을 한다. 신제품 수용과정에서 의견선도자가 제공하는 정보나 의견은 다른 소비자들의 구매행동에 큰 영향을 미친다. 따라서 신제품을 개발하거나 기존 아이템을 변화시키고자 한다면 전문가 집단과 단골고객 혹은 의견선도자를 초청하여 시식회를 개최함으로써 잠재시장에서 제품의 우위를 점할 수 있으며, 이는 외식업체의 이미지를 제고시키는 방법이 된다.

사회계층은 한 사회 내에서 거의 동일한 지위에 있는 사람들로 구성된 집단이며 여기서 지위란 고정불변의 것이 아니라 다른 계층으로 이동을 통해서 변화된다. 따라서 사회계층은 다음과 같이 여섯 가지의 특징을 가진다.

첫째, 사회계층은 지위를 나타내며
둘째, 사회계층은 다차원적이고
셋째, 사회계층은 구조를 가진다.
넷째, 사회계층은 행동에 대한 구속력을 가지며
다섯째, 각 사회계층은 동질적이며
여섯째, 사회계층은 동적(動的)이다.

제 3 장

외식사업의 창업

1. 외식사업 창업시 고려사항

외식산업은 업소의 위치가 중시되는 입지산업이며 인간과 인간관계를 중시하는 환대산업(Hospitality Industry)이다. 또한 외식산업은 메뉴얼 산업이면서 수익성을 기본으로 하는 서비스 산업이다. 이와 같은 특성으로 신규 창업투자자에게는 업종이나 업태 선정이 사업의 성패를 좌우하는 요인이 된다. 업종 및 업태를 선택할 때 우선으로 고려하여야 할 사항은 고객의 소비패턴 변화, 시장규모, 성장률 등의 조사와 지향하는 업종의 라이프사이클을 고객의 요구와 욕구, 식습관, 식생활의 변화추이 등과 연결지어 조사·분석하여야 한다. 일반적으로 업종을 선택함에 있어서 가이드라인이 되는 중요 기준은 다음과 같다.

① 업종의 라이프싸이클이 진입기이거나 고수익성을 추구하는 업종일 것
② 식자재 공급이 원활하고 가격변동폭이 적을 것
③ 고정투자비를 최소화시키면서 경제적 효율성이 높은 업종일 것
④ 가맹점의 경우 업체선정에 있어서는 체인본부의 기능과 역할, 제반 노하우 시스템의 구비가 전제되어 있을 것[1)]

1) 일반적으로 체인본부의 결정에는 신뢰도의 척도인 법인의 설립여부와 자산 평가에 대한 확인이 필요하다. 특히 국내 대다수 체인본부는 영세하며 무분별하게 난립되어 있으므로 중장기적인 관점에서 신중히 선택하여야 한다. 브랜드에 대한 고객의 인지도, 직영 및 가맹점의 업소수, 업소당 매출액 등에 대해서도 직간접적인 조사와 평가를 행하고, 조직도, 인원, 연혁, 로얄티, 가맹비, 보증금, 총투자비, 교육훈련, 대금결재방법, 메뉴개발, 식자재 조달방법, 센트럴 키친의 유무, 경영의 지도·감독 등 제반 계약조건과 매장분위기 연출에 있어서 동종 및 유사업체와의 상대적인 비교가 필요하다.

창업과 관련된 의사결정의 문제는 무엇을 어떻게 만들어 팔 것인가(정성적 결정)라는 계획 기능과 얼마만큼 만들어 팔 것인가(정량적 결정)라는 예측의 기능을 가지는데 이러한 의사결정과정의 내용은 다음과 같다.

① 시장 및 경제상황의 분석 및 예측[2)]
② 경쟁환경 및 시장분석
③ 입지의 선정
④ 영업 목표 및 영업권역 설정
⑤ 사업 컨셉(concept)의 결정
⑥ 메뉴의 설계
⑦ 구매 및 사업 규모의 결정
⑧ 설비 및 실내장식 등의 배치계획
⑨ 소요자금액과 자금조달 계획의 수립
⑩ 조직화와 인력수급 계획 및 채용

참고 3 외식사업경영자가 알아야 할 경영원칙

1. 급격히 늘어나는 업종은 피하라.
2. 자신없는 업종에는 손을 대지 말라.
3. 개업후 자금의 여유는 필수적이다.
4. 모든 재산을 투자해야 하는 사업이라면 포기하라.
5. 은행을 잘 활용하면 친척이나 친구에게 의지할 필요가 없다.
6. 적은 인원으로 할 수 있는 사업을 선택하라.
7. 하나를 주고 둘을 얻는 정보는 값진 정보이다.
8. 인간관계가 중요하다. 덕을 쌓아라.
9. 좋은 위치(목)라고 생각되면 투자를 아끼지 말라.
10. 고객관리는 종업원에게 미루지 말라.

2) 앞으로의 외식산업은 급속한 현대화의 진행으로 선진국과 같은 고감도 외식산업으로 변화 발전할 것으로 전망되고 있다. 이러한 동향을 바탕으로 국내 외식산업 중 앞으로 그 시장규모가 큰 분야는 식자재 유통산업이며 캐주얼, 패밀리, 해산물 레스토랑 업종 등이 유망할 것으로 전망된다. 마진폭이 크거나 객단가가 높은 업종 중에서 원두커피, 칵테일, 건강즙, 죽, 셀프 호프, 반찬, 피자, 참치, 돈까스, 스테이크, 스파게티, 삼계탕 전문점과 기존 한식업중 시스템화되고 변형된 새로운 업태의 성장과 배달판매가 활성화될 것으로 예상된다.

11. 자금관리는 직접하라.
12. 1개월에 한번씩 시장조사를 잊지 말라.
13. 고객이 원하는 것을 파악하라.
14. 자만은 버리고 자신감을 키워라.
15. 부드러운 인상을 지닌 종업원을 채용하라.
16. 회계는 필수적이다.
17. 종업원은 제2의 자산, 교육비를 아끼지 말라.
18. 부지런한 주인은 실패가 없다.
19. 성공을 하려면 하루하루에 비중을 두어라.
20. 돈을 따르지 말고 돈이 따르도록 노력을 해야 한다.

2. 외식사업 개업 절차

경영의 목표 및 사업방향의 설정에서 개업까지 일련의 흐름은 다음과 같은 사항을 단계적으로 고려하여 진행한다.

1) 사업목적 및 방향의 결정

외식사업에 대한 참여를 결정하면 사업의 목적과 방향을 설정한다. 이에는 질적인 측면에서 운영의 이념과 경영자가 직원 및 고객에게 제시하고자 하는 이미지와 원칙이 포함되어 있는데 이는 사업전개를 위한 경영철학을 의미한다. 양적인 측면으로는 사업방향설정에 있어서 장기적이고 거시적인 분석이 업종 및 업태별로 필요하고, 국내외 시장의 동향과 전망을 상세히 분석한 후 중장기 사업방향을 설정한다.

2) 업소 컨셉의 결정 및 사업계획

근래의 외식산업 추세는 품질, 접객서비스, 분위기 등 고객에 대한 질적인 가치를 추구하므로 독창적이고 차별적인 분위기 연출과 합리적이고 기능적이며 과학적인 업소의 개설이 중요 요소로 작용하고 있다. 업소 및 업종의 주컨셉을 업종 특성에 적합하도록 설정하는데 있어서는 매장의 레이아웃(layout), 메뉴, 내외장, 간판, 색상, 종합디자인 유니폼, 패키지, 집기류 등을 주컨셉과 상호 연계되도록 한다. 전체 구도 중 주컨셉과 각 부문별 컨셉간의 조화가 필요하며 이 시기에 세부 사업계획서를 완성한다.

3) 입지조사 및 상권분석

업소의 입지는 업종별 특성을 감안하되 수익성을 고려하여 선정한다. 특히 독립형 건물과 복합형 건물, 층별 고객유인 수준을 고정인구, 상주인구와 유동인구로 구분하여 조사한다. 그리고 인구의 집결지와 분산지의 특성 파악, 고객 흐름이 유동형인지 정체형인지도 조사해야 한다. 주변 상권조사에는 금융기관, 학교, 극장, 상가 등의 입지 분류와 목표고객을 고려하여 유사, 동종업체에 대한 메뉴의 종류, 가격, 객단가, 매출, 고객층을 세분화하여 시장조사를 실시한다. 그리고 이러한 사항들은 시간대별, 요일별, 날씨별, 소득수준별, 남녀별, 연령별, 학력별 등으로 50m, 100m, 200m, 500m, 1km, 2km 반경 내에서 분석하여 입지 전략을 수립한다.

4) 매장 및 투자금액의 결정

매장규모, 형태, 권리금, 보증금, 월세, 매입 등에 관한 검토외에 임대차계약, 도시계획, 건물등기, 재개발 사항 등을 조사하고 결정된 매장의 실측 및 구조 조사를 실시한다. 또한 자금 조달계획서를 작성하여 보유자금과 금융기관의 대출여부 등을 결정하고 추정손익계산서는 수익성이 보장되도록 작성한다.

5) 메뉴의 결정 및 관련 부문별 업체조사

메뉴의 결정은 메뉴개발 담당자나 전문가의 조언을 구하도록 한다. 메뉴의 종류와 가격은 식자재의 공급, 설비 및 기기의 활용도와 성능, 도입비용, 주방면적 및 인원수 등을 감안하여 개발한다. 또한, 인테리어와 설비, 집기, 테이블, 의자, 유니폼, 소모품 등의 견적의뢰와 매장공사일정표를 제공받는다. 업소매장공사 발주의 경우 인테리어업체와 주방업체 등에 분리발주하는 방법과 전문업체에 대행의뢰하는 일괄발주방법이 있다. 제작개발 분야에 있어서는 브랜드, 로고, 캐릭터, 종합디자인, 제반양식, 메뉴판, 패키지, 유니폼 등을 기획한다. 매장이 결정되면 매장 레이아웃의 설계를 거쳐 공사에 착수하고 주방, 디스플레이, 조명, 파티션, 바닥, 천정, 벽, 창고 등이 효율적인 동선에 따라 이루어져, 작업이 간편하고 인건비를 절감할 수 있도록 계획한다.

6) 시설공사

시설공사는 크게 건축, 위생, 가스, 전기, 환기 등의 공조공사, 방화·방재 등의 소방시설로 구분되며 제반 법규사항을 검토하여 진행한다. 특히 용도변경에 관한 사항이나 소방법, 식품위생법, 건축법, 세무관계, 보건 등에 관련된 법규를 점검한다. 공사가 진행되면 직원의 채용과 분야별 교육을 실행하는데 사전에 각 매뉴얼을 구비하여 이에 따라 교육훈련을 실행한다. 시공(施工)기간 중 공사분야별 점검이 끝나면 설비와 장치의 시운전과 개업준비를 위한 역할연습 등으로 숙련도와 접객서비스를 제고시키는 방법을 수립한다.

7) 업소의 개업 및 개점후 활성화

고객은 공사기간중 기대와 관심이 고조되기 때문에 완전하고 철저한 상태에서 개업하고 문제점에 대한 대책은 즉시 수립하여 반영한다. 개업 초기에는 업소의 인지도 확산에 주력하며 고객의 반응을 다각도로 검토하고 판촉, 홍보 등의 강화와 주기적이고 정기적인 상권조사를 통하여 상권의 변화를 분석하도록 한다. 계절별 이벤트와 같은 다양한 방법으로 수익성과 생동감 있는 활발한 업소로 경영한다.

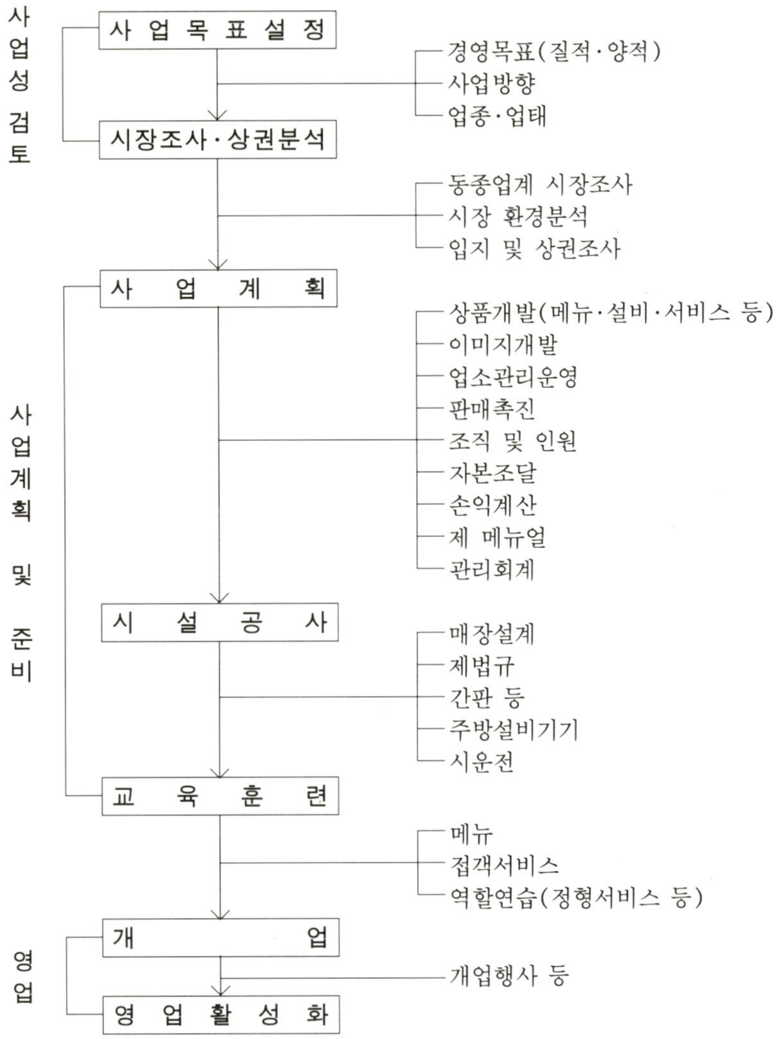

[그림 3-1] 외식업소의 개업절차

3. 외식사업의 타당성 조사

외식사업의 타당성 조사는 일반적으로 다음의 5단계로 이루어진다. 상권의 자료수집 단계가 그 첫단계로 개업하고자 하는 지역의 상권 특성을 조사한다. 상권조사는 인구와 소득조사, 교통량 및 통행흐름의 조사, 인구의 집중을 유발하는 요소의 조사 등을 포함한다.

두번째 단계는 경쟁업소 조사로 자신의 업소와 경쟁관계가 되는 업소를 조사·분석한다.

세번째의 단계는 입지의 분석으로 수집된 자료를 바탕으로 사업의 가능성을 분석한다.

네번째 단계는 상권내 특정지역에 가장 적합한 업소컨셉을 설정하는 단계로 업소의 컨셉 설정은 메뉴와 가격, 실내장식 및 서비스 방법까지 결정하는 기준이 된다.

마지막으로는 예상매출과 비용을 산정하는 추정 손익계산서의 작성단계로 영업의 수익성과 매출목표, 비용의 한계를 설정한다.

1) 상권조사(商圈調査)

(1) 상권(商圈)의 정의

상권이라 함은 잠재고객과 경쟁업소가 위치한 지리적 영역을 의미한다. 상권을 규정함에 있어서는 Who, Where, How의 3요소를 항상 고려하여야 한다.

* 상권내에서 거주하는 사람, 근무하는 사람 그리고 이용하는 사람은 누구인가?(Who의 요소)
* 업소의 입지와 연관지어볼 때 고객의 활동지역은 어디인가?(Where의 요소)
* 상권의 특성과 상권인구는 업소에 어떠한 영향을 주는가?(How의 요소)

업소의 입지선정은 사업의 성공에 있어서 가장 중요한 요소로 사업의 성패와 영업시간의 결정이 일반적으로 그 업소의 입지에 달려있다. 주택가에서 조금 떨어져 있는 오피스타운내에 위치한 한 업소의 경우를 예로 들어 보자. 위치상으로 이 업소는 아침식사, 점심식사 그리고 늦은 오후의 간편식을 판매하는 것이 타당할 것이다. 그렇다고 해서 저녁식사나 늦은 시간까지 주류를 제공하는 업소입지로 적합치 않다는 것은 아니다. 문제는 이 시간대에 어떻게 고객을 끌어들이느냐에 있는 것이다. 물론 업소의 컨셉도 영업시간대를 결정하는데 중요한 요소임을 잊어서는 안된다. 새롭게 떠오르고 있는 부심권의 상권은 보통 반경 10km 내외를 권역으로 하나 교통의 혼잡도, 주차의 문제가 있는 지역의 경우에는 수

km로 상권이 축소된다. 업소의 컨셉 역시 상권의 크기를 결정하는데 중요한 요소로 작용하는데 일반적으로 전문점의 경우 그 상권이 패스트푸드점보다 더 확대된 영역을 가진다.

〈표 3-1〉 입지와 영업시간대

영업시간대	업소의 입지
아침시장중심	주택가나 업무지역, 출퇴근코스에 위치하는 경우
늦은 아침과 점심	쇼핑센타나 학교, 관광지 등 인구유발지역에 위치한 경우
점심시장중심	업무지역이나 유동인구가 많은 지역으로 도보나 차량으로 10분 이내의 거리에 위치하는 경우
저녁시장중심	업소의 컨셉에 따라 그 가이드라인은 다르다. 전문업소(예를 들어 산채전문점 등)는 상권을 비교적 넓게 가지는 반면 일반적인 업소의 경우 단골 고객을 중심으로 인근지역을 대상으로 한다. 특히 패스트푸드의 경우 저녁 시장으로는 다소 한정된 경향이 있다.
심야시간	배달전문업소, 유흥업소 근처, 대학가의 하숙지역 근처

상권을 일단 결정하면 거리명, 건물명 등을 기입한 상세지역도를 작성하도록 한다. 이의 작성시 철도나 8차선 이상의 도로, 녹지대 등 물리적 장애물도 표시토록 한다. 이상의 자료를 작성한 후 본격적인 시장조사로 인구특성, 고객행동, 유동경향과 인구유발요소 그리고 상권의 향후변화 등을 조사하게 된다.

(2) 인구통계적 요인

연령, 성별, 소득수준, 직업, 교육수준 등에 따른 인구특성 분석은 업소의 고객프로필 작성과 목표고객 설정에 꼭 필요한 단계이다.

(3) 소비자행동적 요인

인구조사를 통한 잠재고객의 기본 정보외에 외식에 관한 행태를 조사할 필요가 있다. 학교나 연구기관에서 조사한 최신 자료를 참조하여 시장조사자료로 활용토록 한다. 참고로 1983년 미국레스토랑협회(NRA)에서 조사한 외식에 대한 고객행동의 특징은 다음과 같다.

* 일반인의 외식빈도는 주당 3.5회이다

* 남성의 외식빈도는 여성보다 높다.
* 미혼이나 신혼부부의 외식빈도가 자녀가 있는 가정보다 높다.
* 소득의 증가에 따라 외식의 빈도는 증가한다.
* 18세에서 24세 연령층의 외식빈도가 가장 높다.
* 맞벌이 부부의 외식빈도가 일반가정의 외식빈도보다 높다.

자료 : 외식행동에 대한 대한 고객의 기대조사, NRA, 1983

〈표 3-2〉 외식을 하는 이유 (단위 : %)

내 용	전체업소수	패스트푸드	패밀리레스토랑	전문레스토랑
시간의 부족	18.1	39.7	7.8	1.4
편리성	37.3	40.8	53.4	16.1
축하연	6.9	0.3	2.3	20.2
즐거운 시간	23.4	5.9	23.0	46.0
사업상	1.7	0.9	1.6	2.8
쇼핑	1.7	3.1	1.6	—
여행중	2.4	2.5	2.9	1.7
기타	8.2	6.4	7.1	11.6

주) 반올림으로 전체업소수가 100%로 떨어지지 않음
자료 : 외식행동에 대한 고객의 기대조사, NRA, 1983

(4) 유동인구와 인구유발요소

업소가 위치한 지역의 유동인구조사는 업소의 경영성패를 좌우하는 매우 중요한 요소인데 유동인구의 크기 뿐만 아니라 유동인구의 흐름 또한 중요한 요소이다. 유동인구와 흐름에 관한 자료를 수집하는 기본적인 방법은 그 위치의 특성을 직접 관찰하는 것이다. 즉, 특정 위치를 지나는 통행인과 통행차량의 수를 확인하고 이를 상·중·하의 단계로 분류한다. 이러한 관찰법은 영업시간대별(아침시간, 점심시간 그리고 저녁시간 등)로 조사함으로써 그 완성도를 높일 수 있다. 업소의 수익성에 영향을 주는 인구유발요소란 오피스빌딩이나 쇼핑센타, 환승역, 공공주차장 등 인구집적도가 높은 것을 의미한다. 업소가 위치할 지역의 인구유발요소를 다음의 사항에 유의하여 상세히 조사하도록 한다.

* 유발요소로 인해 발생되는 일일 유동인구수를 조사한다.

* 어떠한 사람들이 어떠한 시간대에 몰리는지를 조사한다.
* 고객행동정보를 조사한다.

(5) 상권의 향후 변화

업종의 전환, 업체의 이동, 선호도의 변화 등으로 상권은 지속적으로 변화하므로 향후 업소의 영업에 영향을 줄 수있는 변화에 주목하여야 한다. 기업체의 이동이 단지의 신축 등은 사업에 직접적으로 영향을 준다. 다음에서 제시하는 질문은 향후의 변화에 대한 대비책을 마련하는 기본자료의 역할을 한다.

* 오피스빌딩이나 공장, 쇼핑센타, 도로 등의 확장이나 신축계획은 있는가?
* 재개발 계획 등으로 인구의 크기나 구성에 변화가 예상되는가?
* 고용규모가 큰 업체의 이전계획 여부와 지역 경제의 전망은 어떠한가?
* 직접적인 경쟁관계가 될 신규업소의 개업계획이 있는가?
* 정보의 수집처 – 담당 관청, 부동산 개발관련업체, 은행이나 새마을금고, 지역협회 등

상권조사의 실례

1. 지역

지역 : 00지역
인구 : 15만명
인구밀도 : 높음(업무지역)
기후 : 보통
평균연령 : 31세
대상 업소는 간선도로변 상가(15개매장)
건물내에 위치하고 있음. 인근에 오피스빌딩단지가 있으며 2차선 길건너편의 빌딩 지하에 식당가가 위치하고 있음. 이 위치는 점심시장으로 적격이며 보통수준의 아침시장에 적합한 컨셉을 설정한다면 저녁 시장으로도 괜찮은 위치임.

2. 상권

사무실이 밀집한 업무지역으로 한정된 점심시간과 교통의 혼잡으로 걸어서 10분이내의 거리가 권역임. 8차선 대로를 중심으로 2차선 간선도로로 이루어져 있음. 인근에 지하철역이 있으며 8분거리임.

3. 상권특성

1) 인구특성

거주인구(업무인구포함)	15만명
연령분포	
20세 미만	3.5%
20－29세	38.8%
30－39세	30.4%
40－49세	18.5%
50－59세	6.8%
59세 이상	2.0%
남성대 여성비	75 : 25
직업	
전문직	3%
관리직	56%
기술직	18%
생산직	－
판매직	12%
서비스직	6%
기타	5%
평균소득수준	中上
평균가족수	－
교육수준	－

2) 시장동향

지역내 인구집단의 다수를 차지하는것은 20대와 30대층으로 외식의 빈도수가 가장 많은 집단임. 중상이상의 평균소득과 교육수준으로(주로 화이트칼라 계층) 새로운 것에 대한 욕구가 강함. 한정된 점심시간으로 인하여 제공시간이 빠르고 대기행렬이 길지 않으며 맛과 위생의 요소를 갖춘 업소를 선호함.

3) 유동형태와 인구유발요소

중심도로인 8차선도로는 출퇴근 시간대인 오전 7시에서 8시반, 오후 5시반에서 7시까지 가장 혼잡함. 낮시간의 교통도 비교적 혼잡한 편으로 출퇴근은 대로를 지나는 버스의 이용이 높음. 그러나 최근에 개통된 지하철로 인하여 그 패턴이 변화하고 있음. 업소의 위치가 대로변에서 지하철역으로 가는 지름길인 간선도로변에 위치함으로써 업소앞을 지나는 유동인구가 증가하는 추세임. 오피스타운의 특성상 고정고객을 목표타켓으로 영업. 업소의 건너편 7층건물내에 지하식당가가 위치함. 이 상가에는 한식당, 중식당, 분식점, 곰탕전문점과 냉면전문점 등 총 17개 업소가 위치하고 있음.

4) 상권의 향후 변화

6개월후 입주예정인 한 블록위의 신축건물에 지하 식당가(15개업소)가 개설 예정임. 불경기와 가격의 불만으로 구내식당을 이용하는 비율이 증가하고 있음.

---

(6) 자료의 평가

시장조사 자료를 종합하고 평가하는 체크리스트를 참조하여 시장조사 자료를 정리한다.

평가체크리스트

1. 인구요소나 기타 시장요소의 관점에서 어떤 영업시간대에 가장 많은 고객이 몰리는가?

－○○지역 상권의 경우 중심인구그룹은 9시에 출근하여 5시이후 퇴근하는 사무직 근로자가 중심을 이룸. 그 다음의 그룹으로는 상권내에 거주하는 인근 주민층임. 교통난을 피하기 위해 일찍 출근하는 일부 직장인들을 위해 탕 종류나 가벼운 메뉴(커피와 빵)의 아침 시장이 형성되어 있음. 그러나 이 지역의 주시장은 점심시장으로 12시에서 1시반까지 고객이 집중함. 한식당의 평균 객석 회전율은 2.1임. 저녁시장은 퇴근을 하며 한잔을 하는 직장인과 야근자, 직장 회식 등이 시장을 이루며 10시 이후에는 새로운 주문 고객이 거의 없는 편임. 월요일에서 금요일까지의 저녁시간 평균 좌석회전율은 1.3임.

2. 상권내 고객층의 평균소득과 생활방식은 어떠한가?

－사무직 근로자의 평균소득은 중간정도로 가격에 민감한 계층임. 그러므로 업소의 메뉴가격을 합리적인 수준에서 결정하여야 하며 이익정책은 저가격에 판매량을 늘리는 정책으로 수립하도록 함. 특히 젊은 계층의 단골고객화를 위해서는 메뉴의 지속적 변화와 위생 및 분위기에 관심이 요망됨.

3. 계절적 변화요인이나 요일별 변화가 영업에 어떠한 영향을 미치는가?

－○○지역의 상권은 업무지역으로 상대적으로 연중 안정된 영업이 예상되나 휴가철인 7～8월의 영업은 70～80% 수준으로 알려져 있음. 회사가 휴무하는 공휴일과 일요일의 영업은 평일 대비 60% 수준임.

4. 유동형태나 인구유발요소는 업소에 어떠한 영향을 주는가?

－오피스빌딩이 밀집한 대로에서 우회전을 하여 좌측에 위치한 업소의 위치는 가시성에서는 조금 떨어지나 건물 주차장이용과 접근성에서는 양호함. 최근에 개설된 지하철 역까지 가는 지름길 역할을 하는 간선도로라 유동인구의 증가가 예상됨.

5. 고객의 외식형태는 어떠한 영향을 주는가?

－○○지역의 사무직 직원의 연소득은 1,500～2,500만원 내외로 20～30 대층의 직장인과 사무직 여성의 비율이 높은편임. 점심시장의 경우 대개 1시간

정도의 한정된 시간과 교통의 혼잡으로 도보로 10분 이내인 위치를 주로 이용하는 것으로 조사되었음. 주당 외식빈도는 4.6회로 1회 지출액은 평균 3,700원임. 이 계층의 점심시장에 대응하기 의해서는 가격이 적당하고 서비스시간이 빠른 메뉴가 필요함. 인근주민층은 저녁시장의 잠재고객으로 이를 충족시키기 위해서는 가족중심의 특별메뉴를 적정가격에 제공하여야 할 것임.

6. 상가신축 등 향후의 변화는 대상업소의 영업에 어떠한 영향을 주는가?

—현재 건물의 신축이나 기업의 이전계획 등은 없는 것으로 알려져 있음. 건너편 빌딩 지하식당가에 도시락전문점이 6개월후 개업예정으로 점심시간대와 야근을 하는 사무실 등에 도시락을 배달하는 새로운 서비스로 향후 경쟁업소로 예상됨.

2) 경쟁업소의 조사

외식사업의 타당성을 조사하는 다음의 단계는 경쟁업소를 조사하는 것이다. 경쟁업소조사를 실행하는 이유는 첫째, 영업을 하고자 하는 자신의 업소에 얼마나 많은 고객이 들 것인가를 가늠해 보는 잠재수요의 예측이다. 특정 상권내에서 영업중인 업소의 현황을 파악하는 것은 현재의 수요에 대하여 공급을 담당하는 업소의 수가 적정한 지를 판단하는 자료가 된다. 둘째, 경쟁업소를 파악하는 것은 업소의 위치를 선정하는 입지 타당성의 조사에 많은 도움이 된다. 셋째, 업소의 컨셉설정과 목표고객을 결정하는 표적시장의 설정에 경쟁업소를 조사하는 것은 많은 도움이 된다. 넷째, 경쟁업소조사는 영업을 성공적으로 이끄는 요소의 관찰과 자신의 업소에 적용할 만한 아이디어를 모으는데 유용하다.

(1) 경쟁업소의 확인

궁극적으로 경쟁관계가 될 수 있는 업소는 첫째, 자신의 업소와 영업컨셉이 유사한 업소와 둘째, 자신의 업소와 근접해 있음으로써 경쟁관계가 될 수 있는 업소이다. 상권의 크기는 업소의 컨셉에 따라 그 범위를 달리한다. 중국음식점이나 분식점 등은 상대적으로 작은 상권을 이루나 중간 가격대의 해물탕전문점이라든지 전문음식점 등은 넓은 상권을 형성한다. 이동거리(도보 또는 차량 등)가 20~30분내에 있는 업소는 경쟁업소로 간주하고 경쟁업소조사를 한다. 상권의 크기외에도 상권내 업소의 밀집도 역시 경쟁관계의 업소수를 산정하는데 영향을 준다. 그리고 지리적 위치도 경쟁관계를 조사하는데 중요한 요소라 할 수 있다. 이를테면 보쌈전문점과 해물탕전문점은 그 컨셉은 다르지만 서로의 간판이 바로 보이는 정도로 인접해있다면 지리적 근접성으로 인하여 경쟁관계가 된다.

〈경쟁업소의 확인〉

경쟁관계를 확인하는 최상의 방법은 직접 방문하여 상권지역을 답사하는 것이다. 상권을 포함하는 지역지도에 업소의 위치를 정확히 기입하고 주소록을 만든다. 지역사정에 밝은 사람과의 대화나 탐문 등은 영업을 잘하는 업소를 확인하는데 유용한 방법이다. 이외에도 지역업소록이나 신문, 지역협회 등을 자료원으로 활용하도록 한다.

(2) 경쟁업소별 조사

경쟁업소를 확인하는 다음 단계는 경쟁업소 리스트의 작성과 이에 따른 각 업소의 직접 방문조사이다. 각 업소를 직접 방문하고 그 업소의 특징을 조사한다. 특히 가장 붐비는 시간에 방문해 보는 것은 그 업소의 경영 노하우, 이를테면 밀려드는 고객을 어떻게 효과적으로 서비스하는지 등을 파악하는데 큰 도움이 된다. 이는 가장 붐비는 시간대의 주요 고객층을 파악할 수 있고, 경우에 따라서는 고객중 일부에게 어떻게 해서 이 업소의 단골이 되었는지를 물어볼 수도 있는 기회를 제공한다. 일반적인 경쟁업소별 조사서는 다음과 같은 항목을 기준으로 작성한다.

〈경쟁업소의 조사항목〉

-물리적 요인

업소의 입지, 접근성, 가시성, 내·외관 등

-식사 요인

좌석수, 메뉴, 가격, 영업시간, 주류, 서비스방법, 분위기, 차별화 요소 등

가. 물리적 요인

업소의 물리적 요인이란 업소의 입지와 그 업소가 눈에 잘 띄이는지(가사성) 그리고 고객이 업소를 출입하는데 불편함이 없는 지(접근성)의 여부, 업소의 외장과 내장 등을 의미한다. 입지가 제공하는 특별 효과에 대해서 지식을 넓히는 것은 자신의 업소 입지 분석에도 유용한 도움이 된다. 어떤 업소는 그 위치가 좋아서 성공하기도 하고 다른 업소는 음식이나 분위기 등 다른 요소로 성공을 하기도 한다. 접근성이나 가시성도 업소의 성공에 매우 중요한 요소이다. 업소의 입지 분석에 대해서는 다음 단원에서 별도로 설명하도록 하고 여기서는 그외의 항목에 관하여 설명을 하겠다.

① 접근성－업소의 출입이 용이하도록 하는 것은 성공적인 영업에 있어서 매우 중요한 요소라 할 수 있다. 큰 차도를 건너야 하는 경우, 주차장이 부족한 경우, 업소로 들어가는 출입구가 복잡하거나 너무 좁은 경우 등은 영업에 부정적인 영향을 끼친다. 그러므로 다음과 같은 사항에 유의하여 업소의 접근성을 조사하도록 한다.

㉠ 찾기 쉬운 위치에 있는가?
㉡ 출입이 용이한가? 만약 용이하지 않다면 어떠한 장애요인이 있는가?
㉢ 근처에 주차시설은 확보되어 있는가?
㉣ 업소가 유동인구가 많거나 차량통행이 빈번한 지역에 위치하고 있는가?
㉤ 업소 근처에 인구유발요소인 정류장이나 지하철역, 오피스빌딩이나 쇼핑센타 등이 위치하고 있는가?
㉥ 업소의 접근성에 영향을 줄 수 있는 특징적인 사항은 무엇인가?
(간선 도로변의 기사식당은 일정시간대의 주차공간 확보에 유리하다)

② 가시성 －업소의 위치가 접근이 용이하고 주차시설도 잘 확보되어 있는 곳에 위치한다 할 지라도 안내간판이 제대로 되어있지 않다면 그 업소를 찾기는 매우 어렵다. 가시성이란 업소가 어느 정도 눈에 잘 띄는지를 나타내는 것이다. 업소의 가시성은 다음의 사항에 유의하여 조사하도록 한다.

㉠ 간판이나 안내판이 인도에서나 차도에서 잘 드러나도록 설치되어 있는가?
㉡ 간판이나 안내판이 인근의 사무실이나 정류장과 같은 인구유발요소에서도 잘 띄이는가?

㉢ 간판이나 안내판이 가까이에서 잘 드러나는 편인가 아니면 먼거리에서 잘 드러나는 편인가?

③ 외장과 내장 – 업소의 외장과 내장 역시 고객을 끄는데 영향을 끼치므로 다음과 같은 사항을 경쟁업소 조사때 참고하도록 한다.

㉠ 업소의 외장이 고객을 끌어 들일 수 있도록 치장되어 있는가?

㉡ 외장은 잘 정비되어 있는가? 쓰레기나 악취를 풍기지는 않는가?

㉢ 내장이 조화를 잘 이루며 깨끗하게 정리되어 있는가?

업소 조사표의 작성(물리적 요인)

업 소	: 업소별 상호와 주소
입지특성	: 자신의 업소와 연관지어 입지를 조사한다
근접성	: 업소의 출입과 주차시설이용의 편리성 등을 조사한다
가시성	: 업소의 가시성과 간판, 안내판 등의 효과를 조사한다
외 관	: 외부에서 보이는 업소의 외관을 조사한다
내 부	: 내부시설과 조명, 청결도 등의 요소를 조사한다
기 타	: 지하층이라든지 정류장, 환승역, 건물후편 등 특징사항을 조사한다

나. 식사 요인

식사요인이란 업소의 분위기를 연출하는 메뉴와 서비스, 조명과 실내 인테리어를 통합한 의미를 가진다. 어떠한 패밀리레스토랑은 다양한 메뉴와 밝고 흥겨운 분위기에 안락한 좌석, 친근하고도 세심한 서비스와 현대적인 실내장식 등을 갖추고 있는 반면, 다른 패밀리레스토랑은 흥겨운 분위기 연출이 부족하거나 실내장식이 뒤떨어지는 경우도 있다. 식사 요인을 조사할 때는 다음과 같은 항목별 특징을 상세히 조사하도록 한다.

① 메뉴 – 점심, 저녁메뉴 등 영업 시간대별로 메뉴를 조사한다. 스페셜메뉴나 별미메뉴를 파악해두고 가능하다면 메뉴표를 구하도록 한다.

② 가격 – 각 영업 시간대별 메뉴가격대를 확인한다. 그리고 특별가격으로 제공하는 메뉴에 유의하도록 한다.

③ 주류 – 주류를 제공하는 경우 어떠한 주류(주류의 종류와 브랜드)를 주로

제공하고 있는지 조사한다.

④ 서비스형태 –격식을 차린 서비스 등 어떠한 서비스형태(formal · informal · casual service 등)를 제공하는지와 식기류, 식탁 등의 품질을 파악하고 종업원의 서비스법을 조사한다.

⑤ 분위기 –영업장의 좌석수와 일반적인 레이아웃, 인테리어 디자인의 특징 등을 기록한다. 업소가 분위기를 갖추고 있다면 그 분위기가 로맨틱한 분위기인지 아니면 흥겨운 분위기인지 등을 구분하고 유지보수를 제대로 하고 있는 지에 대해서도 조사한다.

⑥ 기타 –특별한 판촉활동이나 별실, 야외테이블 등의 특별사항과 독특한 서비스방법 등을 조사한다.

〈업소조사표의 작성(식사 요인)〉

업 소	: 업소별 상호와 주소
메 뉴	: 영업시간대별 메뉴를 구분하여 조사한다.
객석수	: 업소의 객석수를 조사한다
가격대	: 중심메뉴의 가격대를 조사한다
영업시간대	: 아침, 점심, 저녁시장 등으로 구분하여 조사한다.
영업시간	: 업소의 요일별 영업시간과 휴일을 조사한다.
주 류	: 주류의 종류(가능하다면 브랜드까지)를 조사한다.
기 타	: 업소의 판촉이나 서비스방법 등을 조사한다.

이상의 모든 정보는 상권내의 경쟁상황을 이해하는데 매우 유용한 자료가 된다. 아울러 현재 운영되고 있지 않은 업종도 추가로 조사하도록 한다.

(3) 조사자료의 요약

경쟁업소가 무엇을 어떻게 운영하는지에 대한 조사는 업소 컨셉결정에 중요한 자료가 된다. 동일상권내 유사업소와의 경쟁을 효과적으로 하기 위해서는 다음과 같은 업소비교조사표를 만들어 타당성조사의 자료로 활용한다.

업소비교조사표

가. 물리적요인

업소명/일자	장안돼지갈비/1차조사 : 1997년 7월15일
업 종	돼지갈비전문. 삼겹살, 등심까지 메뉴를 갖추고 있음
업소위치	○○로 (4차선도로) 대로변 : ○○동 132－3호
위치의 특성	우리 업소의 맞은편으로 버스정류장이 인접하고 있음
접근성	주차시설미비(한블럭위의 사설주차장 이용). 출입구는 대로변 한군데이나 출입이 용이한편임
가시성	건물외벽 간판과 대형유리창의 안내문, 도로, 인도에서 가시성이 뛰어남
업소외장	백색타일벽으로 깨끗하게 유지되고 있음
업소내장	백색페인트벽, 형광등조명에 그을음 등으로 다소 불결한 느낌을 주고 식탁 등도 불결함
기 타	오랜 역사와 위치의 잇점이 있으나 가족의 외식장소로서는 분위기와 위생면에서 다소 부적당함

나. 식사요인

메 뉴	돼지갈비전문, 삼겹살과 소갈비, 등심 등도 취급
좌석수	테이블좌석 : 94석
메뉴가격대	5,500원～12,000원
영업시간대	점심, 저녁
영업시간	주7일/평일, 토요일 : 11시～11시, 일요일 : 11시～10시
주 류	소주·맥주·청주
기 타	저녁시간대에 매우 붐빔

3) 업체 입지의 분석

업체의 입지분석은 상권의 특성과 구성에 대한 조사를 토대로 입지의 타당성을 분석한다. 상권의 특성과 구성, 업종 등의 상황이 서로 다르기 때문에 입지의 타당성을 결정하는 정형화된 법칙은 존재하지 않는다. 그러나 업소의 입지선정을 다음과 같은 흐름도 방식으로 한단계씩 의사결정을 정리해 나가면 비교적 타당성있는 최종결정을 이끌어낼 수 있다.

(1) 경쟁환경

앞에서 설명한 경쟁업소조사는 사업의 타당성을 결정하는데 매우 유용한 과정이라 할 수 있다. 다음에 제시하는 경쟁환경 분석조사표의 질문사항은 상권내 업소의 과잉여부와 현황을 파악하는데 매우 효과적이다.

경쟁환경분석조사표

지역 ______________________ 일자 ______________________

1. 영업 시간대별로 상권내 경쟁업소는 어느정도 붐비는가?
2. 영업수준을 다음과 같이 분류할 때 얼마나 많은 업소가 그 범주에 속하는가?

구 분	업 소 명
하 (한산함)	______________________
중하(빈자리보임)	______________________
중상(조금 붐빔)	______________________
상 (매우 붐빔)	______________________

3. 영업이 잘되는 업소(중상, 상)가 공통적으로 잘하고 있는 점은 무엇인가?
4. 영업이 잘되는 업소들에 있어서 그 영업을 성공적으로 이끄는 가장 중요한 요소는 무엇인가?
5. 영업이 신통치 않은 업소(중하, 하)의 문제점은 무엇인가?
6. 주어진 경쟁환경에서 어떻게 해야 업소를 성공적으로 경영할 수 있겠는가?
7. 향후의 변화(새로운 상가의 신축 등)는 현재의 경쟁환경을 어떻게 변화시키겠는가?

〈제 1 결정단계〉

현재의 경쟁환경은 업소를 새로 여는데 적합한 환경인가?

예 ____________________ 아니오 ____________________

(2) 고객수 기준

① 상권내 상주인구수는 얼마나 되는가?
② 상권내 비거주인구수는 얼마나 되는가?
③ 입지예정 위치를 지나는 유동인구나 통행차량은 어느정도인가?

위의 자료를 조사하여 다음의 방법에 따라 잠재고객의 수를 산정한다.

고객수의 산정

1. 총인구를 지역내 가구수로 나누어 가구당 인구수를 구한다.
2. 연구조사서 등 참고자료를 이용하여 가구당 외식빈도수를 구한다.
3. 가구당 인구수(#1)와 가구당 외식빈도수(#2)를 곱하여 일정기간동안(일일, 주당 또는 월간기준)의 외식인구수(#3)를 구한다.
4. #3에서 구해진 수치(평균외식인구수)를 자신의 업소와 경쟁업소수를 포함한 총 업소수로 나눈다.

위에서 구해진 수치가 자신의 업소를 방문하게 될 잠재고객수(추정치)가 된다.

〈제 2 결정단계〉

현재의 총고객수는 새로운 업소를 여는데 적합한 수준인가?

예 ____________________ 아니오 ____________________

(3) 고객의 특성

업소의 고객은 상권내 총인구중의 일부를 대상으로 한다. 새로이 문을 여는 업소라면 다음과 같은 가능시장을 목표로 사업의 기회를 창출할 수 있다.

① 상권내 잠재고객의 수요가 업소의 공급보다 많은 경우－이와 같은 상황에서 새로이 문을 여는 업소의 성공가능성은 대단히 높다. 신도시에 세워진 대규모 사업단지를 배경으로 단체급식시설마저 부족한 지역에 개업하는 업소는 현재의 수요와 공급의 차이를 메우는 역할로서 대단히 붐비는 점심시간대의 영업과 기타 시간대의 영업을 예상할 수 있다.

② 상권내 다른 업소로부터 고객을 끌어오는 경우－이는 고객들의 업소 선호도가 바뀌는 경우로 음식이나 서비스, 분위기, 가격, 기타 복합적 요소로 고객을 끌어 들이는 것이다.

③ 상권밖의 고객을 끌어들이는 경우－업소가 제공하는 어떤 특성으로 상권밖의 고객까지 끌어들이는 것으로 새로운 도로의 개통이나 명소를 개발하는 경우에도 상권밖의 고객을 끌어들일 수 있다.

④ 고객의 외식빈도수가 증가하는 경우－적정가격과 분위기 또는 간편식 등을 제공함으로써 고객의 외식빈도수를 늘리도록 하는 것이다.

(4) 고객유치 방법

후발주자로서 기존의 시장에 진입하는 경우에 경영자는 현재의 상권내에서 부족한 것 또는 필요한 것이 무엇인지를 제대로 집어내는 과정이 제일 중요하다. 즉 현재 영업중인 업소와 시장환경을 조사하여 고객이 원하는 메뉴와 서비스의 수요·공급의 수준을 가늠하고 이를 자신의 업소컨셉으로 설정하는 것이다. 이를테면 젊은여성층이 밀집하는 명동같은 지역에서 다양한 메뉴를 단시간에 제공하는 패스트푸드점의 설계가 그 한 예라 하겠다. 다음으로는 메뉴 혹은 서비스, 분위기 등 적어도 한가지 이상 기존의 업소와 차별화된 요소를 고객에게 보여주어야 한다.

〈제 3 결정단계〉

1. 현재의 수요가 공급(현재의 외식업소수)보다 더 큰 상태인가?
2. 대상업소의 업종이 경쟁자로부터 고객을 끌어올 만한 것인가?
   예________________ 아니오________________
3. 대상업소가 상권내 특정인구집단의 외식빈도를 증가시킬만 한 요인을 가지고 있는가?
   예________________ 아니오________________
4. 고객이 업소를 일부러 찾아올 만큼 그 특색을 갖추고 있는가?
   예________________ 아니오________________
5. 성공적인 영업이 될 만큼의 고객을 끌어들일 수 있는가?
   예________________ 아니오________________

제3결정단계의 다섯번째 질문은 업소의 입지선정에 대한 타당성조사를 계속할 것인지를 결정하는 기준으로 다섯번째 질문에 대하여 예라고 답할 수 있다면 다음의 예상매출의 산정 단계로 넘어가도록 한다.

(5) 예상매출액의 산정

다음 단원에서 설명할 추정손익계산서 작성에서의 예상매출 산정방법 외에 간편한 예상매출 산정방법으로 비교기준을 활용하는 방법이 있다. 비교대상인 타업소 영업보고서상의 수치를 자신의 업소에 적용시켜보거나 협회 등에서 발행하는 보고서상의 수치를 이용하여 예상매출을 산정하는 방법이다. 예를 들어 유사업소의 전년도 세전이익이 매출액의 5%에 달하였다고 하자. 2천만원의 이익을 기대하는 경우 다음의 산식으로 그 예상매출액을 산정할 수 있다.

매출액 × 5% = 20,000,000원
매출액 = 20,000,000원/ 0.05
매출액 = 400,000,000원

다른 방법으로 연간 인건비 지출을 1억정도로 예상하고 동종업계의 매출액대비 인건비 비율이 30%라 한다면 그 예상매출은 다음과 같이 구해진다.

매출액 × 30% = 100,000,000원
매출액 = 100,000,000원/ 0.3
매출액 = 333,333,333원

〈제 4 결정단계〉

예상매출수준까지의 업소매출을 올릴 수 있는가?
예 ________________ 아니오 ________________

위의 질문에 대하여 "예"라고 답할 수 있다면 타당성조사를 계속 진행하고 "아니오"라는 답에 대해서는 기타 자료를 더 조사해보도록 한다. 대상업소의 입지에서 요구되는 매출을 올릴 수 없을 것으로 판단될 때에는 다른 위치를 찾는 것이 최선의 방법이다.

(6) 결정단계의 종합

	예	아니오
1단계		
현재의 경쟁환경은 새로운 업소를 여는데 유리한 상황인가?	____	____
2단계		
현재의 총고객수는 새로운 업소를 여는데 적합한 수준인가?	____	____
3단계		
성공적인 영업이 될 만큼의 충분한 고객을 끌 수 있겠는가?	____	____
4단계		
예상매출수준 정도의 업소매출을 올릴 수 있는가?	____	____

위의 질문에 대하여 모두 "아니오"라는 답이 나오지 않는다면 다음과 같은 사항을 고려하여 긍정적인 답이 유도되도록 결정요소를 다시 검토하도록 한다.

○ 상권의 확장　　　　　　○ 예상매출의 하향조정
○ 경쟁업소와 확연히 다르도록 자신의 업소 차별화 추진
○ 원가 절감 요인 파악

모든 변수를 고려해서 다시금 결정요인을 검토하도록 한다. 만약 그 후에도 답이 나오지 않는다면 더 적합한 장소(입지)를 찾는 방법 밖에 없다.

(7) 시장의 세분화

어떠한 대상을 목표로 업소의 영업방향을 결정하느냐 하는 시장세분화는 다음과 같은 시장세분화 요인을 고려하여 목표고객을 설정한다.

시장세분화

1. 상권내에는 어떠한 인구집단이 있는가?
   －앞에서 다루었던 인구조사의 자료를 토대로 목표시장을 세분화한다. 직업이나 소득, 교육정도 등 에서 비슷한 특질을 가진 인구집단이 모여있는 경우도 있고 특질이 서로 다른 소규모 인구집단도 있을 수 있다.
2. 그 인구집단은 어떠한 종류의 업소를 원하며 또 선호하고 있는가?
   －목표시장의 자료를 토대로 외식행동에 관한 조사자료를 참조하여 그 기준을 설정한다.

〈예〉

25세에서 45세의 대졸이상의 학력을 가진 남성으로 연평균소득 2천5백만원 이상의 전문직 또는 관리직 직업을 가진 직장인을 대상으로 한다. 연구조사에 따르면 위의 인구집단은 외식의 빈도가 가장 높은 집단으로 1회당 외식지출 비용도 타집단보다 높으며 술자리를 갖는 경우가 많다. 위의 집단은 구매결정에 있어서 가치기준을 가장 중요시 한다.

위의 집단을 목표로 하는 경우 업소의 시장정책은 차별화된 품질과 서비스로 메뉴의 가격을 중간에서 다소 높은 가격대까지 설정하거나 한잔할 수 있는 분위기를 조성하도록 한다.

3. 상권내 기존업소들은 어떤 세분화집단을 대상으로 하고 있는가?
   －상권내 업소가 주목표로 하고 있는 고객집단을 조사한다. 특정 인구집단이 원하는 형태의 업소가 이미 포화상태라면 그 시장은 이미 매력을 상실한 것이

다. 반면 특정 인구집단이 원하는 형태의 업소가 현재까지 존재하지 않는다면 이 고객을 대상으로 하는 업소의 가능성은 충분하다. 특정 인구집단만을 목표로 하지 않는 대중대상의 업소도 있으나 대상이 되는 시장을 세분화함으로써 현재 상권내 특정집단의 수요와 공급 수준을 가늠해 볼 수 있다.

4. 상권내 기존업소들이 대상으로 하지 않고 있는 인구집단은?

－상권내의 기존업소들이 제대로 서비스를 하지 못하고 있는 세부시장을 조사한다. 현상황에서 그러한 세부시장이 발전되지 않았다는 것은 반대로 영업의 기회가 있다는 경우가 된다.

5. 고객이 원하고 있는 업소는 어떤 형태인가?

－상권내의 고객이 원하는 업소의 형태를 조사하도록 한다. 현재의 상황과 앞으로의 경향, 변화요인, 입지상의 특징 등을 고려하도록 한다. 여대앞에 위치한 업소로 학생을 목표고객으로 하는 경우라면 메뉴의 구성에서 음악과 조명 등의 분위기에 까지 목표고객이 원하는 성향을 조사하도록 한다. 목표고객이 원하는 업소를 만드는데 기본적으로 고려할 사항은 다음과 같다.

① 목표고객의 수요보다 업소의 공급이 적은 상태로 목표고객의 욕구에 맞는 업소가 존재하지 않거나 부족한 경우이어야 한다.
② 목표고객의 업소선호도가 변화하도록 메뉴, 서비스, 분위기 등에서 기존의 업소와 차별화를 이루어야 한다.
③ 목표고객과 같은 특성을 가진 상권밖의 고객집단도 구전을 통해 듣고 찾아오도록 만들어야 한다.
④ 자신의 업소가 좋아서 더 자주 찾아오는(외식의 빈도를 높이는) 고객이 증가하도록 만들어야 한다.

참고 4 업소의 입지선정시 기본조사내용과 참고자료

조 사 의 종 류	내 용	참 고 자 료
상권조사	업소들이 밀집되어 고객을 흡수하는 지역	광역지도
상권인구, 거주자특성조사	상권인구(총인구, 성별, 연령별 등) 세대수, 취업인구, 직업군, 학력, 거주형태 가족구성, 사회활동 등	국세조사 인구조사자료 지역조사자료 등
구매력, 소비성향조사	상권세대의 소득수준, 지출수준, 생활수준 주민경향 등	경제통계 사회생활조사 등
교통, 통행량조사	도로상황, 접근성, 유동인구 통행량 교통수단 등	지역경제총람 통행량조사 등
경쟁업소조사	상권내 업소수, 매출, 영업시간, 종업원수 위치, 면적, 임대료, 주차장 등	상업통계자료 지역경제총람 등
지역정보조사	시가지 형성, 도시계획상황, 규제사항 도시개발상황 등	도시계획도 구획정리계획 등
법령조사	건축법, 소방법, 위생법 등	법규집 등

4) 업소의 컨셉 설정

컨셉이라 함은 특정 영업형태의 기본을 구성하는 아이디어의 총체이다. 외식업소의 컨셉은 메뉴, 서비스 스타일, 분위기, 가격구조나 엔터테인먼트 등을 모두 포함한다. 업소의 컨셉은 그 업소가 어떠한 형태인지를 가시화시켜주는 역할을 한다. 업소의 컨셉을 설정하기 위한 그 첫단계는 우선 대상업소의 일반적 성격을 규정하고 여기에 컨셉요소를 더해 나간다.

우리업소는 갈비와 등심을 주메뉴로 점심과 저녁을 영업시간대로 한다.

다음으로 전체 컨셉의 각 요소를 규정하고 그 요소에 대한 상세부분까지 규정하여 업소의 전체 컨셉을 완성시킨다. 시장조사와 상권특성, 경쟁업소조사 등을 통하여 파악한 고객의 요구와 욕구를 메뉴에 반영하는 것도 컨셉설정의 예가 된다.

〈컨셉의 요소〉

– 업소의 크기	– 영업시간대
– 분위기	– 메뉴

업소의 크기를 조사하고 대강의 배치를 기준으로 좌석수를 조사한다. 보통 메뉴와 서비스 스타일에 따라 면적의 크기는 변화하나 전체면적의 25~30%를 주방과 저장실, 사무공간 등으로 넘지 않도록 계획하는 것이 좋다.

업소컨셉의 설정

1. 크기

업소는 150석 규모로 홀 100석, 룸50석으로 한다.

2. 영업시간대

점심	오전 11 : 30 ～ 오후 5 : 00
저녁	오후 5 : 00 ～ 오후 11 : 00

3. 분위기

풀서비스를 제공한다. 점심시간에는 밝고 따뜻하나 너무 요란한 느낌이 들지 않도록 한다. 즐거우면서도 편안한 분위기가 되도록 서비스를 연출한다. 주류의 판매가 많은 저녁시간에는 조명을 밝지 않게하고 전체적으로 온화한 느낌이 되도록 분위기를 연출한다.

4. 메뉴

애피타이저 – 야채샐러드, 동치미 등을 기본찬과 함께 제공한다.
주메뉴 – 갈비, 등심 등에 된장찌게나 냉면을 연결메뉴로 한다.
디저트 – 수정과와 과일을 기본으로 제공한다.
주류 – 소주와 맥주외에 국산양주도 제공한다.

메뉴의 가격은 중간수준으로, 저녁의 경우 객단가가 10,000원에서 20,000원(주류포함)수준이 되도록 가격을 설정한다.

업소의 컨셉 평가

1. 컨셉의 제요소들이 서로간에 조화를 이루고 있는가?
   －주류판매에 중심을 둔 메뉴라면 그 영업시간도 밤늦게까지로 설정한다.
2. 각각의 컨셉은 전체의 컨셉과 일치하고 있는가?
   －분위기가 조용하며 다소 격식이 있으려면 서비스방법이나 메뉴도 그에 걸맞아야한다.
3. 목표고객에 적합한 컨셉을 설정하였는가?
   －초등학교나 그 이하의 자녀를 가진 젊은 부부가 사는 지역의 피자점이라면 어린이들이 흥겨운 분위기에서 즐길 수 있도록 재미있는 분위기를 연출하고 메뉴의 양(크기)과 특히 위생의 요소에 유의한다.
4. 어떻게 컨셉을 발전시킬 수 있는가?
   －서비스방법에 적합한 메뉴로 조정하거나 특정 고객집단을 끌 수 있는 분위기 연출을 계획한다.

5) 추정손익계산서의 작성

추정손익계산서란 미래의 일정 기간동안의 계획사업이나 현존하는 사업의 수익과 비용의 내용을 추정한 표이다. 이는 특정기간 동안의 현금의 유입(수익)과 유출(비용)을 나타내는 것(총수익에서 총비용을 차감한 금액)으로 손익의 분기점을 파악할 수 있다.

사업의 타당성조사를 하는 과정에서의 추정손익계산서는 타당성 조사의 내용을 금액으로 표현한 것이다. 그러므로 타당성조사가 제대로 그리고 정확히 진행됨으로써 추정손익계산서의 신뢰도는 그 가치를 더한다. 이러한 추정 손익계산서를 통하여 시장조사의 결과를 금액으로 표현할 수 있다. 추정손익계산서는 판매가격(메뉴가격), 고객수 그리고 기타 중요한 요소를 가정하여 수립하는 것이므로 그 결과가 정확하다고는 할 수 없지만 조사자료를 타당성있는 금액으로 산정, 평가하는데 유용한 도구이다.

〈추정손익계산서의 작성〉

1. 매출액 결정요소의 세분화
2. 추정 매출의 계산
3. 비용의 산정
4. 손익계산서의 분석과 해석

(1) 매출액 결정요소의 세분화

매출액을 결정하는 세가지의 요소는 판매가격(메뉴가격), 영업시간 그리고 고객수이다. 추정매출액을 계산하기 위해서는 기본적인 사업운영방안부터 우선 결정 하도록 한다.

〈매출액 결정요소〉

1. 영업시간
2. 객단가
3. 좌석회전율 / 고객수
4. 회계기간

가. 영업시간

업소컨셉 결정과정(제4장)에서 설정한 영업시간을 참조하여 요일별 영업시간을 결정한다.

나. 객단가

평균 객단가 또는 지출액은 추정손익계산서 작성에 매우 중요한 요소인데 이는 식대와 주류대로 구분하여 계산한다. 대상업소의 객단가는 업소의 컨셉과 상권특성에 합치되도록 설정하고 상권내 경쟁상황도 고려하여 설정한다. 예를 들어 풀서비스를 제공하는 갈비전문의 한식점이라면 업소의 객단가는 동일상권내 타 한식점의 현재가격을 참조하여 설정하는 것이다. 주류를 함께 판매하는 경우 주류 객단가는 별도로 산정하도록 한다(일반적으로 음료는 식대계산에 포함시킨다). 경쟁업소의 메뉴가격을 상세히 파악하는 것은 상권내의 가격 상한선과 하한선을 파악하는데 참고가 되며 대상업소의 객단가를 설정하는데 중요한 자료가 된다. 업소의 컨셉이나 주메뉴에 따라 객단가는 서로 다르며(일반적으로 갈비전문점의 객단가는 냉면전문점의 객단가보다 높다) 영업시간대에 따라 객단가는 다르므로(일반적으로 저녁시간대의 객단가는 점심시간대보다 높다) 대상업소의 객단가 설정시 이를 고려하도록 한다.

〈객단가의 설정〉

영업시간대		객단가
아 침	식사	3,500원
점 심	식사	4,000원
저 녁	식사	6,500원

다. 좌석회전율

좌석회전율이란 일정영업시간대의 좌석점유율을 나타내는 것으로 예를 들어 100좌석을 가진 업소가 월요일 점심시간 두시간 동안(12시~2시) 150명의 고객에게 서비스를 제공하였다면 좌석회전율은 1.5(150명/100석)가 된다. 예상매출액을 정확히 산정하기 위해서 좌석회전율을 요일별 그리고 영업시간대별로 구분하여 산정하는 외에 영업상의 계절적 요인도 고려하여 성수기와 비수기를 구분지어 산정한다(5월의 영업수준과 8월 휴가철의 영업수준에는 상당한 차이가 있다). 도시락 전문점과 같이 포장판매나 배달판매가 주를 이루는 업소의 경우 좌석회전율보다는 고객회전율을 이용하는 것이 예상매출을 산정하는데 적합하다.

〈좌석회전율〉

요일	점심/좌석회전율	저녁/좌석회전율
월	2.0	1.2
화	2.0	1.1
수	1.6	1.1
목	2.4	1.8
금	2.5	2.2
토	2.7	2.3
일	1.5	1.0

〈고객회전율〉

요일	점심	저녁
월	150명	190명

주 : 미국 레스토랑 협회(National Restaurant Association)에서는 외식사업 영업보고서를 업종별, 지역별로 구분하여 평균 객석회전율로부터 손익계산서까지 발표하고 있는 바, 이를 경영상의 비교자료로 활용하여 신규업소나 기존업소의 영업계획 수립에 매우 유용하게 사용하고 있다.

라. 회계기간

회계기간이라 함은 추정손익계산서가 적용되는 영업기간을 의미한다. 이는 하루를 기준단위로 할 수도 있고 연단위를 기준으로 할 수도 있다. 그러나 3년에서 5년을 넘을 경우 미래에 대한 불확실성으로 인해 재무계획을 세우기가 어려우므로 일반적으로 1년을 기준으로 설정한다. 업소를 새로 개업하는 경우 그 첫해의 매출은 단골고객이나 영업노하우 등의 부족에서 그 다음해의 매출보다 낮은 것이 일반적이나 영업 첫해 동안의 추정손익계산서는 사업성 여부를 가늠하는 타당성조사에 대하여 합리적 의사결정의 유용한 자료가 된다. 회계기간은 개업일로부터 1년주기로 설정하는 것이 일반적이나 입주가 시작된 아파트단지나 신규분양된 오피스건물 등에 위치한 업소의 경우처럼 개업후 1년동안 서서히 고객의 증가가 예상되는 경우 사실성을 반영하여 2년기간으로 추정손익계산서를 수립하기도 한다. 특히 계절에 따른 영업의 부침이 심한 경우(피서지와 같이 계절적 장사를 하는 경우나 특정메뉴가 계절적으로 제공되는 경우 등)는 회기를 영업의 형태에 적합하도록 계절별로 세분화하기도 한다.

(2) 예상매출의 산정

다음의 공식을 사용하여 영업시간대별 예상매출액을 우선 산정하도록 한다.

〈예상매출액의 산정〉

매출액=객단가×좌석수×좌석회전율
매출액=객단가×고객수

좌석수를 100좌석 가진 업소의 점심시간대 객단가가 5,000원으로 좌석회전율이 1.5회라면 점심시간대의 매출액은 750,000원이 된다. 예상매출액을 산정하는 가장 용이한 방법은 개업예정일로부터 일주일간의 예상매출액에 연간 주수(1년은 보통 52주)를 곱하여 그 합을 구하는 것이다. 그러나 보다 바람직한 방법은 요일별 매출액을 구한 후, 1일 평균을 산출하여 이를 연간 영업일수를 곱하여 예상매출액을 산정하는 것이다. 업소의 일요일 매출을 100만 원으로 가정하고 그해의 일요일이 53번 있다고 한다면 연간 일요일 예상매출액은 5천 3백만 원이 되는 것이다. 동일한 방법으로 요일별 예상매출액을 구하고 예상총매출을 구한다. 보다 상세한 방법으로는 영업시간대별로(아침, 점심, 저녁 등) 예상매출액을 산정하여 매출계획을 효과적으로 세울 수 있는 기준을 마련하는 방법이 있다. 또한 계절적으로 매출의 변동이 예상되는 경우에는 성수기와 비수기로 구분하여 매출액을 산정하기도 한다.

〈예상매출의 산정 Ⅰ〉

1. 점심시간 매출

		평균객단가(음식)	5,600
		평균객단가(주류)	800
		좌석수	100
요일	회전율	음식매출액	주류매출액
월	1.5	840,000	120,000
화	1.5	840,000	120,000
수	1.8	1,008,000	144,000
목	1.7	952,000	136,000
금	1.8	1,008,000	144,000
토	1.0	560,000	80,000
일	1.0	560,000	80,000
계		5,768,000	824,000
		점심 총매출	6,592,000

2. 저녁시간 매출

		평균객단가(음식)	6,700
		평균객단가(주류)	2,300
		좌석수	100
요일	회전율	음식매출액	주류매출액
월	1.4	938,000	322,000
화	1.6	1,072,000	368,000
수	1.7	1,139,000	391,000
목	1.7	1,139,000	391,000
금	2.2	1,474,000	506,000
토	2.3	1,541,000	529,000
일	2.1	1,407,000	483,000
계		8,710,000	2,990,000
		저녁 총매출	11,700,000

〈예상매출의 산정 II〉

시즌 I (9월~5월(09/01/97~05/31/98)

점심시간대		저녁시간대	
평균객단가(음식)	5,600	평균객단가(음식)	6,700
평균객단가(주류)	800	평균객단가(주류)	2,300
좌석수	100	좌석수	100

요일	일자수	회전율	음식매출	주류매출	요일	회전율	음식매출	주류매출
월	39	1.5	32,760,000	120,000	월	1.4	36,582,000	12,558,000
화	39	1.5	32,760,000	120,000	화	1.6	41,808,000	14,352,000
수	38	1.8	38,304,000	144,000	수	1.7	43,282,000	14,858,000
목	39	1.7	37,128,000	136,000	목	1.7	44,421,000	15,249,000
금	38	1.8	38,304,000	144,000	금	2.2	56,012,000	19,228,000
토	37	1.0	20,720,000	80,000	토	2.3	57,017,000	19,573,000
일	38	1.0	21,280,000	80,000	일	2.1	53,466,000	18,354,000
계	268		221,256,000	824,000	계		332,588,000	114,172,000
	점심 총매출			222,080,000	저녁 총매출			446,760,000

시즌 II (6월~8월(06/01/98~08/31/98)

점심시간대		저녁시간대	
평균객단가(음식)	5,600	평균객단가(음식)	6,700
평균객단가(주류)	800	평균객단가(주류)	2,300
좌석수	100	좌석수	100

요일	일자수	회전율	음식매출	주류매출	요일	회전율	음식매출	주류매출
월	12	1.0	6,720,000	80,000	월	0.7	5,628,000	1,932,000
화	13	1.0	7,280,000	80,000	화	0.7	6,097,000	2,093,000
수	14	1.2	9,408,000	96,000	수	1.0	9,380,000	3,220,000
목	13	1.2	8,736,000	96,000	목	1.0	8,710,000	2,990,000
금	13	1.5	10,920,000	120,000	금	1.6	13,936,000	4,784,000
토	13	0.7	5,096,000	56,000	토	1.7	14,807,000	5,083,000
일	12	0.7	4,704,000	56,000	일	1.0	8,040,000	2,760,000
계	90		52,864,000		계		66,598,000	22,862,000
	점심 총매출			53,448,000	저녁 총매출			89,460,000

총영업일 : 358(휴업일수 7일)

〈표· 3－3〉 외식업회계기준(uniform system of accounts for restaurant)에 따른 추정손익계산서

	금액(천원)	비율
매출액		
음식	673,276	85.05%
주류	118,340	14.95%
총매출액	791,616	100.00%
매출원가		
음식	203,175	30.18%(가)
주류	21,310	18.01%(나)
총매출원가	224,485	28.36%
매출총이익	567,131	71.64%
통제비용		
급료와 임금	285,773	36.10%
직원복리비	57,155	20.00%(다)
직접영업비	39,581	5.00%
일반관리비	30,081	3.80%
마케팅비	17,416	2.20%
수도광열비	23,748	3.00%
설비유지비	3,166	0.40%
총통제비용	456,921	57.72%
영업이익	110,210	19.43%
고정비용		
임대료	60,000	7.58%
보험료	2,000	0.25%
총고정비용	62,000	7.83%
이자 및 감가상각, 법인세 차감전이익	48,210	6.09%

(가) 총음식매출에 대한 비율임
(나) 총주류매출에 대한 비율임
(다) 급료와 임금에 대한 비율임

(3) 비용의 산정

외식업소의 비용은 크게 고정비와 변동비로 구분된다. 추정손익계산서를 작성함에 있어서 금액기준으로 설정되는 몇몇 항목외 대부분의 비용항목은 매출액에 대한 비율로써 나타난다. 우리나라 외식업계의 경우 아직까지 외식업 표준회계기준이 수립되어 있지 않은 이유로 일반 제조업 회계기준을 따르고 있으나 미국의 경우 NRA에서 채용하여 사용하는 외식업회계기준(unifornm system of accounts for restaurant)에 따라 외식업 특성에 맞는 회계관리를 실행하고 있다.[1)]

① 통제비용－통제비용이라 함은 제조업 회계기준의 변동비에 해당하는 것으로 경영자가 조정할 수 있는 비용으로 임금, 직원복리비, 일반관리비 등으로부터 마케팅, 수리비용 등까지를 포함한다. 그 항목을 세분화하여 설명하기에는 그 항목이 너무 많으므로 여기서는 대표적인 항목만을 설명하기로 한다.

㉠ 임금－업소에 종사하는 직원의 임금
㉡ 종업원 복리비－의료보험이나 식대 등과 복리후생비
㉢ 직접운영비－유니폼의 구입비용과 세탁비용, 주방용기의 구입비용 등
㉣ 일반관리비－제세 공과금, 사무용품비, 체인 관리비, 신용카드수수료 등
㉤ 마케팅비－광고와 판촉활동비, 시장조사비 등
㉥ 수도광열비－ 수도, 전기료, 가스료 등
㉦ 유지보수비－시설과 설비의 유지보수비용
㉧ 엔터테인머트비－음반의 구입이나 연예인 출연비용 등

② 고정비용－임대비, 보험, 재산세 등과 같이 경영자의 통제밖에 있는 비용으로 추정손익 계산서의 작성시 매출에 대한 비율이 아닌 금액기준으로 표시된다.

1) 이 부분에 대하여 관심이 있으신 분은 NRA의 자료(ISBN－914528－14－9)와 다음장에 실려있는 외식업 회계기준에 따른 손익계산서 작성의 예를 참조하기 바람.

Summary Statement of Icome
Limited-Menu, No Tableservice Restauran, Serving Food Only
Year Ended December 31,19__

		Amount		Ratios	
		Current Year	Prior Year	Current Year	Prior Year
REVENUE					
Food		$ 641,000	$ 600,000	100.00%	100.00%
COST OF SALES					
Food	J-1	250,160	231,000	39.02	38.50
Paper		11,680	12,000	1.82	2.00
Total Cost of Sales		261,840	243,000	40.84	40.50
CROSS PROFIT		379,260	357,000	59.16	59.50
OTHER INCOME		800	780	.12	.13
TOTAL INCOME		380,060	357,780	59.28	59.63
CONTROLLABLE EXPENSES					
Salaries and Wages	J-2	$ 132,340	121,200	20.64	20.20
Employee Benefits		18,400	16,500	2.88	2.75
Direct Operating Expenses	J-3	11,270	10,800	1.76	1.80
Marketing	J-4	55,930	51,600	8.72	8.60
Energy and Utility Services	J-5	17,790	15,000	2.77	2.50
Administrative and General	J-6	13,760	12,300	2.15	2.05
Repairs and Maintenance		7,840	6,900	1.22	1.15
Total Controllable Expenses		257,330	234,300	40.14	39.05
INCOME BEFORE RENT AND OTHER OCCUPATION COSTS		122,730	123,480	19.14	20.58
RENT AND OTHER OCCUPATION COSTS		45,920	45,580	7.16	7.60
INCOME BEFORE DEPRECIATION		76,810	77,900	11.98	12.98
DEPRECIATION		13,680	13,300	2.13	2.22
INCOME BEFORE PROVISION FOR TAXES		63,130	64,600	9.85	10.76
PROVISION FOR TAXES		12,830	17,650	1.99	2.94
NET INCOME		$ 50,300	$ 46,950	7.86%	7.82%

[그림 3-1] 손익계산서의 예

(4) 추정손익계산서의 분석

자신이 작성한 추정손익계산서를 경영컨설턴트나 다른 전문가와 상의해보는 것은 그 타당성을 높이는 바람직한 단계라 할 수있다. 앞에서 설명한 추정손익계산서는 감가상각이나 이자, 소득세까지는 산정하기 어려우므로 순이익까지 구하지는 않는다. 추정손익계산서의 결과가 바람직하게 도출되었다면 다음과 같은 실행계획의 단계로 넘어가도록 한다. 만약 그 결과가 기대에 미치지 못할 시에는 업소의 컨셉부터 다시 설정해보도록 한다. 예상매출액이 충분하지 못한 경우라면 포장판매나 배달판매와 캐이터링 등 매출을 늘릴 수 있는 모든 분야를 모두 고려한다. 그리고 원가절감이 가능한 비용부분을 다시 검토하도록 한다.

(5) 실행계획의 수립

타당성조사의 마지막 단계는 다음과 같이 업소의 실행계획을 수립하는 단계이다.

① 업소의 컨셉이 완전하고도 명확하도록 다시 검토하고 보완한다. 분위기나 가격, 영업시간대와 메뉴를 다시 검토한다. 추정손익계산서의 기준이 된 가격 설정을 다시 검토한다.
② 업소의 시설과 자금조달계획을 다시 조사한다. 소요자금과 시설공사 일정을 다시 검토한다.
③ 마스터플랜을 수립하고 세부계획을 수립한다. 그리고 교육훈련, 설비 및 시설 배치계획 등도 수립하도록 한다.

제 4 장

외식사업 관련법규*

1. 영업허가에 관한 사항과 절차

식품위생법상의 식품접객업을 운영하려는 사람은 업태별 시설기준에 적합한 시설을 갖춘 후, 사전 또는 사후 위생교육을 이수하고 일정서류를 구비하여 허가(신고) 관청으로부터 영업의 종류별, 업소별로 허가를 받도록(신고를 하도록) 되어 있다.

영업의 허가 등(법 제22조)

허가업종	신고업종
· 식품첨가물제조업 · 식품보존업 및 식품조사처리업 · **식품접객업 중 단란주점영업, 유흥주점영업**	· 식품제조 · 가공업 · 즉석판매제조 · 가공업 · 식품운반업/식품소분 · 판매업 · 식품보존업중 식품냉동 · 냉장업 · 용기 · 포장류제조업 · **식품접객업 중 휴게음식점영업, 일반음식점 영업, 위탁급식영업, 제과점영업**

식품접객업의 영업신고 구비서류

① 교육필증
② 먹는물관리법에 의한 먹는물수질검사기관이 발행한 수질검사(시험)성적서(수돗물이 아닌 지하수 등을 먹는 물 또는 식품 등의 제조과정이나 식품의 조리, 세척 등에 사용하는 경우)
③ 액화석화가스사용시설완성검사필증
④ 유선 또는 도선사업면허증 또는 신고필증(해당된 경우에 한함)
⑤ 「다중이용업소의 안전관리에 관한 특별법」에 따라 소방본부장이 발행하는 안전시설 등 완비 증명서 1부(해당된 경우에 한함)
⑥ 식품자동판매기의 종류 및 설치장소가 기재된 서류 1부

* 『2008년 위생교육교재』, 사단법인 한국음식업중앙회, 2008을 참조하였음.

영업신고 수리절차 및 유의사항

신고인	
↓ 접수전 상담	• 민원인의 재산상의 손실을 최대한 방지하기 위해 영업 신고시 반드시 식품 등의 허가 또는 신고처리 담당자와 상담을 한 후 접수 • 신고에 대하여는 즉시 처리하고 다른 법령에 위반되거나 저촉되는 상항이 있는지에 대하여는 신고인이 직접 확인하여야 함 ※ 다른 법령에 위반되거나 저촉되면 그 법령에 의거 고발되거나 처분되므로 식품위생 법령에 의하여 신고 수리가 되더라도 영업을 하지 못함.
↓ 접수	• 수수료 확인
↓ 서류검토	• 식품위생법령으로 규정한 구비서류의 완비여부 검토 • 제출된 구비서류 검토 – 건축법, 소방법 등 식품위생법에 명시된 타 법령 관련사항에 대하여는 그 법령에 위반되거나 저촉되는 사항이 있는지 여부 확인 – 식품위생법 및 관련법령에 적합한 때에는 즉시 처리하되, 적합하지 아니하거나 제출서류가 미비한 때에는 보완요청하거나 반려
↓ 결재	• 서류검토로 적합하다고 판단될 경우 즉시 신고 수리
↓ 신고증교부	• 시설조사가 필요한 경우 신고수리 후 15일 이내에 실시

2. 식품위생법

식품으로 인한 위생상의 위해를 방지하고 식품영양의 질적인 향상을 도모함으로써 국민보건의 증진에 이바지함을 목적으로 1962년 제정되었으며 전문 13장 80조로 구성되어 있으며 정부조직법개정으로 2008. 2. 29일 법률 제 8852호로 개정되어 현재에 이르고 있음

1) 주요 내용

- 1장. 총칙 : 목적과 정의, 식품 등의 취급
- 2장. 식품 및 첨가물 : 판매 등 금지, 기준과 규격 등
- 3장. 기구와 용기 · 포장 : 유독기구 등의 판매 · 사용금지, 기준과 규격
- 4장. 표시 : 식품 등의 표시기준, 식품의 영양표시 및 교육홍보, 쌀 · 김치류의 원산지 및 육류의 원산지등 표시, 허위표시 등의 금지
- 5장. 식품 · 첨가물 등의 공전 : 식품 · 첨가물 등의 공전작성과 보급
- 6장. 검사 : 위해평가, 유전자재조합식품의 안전성 평가 등, 수입식품 등의 신고 등, 식품위생검사 등

– 7장. 영업 : 시설기준, 영업의 허가 및 제한, 건강진단, 위생교육 및 위생등급, 영업자 등의 준수사항, 등
– 8장. 조리사 및 영양사 : 조리사 · 영양사 면허, 보수교육 등
– 9장. 식품위생심의위원회 : 식품위생심의위원회의 기능
– 10장. 식품위생단체 : 동업자조합, 식품공업협회,
– 11장. 시정명령 · 허가취소 등 행정제제: 시정명령, 폐기처분, 시설의개수병령 등, 허가의 취소 등 영업허가 등의 취소요청, 면허취소등, 과징금처분
– 12장. 보칙 : 국고보조식중독에 관한 조사보고 등, 집단급식소, 식품진흥기금, 위임, 수수료
– 13장. 벌칙 : 벌칙, 과태료 조항
– 부　　칙 : 시행 및 경과 조치

2) 식품위생관련 법령

(1) 식품위생법(시행령, 시행규칙, 식품 등 회수 및 공표에 관한 규칙)
　– 식품공전, 식품첨가물공전, 식품 등의 표시기준 등

(2) 유관법령

보건범죄단속에 관한특별조치법, 건축법,소방법,공중위생법,전염병예방법, 축산물위생가공처리법, 수산업법, 주세법, 인삼산업법, 농산물검사법, 수산물검사법, 학교급식법, 농약관리법, 수질환경보전법, 청소년보호법, 먹는물관리법, 국토의 계획 및 이용에 관한 법률, 성매매 알선 등 행위의 처벌에 관한 법률 등

3) 2005년 이후 개정법령 등 주요 내용

식품위생법개정시기	개정사유(주요내용)
2008. 2. 29/법률 제8852호	정부조직법 개정
2007. 12. 21/법률 제8779호	식품이력추적관리제도 도입, 원산지표시대상의 확대, 식품접객업 영업장소에서 유흥접객행위의 금지, 영업허가의 취소 · 정지 사유에 성매매알선행위 등 추가
2006. 12. 28/법률 제 8113호	쌀 원산지표시의무 등
2006. 9. 27/법률 제 8005호	집단급식소에 종사 조리사 의무교육, 식품영양표시제도 도입
2005. 12. 23/법률 제 7735호	식육의 원산지표시제도 도입, 허위표시등의 금지
2005. 3. 31/법률 제 7450호, 7428호	신고대상 권한이양, 채무자회생
2005. 1. 27/ 법률 제 7096호	위해식품 등의 평가제도 도입, 집단급식소의 운영자와 영양사의 책임강화, 소비자에 의한 식품위생 감시기능 활성화

4) 식품위생법 개정(2007. 12. 21)의 주요 내용 / 2008. 6. 22시행

- 식품이력추적관리제도의 정의, 과대광고 금지, 등록기준 및 예산 지원 등에 관한 규정 신설
  - " 식품이력추적관리"란 식품을 제조 · 가공단계부터 판매단계까지 단계별로 정보를 기록 · 관리하여 해당식품의 안전성 등에 문제가 발생할 경우 해당식품을 추적하여 원인구명 및 필요한 조치를 할 수 있도록 관리하는 정의를 도입함.(제2조 제9호의2)
  - 식품이력추적관리에 관하여 허위표시 또는 과대광고를 금지하는 제도를 신설함.
  - 식품을 제조 · 가공하거나 판매하는 자 중 식품이력추적관리를 하려는 자에게 필요한 자금을 지원할 수 있도록 규정함
- 쌀 · 김치류 및 육류의 원산지 표시대상의 확대(제10조의 3)
  원산지 표시의무대상 영업장의 범위를 $100m^2$ 이상으로 법률에서 명시하고, 원산지 표시의무대상 식품은 쌀과 김치류 중 배추김치, 육류 중 쇠고기, 돼지고지, 닭고기로 규정함
- 영업허가 등의 제한규정강화(제24조 관련)
  「성매매알선 등 행위의 처벌에 관한 법률」 제4조의 금지행위를 위반하여 영업허가가 취소되거나 영업소의 폐쇄명령을 받은 후 1년간 그 영업장소에서의 식품접객 영업허가 및 영업신고를 제한함.
- 영업자 준수사항 강화
  유흥종사자를 둘 수 있도록 대통령이 정하는 영업소를 제외한 식품접객영업소에서 영리를 목적으로 손님과 함께 술을 마시거나 노래 또는 춤으로 유흥을 돋우는 접객행위를 하거나 호객 · 알선행위를 금지함.

※ 원산지 표시대상 및 시기

소고기, 쌀(밥류)	돼지고기, 닭고기, 배추김치(2008. 12. 22)
· 쇠고기 조리음식(08. 7. 8) ⇒ 일반음식점, 휴게음식점, 위탁급식소, 집단급식소 · 쌀(밥류)(08. 6. 22) ⇒ 100㎡ 이상인 일반음식점, 휴게음식점, 위탁급식소	· 돼지고기, 닭고기 조리음식 ⇒ 일반음식점, 휴게음식점, 위탁급식소, 집단급식소 · 배추김치 ⇒ 100㎡ 이상인 일반음식점, 휴게음식점, 위탁급식소

5) 최근 식품위생법 개정(2008. 11. 20) 실제 예시

> 보건복지가족부공고 제458호
>
> 식품위생법 시행령 및 시행규칙을 개정함에 있어 그 내용을 국민에게 미리 알려 의견을 수렴하고자 그 제안이유 및 주요내용을 행정절차법 제42조의 규정에 의하여 다음과 같이 공고합니다.
>
> 2008년 11월 20일
>
> 보건복지가족부장관

가. 제안이유
최근 빈발하는 식품위해사고 등에 효율적으로 대응하기 위하여 '08.7.11일 관계부처합동으로 발표한 「식품안전종합대책」후속조치 사항을 반영하고, 식품첨가물제조업 · 식품조사처리업 등 영업허가사항을 신고제로 전환하고, 지자체 업무로 이양하는 등 법률에서 위임된 사항 및 제도개선과 그 시행을 위하여 필요한 사항을 정하려는 것임.

나. 주요내용
□ 식품위생법 시행령 일부 개정령 안
가. 식품 등 수입판매업 등 인허가 권한 지방이양(안 제4조의2 신설)
나. 위해식품 회수율 제고를 위해 성실 이행자 인센티브 강화(안 제17조의3 신설)
□ 식품위생법 시행규칙 일부 개정령 안
가. 식품위생검사기관의 경미한 변경사항 변경보고 의무 폐지 및 업무정지 등 행정처분 사항 게시(안 제17조의2 개정)
나. 식품첨가물제조업 등 영업허가업무 지방이양(안 제22조 · 제27조 및 제32조 개정)
다. 식품제조가공업소에 금속검출기 등 설치 의무화(안 별표 9 개정)
라. 소비자불만사례 신속보고 의무화(안 별표 12 · 별표 13 개정)
마. 기타식품판매업에 대한 관리강화(안 별표 12, 13 개정)
바. 식품위해사범에 대한 3진아웃제 도입(안 별표 15 개정)

다. 기 타
※ 기타 자세한 개정(안) 내용은 보건복지가족부 홈페이지 (http://www.mw.go.kr) →정보마당 →법령자료(입법예고란)을 참조하거나, 보건복지가족부 식품정책과(전화 02-2023-7781-93, 팩스 02-2023-7780)으로 문의하여 주시기 바랍니다.

3. 식품접객업의 시설기준(시행규칙 제20조/2008. 6. 20개정)

식품위생법 제21조 시설기준에서는 영업자가 별도의 시설기준에서 정하는 기준에 적합한 시설을 갖추도록 규정하고 이를 위반할 시 행정처분에 처할 있다.

1) 공통시설기준

(1) 영업장

- 독립된 건물이거나 식품접객업의 영업허가 또는 영업신고를 한 업종외의 용도로 사용되는 시설과 분리
- 영업장은 연기 · 유해가스등의 환기가 잘 되도록 하여야 함.
- 음향 및 반주시설을 설치하는 영업자는 영업장 내부의 노래소리 등이 외부에 들리지 아니하도록 방음장치
- 공연을 하고자 하는 휴게음식점 · 일반음식점 및 단란주점의 영업자는 무대시설을 영업장안에 객석과 구분되게 설치하되, 객실 안에 설치금지

(2) 조리장

- 조리장은 손님이 그 내부를 볼 수 있는 구조
- 조리장 바닥에 배수구가 있는 경우에는 덮개를 설치
- 조리장 안에는 취급하는 음식을 위생적으로 조리하기 위하여 필요한 조리시설 · 세척시설 · 폐기물용기 및 손 씻는 시설을 각각 설치하여야 하고, 폐기물용기는 오물 · 악취 등이 누출되지 아니하도록 뚜껑이 있고 내수성 재질로 된 것이어야 함
- 1인의 영업자가 하나의 조리장을 2 이상의 영업에 공동으로 사용할 수 있는 경우는 다음과 같다.
  ① 동일건물 안의 같은 통로를 출입구로 사용하여 휴게음식점 · 제과점영업 및 일반음식점영업을 하려는 경우
  ② 「관광진흥법 시행령」에 따른 전문휴양업, 종합휴양업 및 유원시설업 시설 내의 동일한 장소에서 휴게음식점 · 제과점영업 또는 일반음식점영업 중 2 이상의 영업을 하려는 경우
  ③ 일반음식점 영업자가 일반음식점의 영업장과 직접 접한 장소에서 도시락류를 제조하는 즉석 판매제조 · 가공업을 하려는 경우
  ④ 제과점 영업자가 식품제조 · 가공업의 제과 · 제빵류 품목을 제조 · 가공하려는 경우
  ⑤ 제과점영업자가 기존 제과점의 영업신고관청과 같은 관할 구역에서 5킬로미터 이내에 둘 이상의 제과점을 운영하려는 경우
- 조리장에는 주방용 식기류를 소독하기 위한 자외선 또는 전기살균소독기를 설치하거나 열탕세척소독시설(식중독을 일으키는 병원성 미생물 등이 살균될 수 있는 시설이어야 한다. 이하 같다)을 갖추어야 함
- 충분한 환기를 시킬 수 있는 시설을 갖추어야 함
- 식품 등의 기준 및 규격 중 식품별 보존 및 보관기준에 적합한 온도가 유지될 수 있는 냉장시설 또는 냉동시설을 갖추어야 함

(3) 급수시설

- 수돗물이나 「먹는물 관리법」 제5조의 규정에 의한 먹는물의 수질기준에 적합한 지하수 등을 공급할 수 있는 시설
- 지하수를 사용하는 경우 취수원은 화장실 · 폐기물처리시설 · 동물사육장 기타 지하수가 오염될 우려가 있는 장소로부터 영향을 받지 아니하는 곳에 위치

(4) 화장실

- 화장실은 콘크리트 등으로 내수처리
- 화장실은 조리장에 영향을 미치지 아니하는 장소에 설치
- 정화조를 갖춘 수세식 화장실을 설치
- 화장실에는 손을 씻는 시설

2) 업종별시설기준

(1) 휴게음식점영업 · 일반음식점영업 및 제과점영업

- 일반음식점에 객실을 설치하는 경우 객실에는 잠금장치를 설치할 수 없음
- 휴게음식점 또는 제과점에는 객실을 둘 수 없으며, 객석을 설치하는 경우 객석에는 높이 1.5미터 미만의 칸막이(이동식 또는 고정식)를 설치할 수 있다. 이 경우 2면 이상을 완전히 차단하지 아니하여야 하고, 다른 객석에서 내부가 서로 보이도록 하여야 함
- 기차 · 자동차 · 선박 또는 수상구조물로 된 유선장 · 도선장 또는 수상레저사업장을 이용하는 경우 다음 시설을 갖추어야 함
  ① 1일의 영업시간에 사용할 수 있는 충분한 양의 물을 저장할 수 있는 내구성이 있는 식수탱크
  ② 1일의 영업시간에 발생할 수 있는 음식물 찌꺼기 등을 처리하기에 충분한 크기의 오물통 및 폐수탱크
  ③ 음식물의 재료(원료)를 위생적으로 보관할 수 있는 시설
- 소방시설 설치유지 및 안전관리에 관한 법령이 정하는 소방 · 방화시설을 설치
- 휴게음식점 · 일반음식점 또는 제과점의 영업장에는 손님이 이용할 수 있는 자막용 영상장치 또는 자동반주장치를 설치 금지
- 일반음식점의 객실 안에는 무대장치, 음향 및 반주시설, 우주볼 등의 특수조명시설을 설치금지
- 영업장의 넓이가 150제곱미터 이상인 휴게음식점영업소, 일반음식점영업소 및 제과점영업소는 「국민건강증진법」 제9조제4항에 따라 해당 영업장 전체를 금연구역으로 지정하거나 영업장 면적의 2분의 1 이상을 금연구역으로 지정

(2) 단란주점영업

- 영업 장안에 객실이나 칸막이를 설치하고자 하는 경우
  ① 객실을 설치하는 경우 주된 객장의 중앙에서 객실내부가 전체적으로 훤하게 보일 수 있도록 투명한 유리로만 설비하여야 하며, 통로형태 또는 복도형태로 설비금지
  ② 객실로 설치할 수 있는 면적은 객석면적의 2분의 1을 초과할 수 없음
  ③ 주된 객장 안에서는 높이 1.5미터 미만의 칸막이(이동식 또는 고정식)를 설치할 수 있다. 이 경우 2면 이상을 완전히 차단하지 아니하여야 하고, 다른 객석에서 내부가 서로 보이도록 하여야 함
- 객실에는 잠금장치를 설치금지
- 소방시설 설치유지 및 안전관리에 관한 법령이 정하는 소방 · 방화시설 등을 갖추어야 함

(3) 유흥주점영업

- 객실에는 잠금장치를 설치금지

• 소방시설 설치유지 및 안전관리에 관한 법령이 정하는 소방 · 방화시설 등을 갖추어야 함

4. 모범업소의 지정기준

식품위생법 제32조1항에 의거 위생관리상태 등이 우수한 집단급식소 및 일반음식점에 한해 모범업소를 지정할 수 있으며 위수업소에 대해서는 관계공무원으로 하여금 일정기간동안 출입검사를 하지 아니하게 할 수 있으며 위생관리개선을 위한 융자사업, 식문화의 개선 및 좋은 식단 실천을 위한 사업의 우선 지원할 수 있다

식품위생법 시행규칙

제43조(우수업소 · 모범업소의 지정 등) ① 법 제32조제1항의 규정에 의한 우수업소 또는 모범업소의 지정은 다음 각호의 구분에 따라 해당 각호의 자가 행한다. 〈개정 1998.10.19〉

1. 우수업소의 지정은 식품의약품안전청장 또는 시 · 도지사
2. 모범업소의 지정은 시장 · 군수 · 구청장

② 영 제7조제1호의 식품제조 · 가공업 및 동조제3호의 식품첨가물제조업은 우수업소와 일반업소로 구분하며, 동조 제8호 나목의 일반음식점영업은 모범업소와 일반 업소로 구분한다. 이 경우 그 등급결정의 기준은 별표 14의 우수업소 · 모범업소의 지정기준에 의한다.

③ 식품의약품안전청장, 시 · 도지사, 시장 · 군수 · 구청장은 제2항의 규정에 의하여 우수업소 또는 모범업소로 지정된 업소에 대하여 당해 업소에서 생산한 식품 또는 식품첨가물에 식품의약품안전청장이 정하는 우수업소 마크를 표시하게 하거나 당해 업소의 외부 또는 내부에 식품의약품안전청장이 정하는 규격에 의한 모범업소표지판을 붙이게 할 수 있으며, 법 제17조의 규정에 의한 출입 · 검사는 법 제32조제3항에 규정된 지정취소사유에 해당되는 경우를 제외하고는 우수업소 또는 모범업소로 지정된 날부터 2년간 이를 행하지 아니할 수 있다. 〈개정 1998.10.19〉

(전문개정 1996.12.20)

1) 모범업소 지정기준(일반음식점)

(1) 건물의 구조 및 환경

• 청결을 유지할 수 있는 환경을 갖추고 내구력이 있는 건물이어야 함.
• 마시기에 적합한 물이 공급되며, 배수가 잘 되어야 함.
• 업소내에는 방충시설 · 쥐막이시설 및 환기시설을 갖추고 있어야 함

(2) 주방

• 주방은 공개되어야 함
• 입식조리대가 설치되어 있어야 함
• 냉장시설 · 냉동시설이 정상적으로 가동되어야 함

• 항상 청결을 유지하여야 하며, 식품의 원료 등을 보관할 수 있는 창고가 있어야 함
• 식기 등을 소독할 수 있는 설비가 있어야 함

(3) 객실 및 객석
• 손님이 이용하기에 불편하지 아니한 구조 및 넓이이어야 함
• 항상 청결을 유지하여야 함

(4) 화장실
• 정화조를 갖춘 수세식이어야 함
• 손 씻는 시설이 설치되어야 함
• 벽 및 바닥은 타일 등으로 내수 처리되어 있어야 함
• 1회용 위생종이 또는 에어타월이 비치되어 있어야 함

(5) 종업원
• 청결한 위생복을 입고 있어야 함
• 개인위생을 지키고 있어야 함
• 친절하고 예의바른 태도를 가져야 함

(6) 기타
• 1회용 물컵, 1회용 숟가락, 1회용 젓가락 등을 사용하지 아니하여야 함

2) 모범업소에 대한 지원
• 영업시설개선 자금 우선 융자
• 안내홍보책자발간 · 배부
• 출입 · 검사 면제 : 지정 후 1년간 위생감시 면제(경찰청 등 관련기관 및 시민단체에 지정업소 명단 통보)
• 모범업소 표지판 제작 교부
• 각종행사시 모범업소 이용 권장

5. 식품접객영업자(위탁급식영업자 제외) 준수사항

가. 물수건 · 숟가락 · 젓가락 · 식기 · 찬기 · 도마 · 칼 · 행주 기타 주방용구는 기구 등의 살균 · 소독제 또는 열탕의 방법으로 소독한 것을 사용하여야 한다.

나. 「축산물가공처리법」 제12조의 규정에 의하여 검사를 받지 아니한 축산물 또는 실험 등의 용도로 사용한 동물은 이를 음식물의 조리에 사용하여서는 아니 된다.

다. 업소 내에서는 도박 기타 사행행위나 풍기문란행위를 방지하여야 하며, 배달판매 등의 영업행위중 종업원의 이러한 행위를 조장하거나 묵인하여서는 아니 된다.

라. 법 제10조의3 및 영 제2조의2에 따라 육류의 원산지등을 표시하여야 하는 영업자는 「축산물가공처리법 시행규칙」 제51조제2항 및 같은 규칙 별표 13 제3호에 따라 축산물판매업자가 발급한 육류의 원산지등을 기재한 영수증 또는 거래명세서 등 원산지등의 증명서류를 육류 매입일부터 6개월 이상 보관하여야 한다.

마. 법 제10조의3 및 영 제2조의2에 따라 쌀 및 배추김치의 원산지를 표시하여야 하는 영

업자는 쌀, 배추김치 또는 배추의 원산지를 기재한 영수증 또는 거래명세서 등 원산지 증명서류를 쌀, 배추김치 또는 배추의 매입일부터 6개월 이상 보관하여야 한다.

바. 제과점영업자가 별표 9 제8호가목(2)(라)⑤에 의하여 조리장을 공동사용하는 경우 빵류를 실제 제조한 업소명과 소재지를 소비자가 알아볼 수 있도록 별도로 표시하여야 한다. 이 경우 게시판, 팻말 등 다양한 방법으로 표시할 수 있다.

사. 간판에는 영 제7조의 규정에 의한 해당업종명과 허가를 받거나 신고한 상호를 표시하여야 한다. 이 경우 상호와 함께 외국어를 병행하여 표시할 수 있으나 업종구분에 혼동을 줄 수 있는 사항은 표시하여서는 아니 된다.

아. 손님이 보기 쉽도록 영업소의 외부 또는 내부에 가격표를 붙이거나 비치하여야 하고, 가격표대로 요금을 받아야 한다. 이 경우 불고기 · 갈비 등 식육은 중량당 가격(예 : 불고기 ○○그램당 ○○원, 갈비 ○○그램당 ○○원)으로 표시하여야 한다.

자. 영업허가증 · 영업신고증 · 조리사면허증(조리사를 두어야 하는 영업에 한한다)을 영업소안에 보관하고 허가관청 또는 신고관청이 식품위생 · 식생활개선 등을 위하여 게시할 것을 요청하는 사항을 손님이 보기 쉬운 곳에 게시하여야 한다.

차. 보건복지가족부장관 또는 시 · 도지사가 국민에게 혐오감을 준다고 인정하는 식품을 조리 · 판매하여서는 아니 되며, 멸종위기에처한야생동식물종의국제거래에관한협약에 위반하여 포획 · 채취한 야생동물 · 식물을 사용하여 조리 · 판매하여서는 아니 된다.

카. 유통기한이 경과된 원료 또는 완제품은 조리 · 판매의 목적으로 보관하거나 이를 음식물의 조리에 사용하여서는 아니 된다.

타. 허가를 받거나 신고한 영업외의 다른 영업시설을 설치하거나 다음에 해당하는 영업행위를 하여서는 아니 된다.

(1) 휴게음식점영업자 · 일반음식점영업자 또는 단란주점영업자가 유흥접객원을 고용하여 유흥접객행위를 하게 하거나 종업원의 이러한 행위를 조장하거나 묵인하는 행위

(2) 휴게음식점영업자 · 일반음식점영업자가 음향 및 반주시설을 갖추고 손님이 노래를 부르도록 허용하는 행위

(3) 일반음식점영업자가 주류만을 판매하거나 주로 다류를 조리 · 판매하는 다방형태의 영업을 하는 행위

(4) 휴게음식점영업자가 손님에게 음주를 허용하는 행위

(5) 식품접객업소의 영업자 또는 종업원이 영업장을 벗어나 시간적 소요의 대가로 금품을 수수하거나, 영업자가 종업원의 이러한 행위를 조장하거나 묵인하는 행위

(6) 휴게음식점영업중 주로 다류 등을 조리 · 판매하는 영업소에서 「청소년보호법」 제2조제1호에 따른 청소년인 종업원에게 영업소를 벗어나 다류 등을 배달하게 하여 판매하는 행위

파. 유흥주점영업자는 성명 · 주민등록번호 · 취업일 · 이직일 · 종사분야를 기록한 종업원(유흥접객원에 한한다)명부를 비치하여 기록 · 관리하여야 한다.

하. 및 거. 삭제 〈1999.12.29〉

너. 손님을 꾀어서 끌어들이는 행위를 하여서는 아니 된다.

더. 업소 내에서 선량한 미풍양속을 해치는 공연 · 영화 · 비디오 또는 음반을 상영하거나 사용하여서는 아니 된다.

러. 수돗물이 아닌 지하수 등을 먹는 물 또는 식품의 조리 · 세척 등에 사용하는 경우에는 「먹는물관리법」 제43조에 따른 먹는 물 수질검사기관에서 다음의 구분에 따라 검사를 받아 마시기에 적합하다고 인정된 물을 사용하여야 한다. 다만, 동일건물에서 동일수원을 사용하는 경우에는 하나의 업소에 대한 시험결과로 갈음할 수 있다.

(1) 일부항목 검사 : 1년마다(전항목 검사를 하는 연도의 경우를 제외한다) 「먹는 물 수질기준 및 검사 등에 관한 규칙」 제4조제1항제2호에 따른 마을상수도의 검사기준에 따른 검사(잔류염소검사를 제외한다). 다만, 시 · 도지사가 오염의 염려가 있다고 판단하여 지정한 지역에서는 같은 규칙 제2조에 따른 먹는 물의 수질기준에 따른 검사를 하여야 한다.

(2) 전항목 검사 : 3년마다 「먹는물 수질기준 및 검사 등에 관한 규칙」 제2조에 따른 먹는 물의 수질기준에 따른 검사

머. 동물의 내장을 조리한 경우에는 이에 사용한 기계 · 기구류 등을 세척하여 살균하여야 한다.

버. 제12조제3항의 규정에 의한 출입 · 검사 등 기록부는 최종기재일부터 2년간 보관하여야 한다.

서. 행정처분기준에 의하여 시정명령 · 폐기처분 · 시설개수명령 등 사후조치가 필요한 행정처분을 받은 영업자는 그 명령에 따른 사후조치를 이행한 경우 그 이행결과를 지체없이 처분청에 보고하여야 한다.

어. 식품접객영업자는 낭비 없는 식생활 등 음식문화개선을 위하여 노력하여야하고, 공통찬통과 소형 또는 복합찬기를 사용하도록 하여야 하며, 손님이 남은 음식물을 싸서 가지고 갈 수 있도록 포장용기를 비치하고 이를 손님에게 알리도록 하여야 한다.

저. 휴게음식점영업자 · 일반음식점영업자 또는 단란주점영업자는 영업장 안에 설치된 무대시설외의 장소에서 공연을 하거나 공연을 하는 행위를 조장 · 묵인하여서는 아니 된다.

처. 「야생동 · 식물보호법」을 위반하여 포획한 야생동물을 사용한 식품을 조리 · 판매하여서는 아니 된다.

커. 법 제13조제2항의 규정에 의하여 위해평가가 완료되기 전까지 일시적으로 금지된 식품 등에 대하여는 이를 사용 · 조리하여서는 아니 된다.

6. 행정처분(제 53조 관련)의 기준

식품위생법 제55조 시정명령에는 보건복지부장관, 시 · 도지사, 시장 · 군수 또는 구청

장은 제3조에 규정에 의한 식품 등의 위생적 취급에 관한 기준에 적합하지 않게 영업을 하는 자는 기타의 이법을 지키지 않는 자에 대하여 필요하다고 인정하는 경우에는 그 시정을 명할 있도록 되어 있다

1) 행정처분의 일반기준

- 2이상의 영업정지에 해당하는 경우에는 가장 중한 처분기간에 나머지 각각의 2분의 1을 더하여 처분
- 행정처분을 하기 위한 절차가 진행되는 기간 중에 반복하여 동일사항을 위반하는 때에는 그 위반횟수마다 행정처분기준의 2분의 1씩 더하여 처분
- 위반행위의 차수(1차,2차,3차)에 따른 행정처분의 기준은 최근 1년간 같은 위반행위로 행정처분을 받을 경우에 적용하며, 이를 제외한 기타의 경우의 기준적용일은 위반사항에 대한 행정처분일과 그 처분 후의 재적발일을 기준(수거검사에 의한 경우에는 검사결 과를 허가 또는 신고관청이 접수한 날)
- 4차위반의 경우에 있어서 3차위반의 처분기준이 영업정지인 경우에는 영업소 폐쇄조치
- 행정처분을 경감할 수 있는 사유
  - 식품 등의 기준 및 규격의 위반사항 중 그 위반정도가 경미한 사항으로서 구민보건상 인체의 건강을 해할 우려가 없다고 인정되는 때
  - 식품접객업소의 위반사항 중 그 위반 정도가 경미하거나 고의성이 없는 사소한 부주의로 인한 것인 때
  - 해당 위반사항에 대하여 검사로부터 기오유예의 처분을 받거나 법원으로부터 선고유예의 처분을 받은 때
  - 기타 식품 등의 수급정책상 필요하다고 인정되는 때

2) 식품접객업 행정처분의 기준

위반사항	행정처분기준		
	1차위반	2차위반	3차위반
2. 법 제4조(판매 등 금지) 위반 자. 식중독균 검출기준을 위반한 것	영업정지 1월과 당해 음식물 폐기 및 원료폐기	영업정지 3월과 당해 음식물 폐기 및 원료폐기	영업허가취소 또는 영업소폐쇄와 당해 음식물 폐기 및 원료폐기
7. 법 제9조(기준과 규격) 위반	시정명령	영업정지 5일	영업정지 10일
라. 원산지등 표시와 관련한 사항으로서 (1) 쇠고기의 원산지와 종류 모두를 표시하지 아니한 때	시정명령	영업정지 7일	영업정지 15일

(2) 쇠고기의 원산지 또는 종류중 어느 하나를 표시하지 아니하거나 수입산의 경우에 쇠고기의 수입국가명을 표시하지 아니한 때	시정명령	영업정지 5일	영업정지 10일
(3) 쌀, 배추김치, 돼지고기 및 닭고기의 원산지를 표시하지 아니하거나 수입산의 경우에 수입국가명을 표시하지 아니한 때	시정명령	영업정지 5일	영업정지 10일
9. 법 제21조(시설기준) 및 법 제22조(영업의 허가 등) 위반			
가. 변경허가를 받지 아니하거나 변경신고를 하지 아니하고 영업소를 이전한 때	영업허가취소 또는 영업소 폐쇄		
나. 변경신고를 하지 아니한 경우로서			
(1) 영업시설의 전부를 철거한 때(시설없이 영업신고를 한 경우를 포함한다)	영업허가취소 또는 영업소 폐쇄		
(2) 영업시설의 일부를 철거한 때	시설개수명령	영업정지15일	영업정지 1월
다. 영업장의 면적을 변경하고 변경신고를 하지 아니한 때	영업정지 7일	영업정지 15일	영업정지 1월
마. 시설기준 위반사항으로			
(1) 유흥주점 외의 영업장에 무도장을 설치한 때	시설개수명령	영업정지 1월	영업정지 2월
(2) 일반음식점의 객실안에 무대장치, 음향 및 반주시설, 특수조명시설을 설치한 때	시설개수명령	영업정지 1월	영업정지 2월
(3) 음향 및 반주시설을 설치하는 영업자가 방음장치를 하지 아니한 때	시설개수명령	영업정지 15일	영업정지 1월
바. 법 제22조제3항의 규정에 의한 영업의 허가조건을 위반한 때	영업정지 1월	영업정지 2월	영업정지 3월
아. 급수시설기준을 위반한 때(수질검사결과 부적합판정을 받은 경우를 포함한다)	시설개수명령	영업정지 1월	영업정지 3월
10. 법 제25조의 규정에 의한 영업의 승계신고를 하지 아니한 때	시정명령	영업정지 7일	영업정지 15일
15. 법 제31조(영업자 등의 준수사항)제2항 위반사항			
가. 청소년을 유흥접객원으로 고용하여 유흥행위를 하게 하는 행위	영업허가취소 또는 영업소 폐쇄		
나. 청소년유해업소에 청소년을 고용하는 행위	영업정지 3월	영업허가취소 또는 영업소 폐쇄	
다. 청소년유해업소에 청소년을 출입하게 하는 행위	영업정지 1월	영업정지 2월	영업정지 3월
라. 청소년에게 주류를 제공하는 행위	영업정지 2월	영업정지 3월	영업허가취소 또는 영업소 폐쇄
18. 영업정지처분기간 중에 영업을 한 때	영업허가취소 또는 영업소 폐쇄		
18의2. 「성매매알선 등 행위의 처벌에 관한 법률」 제4조의 금지행위를 한 때	영업정지 1개월	영업정지 2개월	영업허가취소 또는 영업소 폐쇄

식품위생법 시행령

제7조 (영업의 종류) 법 제21조제2항의 규정에 의한 영업의 세부종류와 그 범위는 다음 각 호와 같다. 〈개정 1991.3.11, 1992.12.21, 1994.4.30, 1994.12.23, 1994.12.31, 1995.5.1, 1996.10.14, 1998.6.20, 1999.11.13, 2000.7.27, 2003.4.22, 2005.7.27, 2007.12.13, 2008.2.29〉

8항. 식품접객업

가. 휴게음식점영업 : 주로 다류, 아이스크림류 등을 조리 · 판매하거나 패스트푸드점, 분식점 형태의 영업 등 음식류를 조리、판매하는 영업으로서 음주행위가 허용되지 아니하는 영업. 다만, 편의점、슈퍼마켓 · 휴게소 기타 음식류를 판매하는 장소에서 컵라면, 1회용 다류 기타 음식류에 뜨거운 물을 부어주는 경우를 제외한다.

나. 일반음식점영업 : 음식류를 조리、판매하는 영업으로서 식사와 함께 부수적으로 음주행위가 허용되는 영업

다. 단란주점영업 : 주로 주류를 조리、판매하는 영업으로서 손님이 노래를 부르는 행위가 허용되는 영업

라. 유흥주점영업 : 주로 주류를 조리 · 판매하는 영업으로서 유흥종사자를 두거나 유흥시설을 설치할 수 있고 손님이 노래를 부르거나 춤을 추는 행위가 허용되는 영업

마. 위탁급식영업 : 집단급식소를 설치 · 운영하는 자와의 계약에 의하여 그 집단급식소 내에서 음식류를 조리하여 제공하는 영업

바. 제과점영업 : 주로 빵, 떡, 과자 등을 제조、판매하는 영업으로서 음주행위가 허용되지 아니하는 영업

[전문개정 1989.7.11]

[별표 15] 〈개정 2008.6.20〉

행정처분기준(제53조관련)

Ⅰ. 일반기준

1. 2이상의 위반행위가 적발된 경우로서

가. 그 위반행위가 영업정지에만 해당하거나, 한 품목 또는 품목류(식품 등의 기준 및 규격 중 동일한 기준 및 규격을 적용받아 제조 · 가공되는 모든 품목을 말한다. 이하 같다)에 대하여 품목 또는 품목류제조정지에만 해당하는 때에는 가장 중한 정지처분기간에 나머지 각각의 정지처분기간의 2분의 1을 더하여 처분한다.

나. 그 위반행위가 1 이상의 영업정지와 1 이상의 품목 또는 품목류제조정지에 해당하는 때에는 각각의 영업정지 · 품목 또는 품목류제조정지처분기간을 가목에 따라 산정한 후, 그 영업정지기간이 품목 또는 품목류제조정기기간보다 길거나 같으면 그 영업정지처분만을 하고, 그 영업정지기간이 품목 또는 품목류제조정지기간보다 짧으면 그 영업정지처분과 그 초과기간에 대한 품목 또는 품목류제조정지처분을 병과하며, 그 위반행위가 1 이상의 품목류제조정지와 1 이상의 품목제조정지에 해당하는 때에는 이를 준용하여 처분한다.

2. 식품접객영업자의 위반행위에 대하여 그 행정처분을 하기 위한 절차가 진행되는 기간 중에 반복하여 동일사항을 위반하는 때에는 그 위반횟수마다 행정처분기준의 2분의 1씩 더하여 처분한다.
3. 위반행위의 차수에 따른 행정처분의 기준은 최근 1년간(법 제4조 내지 제6조 및 법 제8조 위반은 3년간으로 한다) 같은 위반행위(품목류의 경우에는 같은 품목에 대한 같은 위반행위를 말한다. 이하 같다)로 행정처분을 받을 경우에 적용한다. 다만, 제2호에서 규정하고 있는 경우를 제외한 기타의 경우의 기준적용일은 위반사항에 대한 행정처분일과 그 처분 후의 재적발일(수거검사에 의한 경우에는 검사결과를 허가 또는 신고관청이 접수한 날)을 기준으로 한다.
4. 같은 날 제조한 같은 품목에 대하여 같은 위반사항이 적발되는 경우에는 같은 위반행위로 본다.
5. 4차위반의 경우에 있어서 3차위반의 처분기준이 품목 또는 품목류제조정지인 경우에는 품목 또는 품목류제조정지 6월의 처분을 하고, 영업정지인 경우에는 영업허가취소 또는 영업소폐쇄를 하여야 한다.

5의2. 식품등의 수입업자가 Ⅱ. 개별기준 1. 식품제조 · 가공업 등 제10호나목 내지 라목에 정한 위반행위를 하여 영업정지처분을 받은 후 3년간 3회 위반행위를 더 한 경우에는 동 기준에 불구하고 4차 행정처분은 영업허가취소 또는 영업소폐쇄처분으로 한다.

6. 제1호 각목의 규정에 의하여 행정처분이 있은 뒤에 다시 행정처분을 하게 되는 경우 그 위반행위의 차수에 따른 행정처분의 기준을 적용함에 있어서는 종전의 행정처분의 사유가 된 각각의 위반행위에 대하여 각각 행정처분을 하였던 것으로 본다.
7. 식품등의 수거 · 검사결과에 따른 위반행위에 대한 행정처분의 경우에는 그 위반 행위가 당해 식품등의 제조 · 가공 · 운반 · 진열 · 보관 또는 판매 · 조리과정 중의 어느 과정에서 기인하는지 여부를 판단하여 그 원인제공자에 대하여 처분하여야 한다. 다만, 유통전문판매영업자가 판매하는 식품등이 법 제4조 내지 법 제11조의 규정에 위반하여 식품위생상의 위해가 발생하였거나 발생할 우려가 있다고 인정되는 경우로서 그 위반행위의 원인제공자가 당해 식품등을 제조 · 가공한 영업자인 때에는 당해 식품등을 제조 · 가공한 영업자와 당해 유통전문판매영업자에 대하여 함께 처분하여야 한다.
8. 제7호 단서의 규정에 의하여 유통전문판매영업자에 대하여 행정처분을 하는 경우 그 처분의 양형이 품목 또는 품목류제조정지에 해당하는 때에는 이를 각각 그 위반행위의 원인제공자인 제조 · 가공업소에서 제조 · 가공한 당해 품목 또는 품목류의 판매정지에 해당하는 것으로 본다.
9. 즉석판매제조 · 가공업, 식품소분업, 식품등수입판매업 및 용기 · 포장류제조업에 대한 행정처분의 경우 그 처분의 양형이 품목제조정지에 해당하는 때에는 품목제조정지기간의 3분의 1에 해당하는 기간으로 영업정지처분을 하고, 그 처분의 양형이 품목류제조정지에 해당하는 때에는 품목류제조정지기간의 2분의 1에 해당하는 기간으로 영업정지처분을 하여야 한다.
10. 조리사 또는 영양사에 대한 행정처분에 있어서 4차위반의 경우에는 면허취소처분을 하여야 한다.

11. 다음 각목에 1에 해당하는 때에는 행정처분의 기준이 영업정지 또는 품목 · 품목류 제조정지인 경우에는 정지처분기간의 2분의 1 이하의 범위내에서, 영업허가취소 또는 영업장 폐쇄인 경우에는 영업정지 3월 이상의 범위내에서 각각 그 처분을 경감할 수 있다.
  가. 식품 등의 기준 및 규격 위반사항 중 산가, 과산화물가 또는 성분 배합비율을 위반한 사항으로서 국민보건상 인체의 건강을 해할 우려가 없다고 인정되는 때
  나. 표시기준의 위반사항중 일부 제품에 대한 제조일자 등의 표시누락 등 그 위반사유가 영업자의 고의나 과실이 아닌 단순한 기계작동상의 오류에 기인한다고 인정되는 때
  다. 식품 등을 제조 · 가공하거나 수입만 하고 시중에 유통시키지 아니한 때
  라. 식품을 제조 · 가공 또는 판매하는 자가 식품이력추적관리 등록을 한 때
  마. 식품접객업소의 위반사항중 그 위반의 정도가 경미하거나 고의성이 없는 사소한 부주의로 인한 것인 때
  바. 해당위반사항에 관하여 검사로부터 기소유예의 처분을 받거나 법원으로부터 선고유예의 판결을 받은 때
  사. 기타 식품 등의 수급정책상 필요하다고 인정되는 때
12. 법 제67조에 따른 식중독 조사 결과 식품접객업소에서 제공된 식품에서 검출된 병원미생물이 해당 식중독의 발생원인으로 인정되는 경우의 처분기준은 Ⅱ. 개별기준 3. 식품접객업(영 제7조제8호의 식품접객업을 말한다) 제2호다목(2)의 처분기준을 적용한다.

Ⅱ. 개별기준

식품접객업

(영 제7조제8호의 식품접객업을 말한다)

위반사항		행정처분기준		
		1차위반	2차위반	3차위반
1. 〈삭제〉				
2. 법 제4조(판매 등 금지) 위반	법 제56조 및 법 제58조			
가. 썩었거나 상한 것으로 인체의 건강을 해할 우려가 있는 것		영업정지 15일과 당해 음식물 폐기	영업정지 1월과 당해 음식물 폐기	영업정지 3월과 당해 음식물 폐기
나. 설익은 것으로서 인체의 건강을 해할 우려가 있는 것		영업정지 7일과 당해 음식물 폐기	영업정지 15일과 당해 음식물 폐기	영업정지 1월과 당해 음식물 폐기
다. 유독 · 유해물질이 들어 있거나 묻어 있는 것 또는 병원미생물에 의하여 오염되어 있거나 그 염려가 있어 인체의 건강을 해할 우려가 있는 것에 위반한 사항(제5호에 해당하는 경우는 제외한다)				
(1) 유독 · 유해물질이 들어 있거나 묻어 있는 것		영업허가 취소 또는 영업소 폐쇄와 당해음식물 폐기		
(2) 병원미생물에 의하여 오염되었거나 그 염려가 있어 인체의 건강을 해할 우려가 있는 것		영업정지 1월과 당해 음식물 폐기	영업정지 2월과 당해 음식물 폐기	영업허가 취소 또는 영업소 폐쇄와 당해 음식물 폐기
라. 불결한 것 또는 다른 물질이 들어 있거나 묻어 있는 것으로서 인체의 건강을 해할 우려가 있는 것(제5호에 해당하는 경우를 제외한다)		영업정지 15일과 당해 음식물 폐기	영업정지 1월과 당해 음식물 폐기	영업정지 3월과 당해 음식물 폐기

마. 영업허가를 받아야 하는 경우에 허가를 받지 아니하거나 신고를 하여야 하는 경우에 신고를 하지 아니한 자가 제조 · 가공 또는 수입한 것		영업정지 1월과 당해 음식물 폐기	영업정지 2월과 당해 음식물 폐기	영업정지 3월과 당해 음식물 폐기
바. 수입이 금지되거나 수입신고하여야 하는 경우에 신고하지 아니하고 수입한 것		영업정지 2월과 당해 음식물 폐기	영업정지 3월과 당해 음식물 폐기	영업허가 취소 또는 영업소 폐쇄와 당해 음식물 폐기
사. 안전성평가를 받지 아니하거나 안전성평가결과 식용으로 부적합하다고 인정된 것		영업정지 2월과 당해 음식물 폐기	영업정지 3월과 당해 음식물 폐기	영업허가 취소 또는 영업소 폐쇄와 당해 음식물 폐기
3. 법 제5조(병육 등의 판매 등 금지) 위반(축산물가공처리법 등 타법령의 규정에 의한 검사를 받아 합격한 경우를 제외한다)	법 제56조 및 법 제58조	영업허가 취소 또는 영업소 폐쇄와 당해 제품 폐기		
4. 법 제6조(기준 · 규격이 고시되지 아니한 화학적 합성품 등의 판매 등 금지) 위반	법 제56조 및 법 제58조	영업허가 취소 또는 영업소 폐쇄와 당해 음식물 폐기		
5. 법 제7조(기준과 규격) 위반				
가. 식품 등의 한시적 기준 및 규격을 정하지 아니한 천연첨가물, 기구등의 살균 · 소독제를 사용한 때		영업정지 15일과 당해 음식물 폐기	영업정지 1월과 당해 음식물 폐기	영업정지 3월과 당해 음식물 폐기
나. 비소 · 카드뮴 · 납 · 수은 · 중금속 · 메탄올 또는 시안화물의 기준을 위반한 것	법 제55조, 법 제56조 및 법 제58조	영업정지 1월과 당해 음식물 폐기	영업정지 2월과 당해 음식물 폐기	영업정지 3월과 당해 음식물 폐기
다. 바륨 · 포름알데히드 · 올소톨루엔 · 설폰아미드 · 방향족탄화수소 · 폴리옥시에틸렌 및 세레늄의 기준을 위반한 것		영업정지 15일과 당해 음식물 폐기	영업정지 1월과 당해 음식물 폐기	영업정지 2월과 당해 음식물 폐기
라. 방사능잠정허용기준을 위반한 것		영업정지 1월과 당해 음식물 폐기	영업정지 2월과 당해 음식물 폐기	영업정지 3월과 당해 음식물 폐기
마. 농약잔류허용기준을 초과한 농산물 또는 식육을 원료로 사용한 것(축산물가공처리법 등 타법령의 규정에 의하여 농약에 대한 검사를 받아 합격한 것을 사용한 경우를 제외한다)		영업정지 1월과 당해 음식물 폐기	영업정지 3월과 당해 음식물 폐기	영업허가 취소 또는 영업소 폐쇄와 당해 음식물 폐기
바. 아플라톡신잠정허용기준을 초과한 것을 원료로 사용한 것		영업정지 1월과 당해 음식물 폐기	영업정지 3월과 당해 음식물 폐기	영업허가 취소 또는 영업소 폐쇄와 당해 음식물 폐기
사. 마비성 패독허용기준을 위반한 것		영업정지 1월과 당해 음식물 폐기 및 원료폐기	영업정지 3월과 당해 음식물 폐기 및 원료폐기	영업허가 취소 또는 영업소 폐쇄와 당해 음식물 폐기 및 원료폐기
아. 항생물질 등의 잔류허용기준(항생물질 · 합성항균제 또는 합성호르몬제)을 초과한 것을 원료로 사용한 것(축산물가공처리법 등 타법령의 규정에 의한 검사를 받아 합격한 것을 원료로 사용한 경우를 제외한다)		영업정지 1월과 당해 음식물 폐기 및 원료폐기	영업정지 3월과 당해 음식물 폐기 및 원료폐기	영업허가 취소 또는 영업소 폐쇄와 당해 음식물 폐기 및 원료폐기
자. 식중독균 검출기준을 위반한 것		영업정지 1월과 당해 음식물 폐기 및 원료폐기	영업정지 3월과 당해 음식물 폐기 및 원료폐기	영업허가 취소 또는 영업소 폐쇄와 당해 음식물 폐기 및 원료폐기
차. 산가 · 과산화물가 · 대장균 · 대장균군 또는 일반세균시험에서 부적합하다고 판정된 것		영업정지 15일과 당해 음식물 폐기	영업정지 1월과 당해 음식물 폐기	영업정지 2월과 당해 음식물 폐기
카. 식품첨가물의 사용 및 허용기준을 위반한 것을 사용한 것				
(1) 허용외 식품첨가물을 사용한 것 또는 기준 및 규격이 정하여지지 아니한 첨가물을 사용한 것		영업정지 1월과 당해 제품 폐기	영업정지 2월과 당해 제품 폐기	영업허가 취소 또는 영업소 폐쇄
(2) 사용 또는 허용량 기준에 초과한 것으로서				

(가) 30퍼센트 이상 초과한 것		영업정지 15일과 당해 음식물 폐기	영업정지 1월과 당해 음식물 폐기	영업정지 2월과 당해 음식물 폐기
(나) 10퍼센트 이상 30퍼센트 미만 초과한 것		영업정지 7일과 당해 음식물 폐기	영업정지 15일과 당해 음식물 폐기	영업정지 1월과 당해 음식물 폐기
(다) 10퍼센트 미만 초과한 것		시정명령	영업정지 7일	영업정지 15일
타. 식품별 개별기준 및 규격에 의한 주원료성분배합기준(함량기준)을 위반한 것(휴게음식점영업에 한한다)		영업정지 7일과 당해 음식물 폐기	영업정지 15일과 당해 음식물 폐기	영업정지 1월과 당해 음식물 폐기
파. 이물 등이 혼입된 것		시정명령	영업정지 7일	영업정지 15일
하. 식품조사처리기준을 위반한 것을 사용한 것		시정명령	영업정지 7일	영업정지 15일
거. 식품 등의 기준 및 규격중 원료의 구비요건이나 제조 · 가공기준을 위반한 것(제2호 내지 제4호의1에 해당하는 경우를 제외한다)		시정명령	영업정지 7일	영업정지 15일
너. 기타 가목 내지 거목외의 사항이 위반된 것		시정명령	영업정지 5일	영업정지 10일
6. 법 제8조(유독기구 등의 판매 · 사용금지) 위반	법 제58조	시정명령	영업정지 15일	영업정지 1월
7. 법 제9조(기준과 규격) 위반	법 제55조 및 법 제58조	시정명령	영업정지 5일	영업정지 10일
8. 법 제10조, 법 제10조의3 및 법 제11조 위반				
가. 식품 · 식품첨가물(수입품 포함)에 대한 표시사항의 위반으로서	법 제58조			
(1) 표시사항 전부를 표시하지 아니한 것을 사용한 때		영업정지 1월과 당해 제품 폐기	영업정지 2월과 당해 제품 폐기	영업정지 3월과 당해 제품 폐기
(2) 한글표시를 하여야 하는 수입식품 · 식품첨가물에 한글표시를 하지 아니한 것을 사용한 때		영업정지 1월	영업정지 2월	영업정지 3월
나. 식품 · 첨가물의 제조연월일 또는 유통기한을 표시하지 아니한 것을 사용한 때(제조연월일 또는 유통기한 표시대상 식품 등에 한함)		영업정지 7일과 당해 음식물 폐기	영업정지 15일과 당해 음식물 폐기	영업정지 1월과 당해 음식물 폐기
다. 허위표시 · 과대광고와 관련한 사항으로서				
(1) 질병의 치료에 효능이 있다는 내용이나 의약품으로 혼동할 우려가 있는 내용의 표시나 광고를 한 때		시정명령	영업정지 7일	영업정지 15일
(2) 사행심을 조장하는 내용의 광고를 한 때		시정명령	영업정지 5일	영업정지 10일
(3) 원산지 또는 종류를 허위로 표시한 때		영업정지 7일	영업정지 15일	영업정지 1월
라. 원산지등 표시와 관련한 사항으로서				영업정지 15일
(1) 쇠고기의 원산지와 종류 모두를 표시하지 아니한 때		시정명령	영업정지 7일	
(2) 쇠고기의 원산지 또는 종류중 어느 하나를 표시하지 아니하거나 수입산의 경우에 쇠고기의 수입국가명을 표시하지 아니한 때		시정명령	영업정지 5일	영업정지 10일
(3) 쌀, 배추김치, 돼지고기 및 닭고기의 원산지를 표시하지 아니하거나 수입산의 경우에 수입국가명을 표시하지 아니한 때		시정명령	영업정지 5일	영업정지 10일
9. 법 제21조(시설기준) 및 법 제22조(영업의 허가 등) 위반	법 제55조, 법 제57조 및 법 제58조			
가. 변경허가를 받지 아니하거나 변경신고를 하지 아니하고 영업소를 이전한 때		영업허가 취소 또는 영업소 폐쇄		
나. 변경신고를 하지 아니한 경우로서				
(1) 영업시설의 전부를 철거한 때(시설없이 영업신고를 한 경우를 포함한다)		영업허가 취소 또는 영업소 폐쇄		
(2) 영업시설의 일부를 철거한 때		시설개수명령	영업정지15일	영업정지 1월
다. 영업장의 면적을 변경하고 변경신고를 하지 아니한 때		영업정지 7일	영업정지 15일	영업정지 1월

라. 〈삭제〉				
마. 시설기준 위반사항으로				
(1) 유흥주점 외의 영업장에 무도장을 설치한 때		시설개수명령	영업정지 1월	영업정지 2월
(2) 일반음식점의 객실안에 무대장치, 음향 및 반주시설, 특수조명시설을 설치한 때		시설개수명령	영업정지 1월	영업정지 2월
(3) 음향 및 반주시설을 설치하는 영업자가 방음장치를 하지 아니한 때		시설개수명령	영업정지 15일	영업정지 1월
바. 법 제22조제3항의 규정에 의한 영업의 허가조건을 위반한 때		영업정지 1월	영업정지 2월	영업정지 3월
사. 시설기준에 의한 냉장·냉동시설이 없는 때 또는 냉장·냉동시설을 가동하지 아니한 때		영업정지 15일	영업정지 1월	영업정지 2월
아. 급수시설기준을 위반한 때(수질검사결과 부적합판정을 받은 경우를 포함한다)		시설개수명령	영업정지 1월	영업정지 3월
자. 〈삭제〉				
차. 기타 가목 내지 자목 외의 허가 또는 신고사항을 위반한 경우로서				
(1) 시설기준에 위반된 때		시설개수명령	영업정지 15일	영업정지 1월
(2) 기타 사항을 위반한 때		시정명령	영업정지 7일	영업정지 15일
10. 법 제25조의 규정에 의한 영업의 승계신고를 하지 아니한 때	법 제55조 및 법 제58조	시정명령	영업정지 7일	영업정지 15일
11. 및 12. 〈삭제〉				
13. 법 제30조(영업행위 등 제한) 위반	법 제55조 및 법 제58조			
가. 영업시간제한을 위반하여 영업한 때		영업정지 15일	영업정지 1월	영업정지 2월
나. 영업행위제한을 위반하여 영업한 때		시정명령	영업정지 15일	영업정지 1월
14. 법 제31조제1항 위반	법 제55조 및 법 제58조			
가. 식품접객영업자의 준수사항(별표 13 제5호 자목·어목 및 별도의 개별처분기준이 있는 경우를 제외한다)의 위반으로서				
(1) 별표 13 제5호 타목(1) 위반		영업정지 1월	영업정지 2월	영업허가 취소 또는 영업소 폐쇄
(2) 별표 13 제5호 다목·타목(5) 또는 저목 위반		영업정지 2월	영업정지 3월	영업허가 취소 또는 영업소 폐쇄
(3) 별표 13 제5호 타목(2)·더목 또는 처목 위반		영업정지 1월	영업정지 2월	영업허가 취소 또는 영업소 폐쇄
(4) 별표 13 제5호 나목, 카목, 타목(3)·(4), 너목 또는 커목 위반		영업정지 15일	영업정지 1월	영업정지 3월
(5) 별표 13 제5호러목 위반				
(가) 수질검사를 검사기간내에 하지 아니한 때		영업정지 15일	영업정지 1월	영업정지 2월
(나) 부적합판정된 물을 계속 사용한 때		영업정지 1월	영업정지 3월	영업허가 취소 또는 영업소 폐쇄
나. 위탁급식업영업자의 준수사항(별도의 개별처분기준이 있는 경우를 제외한다)의 위반으로서				
(1) 별표 13 제6호 가목·다목·라목·차목 또는 카목 위반		영업정지 15일	영업정지 1월	영업정지 2월
(2) 별표 13 제6호 사목 및 아목 위반		영업정지 7일	영업정지 15일	영업정지 1월
(3) 별표 13 제6호 마목 위반				
(가) 수질검사를 검사기간내에 하지 아니한 때		영업정지 15일	영업정지 1월	영업정지 3월
(나) 부적합판정된 물을 계속		영업정지 1월	영업정지 3월	영업허가 취소 또는 영업소 폐쇄
(4) (1) 내지 (3)을 제외한 준수사항 위반		시정명령	영업정지 7일	영업정지 15일

15. 법 제31조(영업자 등의 준수사항)제2항 위반사항	법 제58조			
가. 청소년을 유흥접객원으로 고용하여 유흥행위를 하게 하는 행위		영업허가 취소 또는 영업소 폐쇄		
나. 청소년유해업소에 청소년을 고용하는 행위		영업정지 3월	영업허가 취소 또는 영업소 폐쇄	
다. 청소년유해업소에 청소년을 출입하게 하는 행위		영업정지 1월	영업정지 2월	영업정지 3월
라. 청소년에게 주류를 제공하는 행위		영업정지 2월	영업정지 3월	영업허가 취소 또는 영업소 폐쇄
16. 법 제34조(조리사) 또는 법 제35조(영양사)를 위반하여 조리사 또는 영양사를 두지 아니한 때	법 제55조 및 법 제58조	시정명령	영업정지 7일	영업정지 15일
17. 법 제40조의 규정에 의한 교육을 받지 아니한 조리사 또는 영양사를 종사시킨 때	법 제55조 및 법 제58조	시정명령	영업정지 5일	영업정지 10일
18. 영업정지처분기간 중에 영업을 한 때	법 제58조	영업허가 취소 또는 영업소 폐쇄		
18의2.「성매매알선 등 행위의 처벌에 관한 법률」제4조의 금지행위를 한 때	법 제58조	영업정지 1개월	영업정지 2개월	영업허가 취소 또는 영업소 폐쇄
19. 그 밖에 제2호 내지 제18호를 제외한 법 위반(법 제78조에 따라 과태료부과대상에 해당하는 위반사항과 별표 13 제5호자목·어목을 제외한다)	법 제55조 및 제58조	시정명령	영업정지 7일	영업정지 15일

Ⅲ. 과징금제외대상

1. 식품제조·가공업 등(유통전문판매업 및 식품등수입판매업을 제외한다)
   가. 제2호 각 목의 어느 하나에 해당하는 때
   나. 제5호 나목 내지 사목, 자목, 카목(1)·카목(2)(가), 타목 또는 거목(1)·(2)에 해당하는 때
   다. 제8호 타목(1)에 해당하는 때
   라. 1차 위반행위가 영업정지 1월 이상에 해당하는 경우로서 2차 위반사항에 해당하는 때
   마. 3차 위반사항에 해당하는 때
   바. 과징금을 체납중인 때
2. 식품판매업 등
   가. 제2호 가목·마목 또는 바목에 해당하는 때
   나. 제5호 가목에 해당하는 때
   다. 제8호 라목(1)에 해당하는 때
   라. 1차 위반행위가 영업정지 1월 이상에 해당하는 경우로서 2차 위반사항에 해당하는 때
   마. 3차 위반사항에 해당하는 때
   바. 과징금을 체납중인 때
3. 식품접객업
   가. 제2호 가목·나목 또는 마목에 해당하는 때
   나. 제9호 바목에 해당하는 때
   다. 제14호 가목(1)중 별표 13 제5호 타목(1)에 해당하는 때
   라. 제15호 나목·다목 및 라목에 해당하는 때
   마. 3차 위반사항에 해당하는 때
   바. 과징금을 체납중인 때

제 2 부

외식사업 경영의 이해

제 5 장

외식사업 마케팅

1. 마케팅의 의의

사업의 목적은 수익성있는 고객의 창출과 유지에 있다. 고객이란 그들의 욕구를 충족시킬 수 있는 방향으로 움직인다. 이윤창출만을 목적으로 고객의 만족을 등한시하는 자세는 단골고객의 확보와 좋은 평판을 얻는데 실패할 수 밖에 없다. 성공적인 경영자는 이윤이라 하는 것이 그 자체를 목적으로 추구하는 경영에서가 아니라 사업을 잘 운영함으로서 얻어지는 결과라는 것을 잘 이해하고 있다. 고객을 만족시키는 경영을 함으로써 고객은 상품이나 서비스에 응당한 가격을 지불하게 되고, 그 가격은 이윤을 포함하게 되는것이다. 마케팅이란 고객에 중심을 두고 경영을 하는 것이다.

오늘날의 마케팅은 단순한 경영기능이 아니라 경영이념이요 사고방법이자 사업의 구조를 만드는 방법이다. 외식사업을 하는 경영자라면 이러한 마케팅에 친숙해질 필요가 있다. 고객이 왕으로 대우받는 시대의 비즈니스에 있어서 고객만족은 그 첫째 목표이다. 그러나 외식사업의 경우 다양한 고객층을 동시에 다 만족시킬 수는 없으므로 사업의 목적에 적합한 목표고객을 설정한다. 목표고객을 효과적으로 공략하기 위해서는 경쟁자의 마케팅믹스보다 목표고객을 가치있게 만드는 마케팅믹스를 개발하여 사용한다. 오늘날 마케팅의 과제는 목표고객에게 가치를 제공하고 구매를 촉진하며 고객욕구를 충족시켜줄 수 있는 제품과 서비스의 결합을 이루어내는 것이다.

미국의 마케팅협회는 현대적 마케팅의 정의를 “생산자로부터 고객으로의 상품·

서비스흐름을 지휘하는 기업활동의 수행"이라는 종래의 정의에서 그 범위를 확대하여 "고객과 기업의 목표를 만족시키는 교환을 창조하기 위하여 아이디어, 재화, 서비스, 가격, 판매촉진, 유통 등을 계획하고 실시하는 과정"으로 기업의 사회적 책임과 고객만족이라는 넓은 의미를 포함하는 개념으로 정의하고 있다. 마케팅의 기능과 역할은 수요를 창조하는데 있다. 이를 위한 구체적 수단으로서 4P'S라는 마케팅믹스를 사용한다. 상품의 성격, 고객에 대한 정보, 목표의 설정, 경쟁상의 지위 등을 고려하여 마케팅믹스의 제요소들을 조합하여 적용하는 것이 바로 마케팅 활동이다.

1) 제품(product)-어떠한 상품으로 판매를 할 것인가?
2) 가격(price)-어떠한 가격을 설정할 것인가?
3) 유통경로(place)-어떠한 유통경로를 사용할 것인가?
4) 촉진(promotion)-어떠한 판매촉진방법을 사용할 것인가?

2. 마케팅관리 개념

마케팅관리 개념이란 경영자가 마케팅활동을 관리할 때 그 기준으로 삼는 행동신념을 의미한다. 이러한 마케팅관리 개념은 생산컨셉, 제품컨셉, 판매컨셉, 마케팅컨셉, 사회지향적 마케팅컨셉으로 구분된다.

1) 생산컨셉(production concept)

생산컨셉이란 외식업소가 메뉴를 제공함으로써 고객이 혜택을 받는다는 입장에서 마케팅활동을 관리하면 된다는 관리지향형이다. 이러한 관리이념은 수요가 공급을 초과하는 경우에 적용된다.

2) 제품컨셉(product concept)

외식사업의 제품이란 메뉴와 서비스를 말한다. 이 메뉴와 서비스를 다루는 제품컨셉이란, 고객은 가격에 대응하는 최고의 품질을 가진 메뉴와 서비스만을 선호한다고 보아 메뉴나 서비스의 개선에 주력하여야 한다고 보는 관리이념이다. 이러한 관리이념은 현재 제공하고 있는 메뉴나 서비스만 개선하려는 경향이 생기기 쉬워 고객의 요구에 맞는 메뉴와 서비스를 개발하려는 노력이 부족하게 된다. 치킨으로 유명한 어느 외식체인은 사업의 성황으로 급속하게 팽창하였다. 최고의 치킨메뉴 제공을 모토로 보다 나은 메뉴의 개발에 전력하였지만 고객들이 매일 치킨만을 찾을 리가 만무했다. 목표고객의 선호도가 스테이크 등으로 변화하고 있었던 것이다. 비록 이 체인은 최고의 메뉴를 제공하는 시스템을 개발하였지만 목표고객의 선호도 변화를 수용하지 못하는 즉 제품컨셉의 함정에 빠졌던 것이다.

3) 판매컨셉(selling concept)

판매컨셉이란 업소가 제공하는 메뉴나 서비스에 대한 관심을 유발하기 위하여 판매나 판촉활동 등 상당한 노력을 하지 않는 한 고객은 그 업소를 찾지 않는다는 관점에서 보는 관리이념이다. 판매의 목적이 가능한 방법을 다 동원하여 매출을 올리는데에 있는 것으로 판매후의 고객만족 등에 대해서는 개의치 않는 이념이다. 일단의 외식업소 경영자는 매출이 떨어지기 시작할 때 쯤이면 매출이 부진한 이유를 분석하기보다는 우선 광고를 늘리려한다. 시장변화에 따른 메뉴나 서비스를 개발하려 하지 아니하고 기존의 메뉴와 서비스체계하에서 광고나 판촉활동만으로 매출을 늘리려 하는 경영의 오류로 사업은 부진을 면치 못하게된다.

4) 마케팅컨셉(marketing concept)

마케팅컨셉은 최신의 경영이념으로 외식사업계에 널리 채택되고 있는 개념이다. 마케팅컨셉은 목표시장이 되는 고객의 요구와 욕구를 파악하고 이에 맞추어 나감으로써 고객이 원하는 만족스러운 메뉴와 서비스, 그리고 분위기를 경쟁자보다 더 효율적으로 제공하는 고객지향의 관리이념이다. 마케팅컨셉과 판매컨셉을 혼동하는 경우가 많은데 아래의 그림을 참조로하면 그 개념을 확실히 구분할 수 있다.

출발점	중심	방법	목표
생산	기존의 메뉴와 서비스	판매·판촉활동	매출증대를 통한 이윤추구

(판매컨셉)

출발점	중심	방법	목표
시장	고객욕구	통합마케팅	고객만족을 통한 이윤추구

(마케팅컨셉)

[그림 5－1] 판매컨셉과 마케팅컨셉의 비교

5) 사회지향적 마케팅컨셉 (societal marketing comncept)

사회지향적 마케팅컨셉이란 목표시장의 욕구와 요구 및 이익을 결정하고 고객만족을 경쟁자보다 효과적으로 제공하되, 고객과 사회의 복리를 향상시키는 방향으로 이끄는 관리이념이다. 패스트푸드업체들이 지역사회의 활동에 참여하며 환경 친화적인 포장재를 사용하거나 아이들의 영양을 고려한 메뉴를 제공하는것 등은 그 대표적인 사례이다.

참고 7 맥도날드와 레이 크록

황금아치로 불리는 맥도날드 로고. 매일 2천만명 이상의 고객과 초당 145개 이상의 햄버거를 판매하는 최고의 외식업체 맥도날드. 맥도날드는 고객에 대한 서비스방법을 알고 고객의 취향변화를 반영하는 마케팅중심의 경영으로 유명하다. 고객에 대한 서비스방법을 마스터한 맥도날드는 가맹점 경영자와 직원들에게 일리노이주 오크브룩에 있는 햄버거대학에서 그 기본기를 착실하게 지도해주고 햄버거학 학위를 수여한다. 지속적인 고객조사를 통한 제품과 서비스품질의 모니터링, 작업의 단순화와 원가절감, 더 빠른 서비스와 고객에게 더 나은 가치를 제공하는데 맥도날드는 노력을 다한다. 그리고 이러한 노력외에도 맥도날드 햄버거점은 지역봉사활동의 참여로 이웃이 되는 노력을 게을리하지 않는다. 미국외에도 이미 5,000개 이상의 해외점을 가지고 있는 맥도날드는 그 메뉴와 서비스를 지역적 특성과 고객에게 맞추는 세심한 노력을 다한다. 일본에 가면 데리야키햄버거를, 로마에 가면 파스타 샐러드를 맥도날드는 제공하는 것이다.

이러한 고객중심의 마케팅전략으로 세계최대의 외식업체가 된 맥도날드의 오늘에는 레이 크록이라는 사람이 있었다. 패스트푸드산업의 아버지로 불리우는 레이 크록은 밀크쉐이크를 만드는 만능믹서기의 판매업자였다. 1950년대 당시 맥도날드라고 불리는 햄버거레스토랑은 믹서기 판매의 주요고객이었다. 레이 크록은 믹서기판매를 늘릴 목적으로 맥도날드형제와 1955년 프랜차이징사업을 구상하게 된다. 레이 크록은 마케팅기법에 매우 능한 사람으로 빠른 서비스, 청결한 분위기, 저렴한 메뉴가격 등 젊은층에게 어필할 수 있는 레스토랑 컨셉을 개발한다. 간편한 메뉴와 탁월한 서비스시스템을 개발하여 가치라는 개념을 고객에게 제공하고 QSC&V(품질, 서비스, 청결, 가치 : Quality, Service, Cleanliness, and Value)라는 맥도날드 경영공식을 창출해내는데 이는 훗날의 맥도날드 성공의 핵심이 된다. 모든 가맹업소에 엄격한 제품명세서와 이에 일치되는 메뉴의 제공, 청결한 업소유지 그리고 본사의 가격방침에 따르는 합리적 가치를 제공하도록 지도함으로써 맥도날드의 일관성을 유지하였다. 가족중심의 분위기와 10대들이 떠들고 다니는 것을 막기 위해서 전화나 쥬크박스 등의 설치를 금하였다. 레이 크록은 PR의 가치를 이해한 경영자로 맥도날드의 경영방침에 이 요소를 포함시켜 운영하였다. 신문에 보도되는 호의적인 기사내용이 광고보다 훨씬 가치가 있다는 것을 알고 PR전문가를 영입하여 지역의 봉사활동 참여와 이를 미디어에 이용하는 방법까지 연구하였다. 일찌기 레이 크록은 이미지라고 하는 것이 업소의 고객뿐 아니라 주주나 가맹점의 경영자 및 직원과 회사가 속해 있는 지역까지 그 영향을 줄 만큼 중요하다는 것을 인식하였다. 이러한 레이 크록의 경영능력으로 오늘날 맥도날드는 매출액기준으로 세계최고의 외식업체로 성장하게 되었다. 14,000개가 넘는 업소와 지금도 개점을 원하는 경우가 연간 2,000건이 넘고 있는 맥도날드. 레이 크록은 83세를 일기로 1984년 사망하였다.

3. 마케팅의 종류

1) 매스 마케팅(Mass Marketing)

모든 고객을 대상으로 한 메뉴로 다수의 업소를 통하여 판매와 판촉을 하는 무차별적인 마케팅전략으로, 맥도날드 햄버거는 원가와 판매가격을 낮출 수 있는 장점외에 거대한 잠재시장을 창출할 수 있는 방안으로서 한때 한 종류의 햄버거만을 전체시장을 대상으로 판매한 적이 있다.

2) 상품다양화 마케팅(Product-variety Marketing)

품질, 사이즈, 형태 등이 다른 복수의 메뉴를 개발하여 고객에게 제공하는 마케팅전략으로 고객의 입맛이 천차만별이고 고객은 변화를 원한다는 점을 중요시한다. 그런 결과로 오늘날 서울의 햄버거점에서는 치즈햄버거, 불고기햄버거 등 다양한 메뉴를 고객에게 제공하고 있다.

3) 표적 마케팅(Target Marketing)

시장을 세분화하여 업소가 설정한 목표고객을 대상으로 메뉴와 마케팅믹스를 개발하여 적용하는 전략이다. 맥도날드에서 어린이를 대상으로 하는 키드메뉴에 유행하는 디즈니영화의 분위기, 기념물 등을 함께 제공하는 것이 그 예가 된다.

오늘날 많은 외식업소들의 마케팅전략은 매스마케팅과 상품다양화 마케팅전략에서 표적 마케팅전략으로 옮겨가고 있다. 업소의 경영자는 업소가 설정한 목표고객을 표적으로 이에 적합한 메뉴와 서비스를 개발하여 운영함으로써 고객의 변화에 대응하고 효과적인 마케팅의 기회를 가지게 된다. 다음의 그림은 표적마케팅의 3단계 과정을 설명한 것이다.

시장 세분화		시장 표적화		시장 위치화
1. 시장 세분화 기준설정 2. 시장 세분화 결과분석	→	3. 대상 고객의 검색 4. 목표 고객의 설정	→	5. 목표 고객의 위치화 6. 마케팅 믹스의 개발

[그림 5-2] 시장세분화, 표적화, 위치화의 과정

4. 마케팅 조사

마케팅조사란 마케팅의 기회와 문제 등을 확인하고 규정하며 아울러 마케팅 행동과 활동을 평가하며 그 결과를 경영자에게 통보하는 과정을 의미한다. 마케팅 조사의 활동은 시장의 잠재성을 측정하고 시장점유율을 분석하며 시장의 특성을 구분하는 활동외에 판매분석, 비즈니스 경향의 분석, 시장예측, 경쟁자 조사, 마케팅 정보시스템의 연구와 현상품의 조사활동 등을 포함한다. 이러한 마케팅 활동은 다음과 같은 순서에 따라 진행되는 것이 일반적이다.

문제점과 연구대상의 규정
↓
정보수집을 위한 조사계획의 수립
↓
조사계획의 실행(자료의 수집 및 분석)
↓
조사 결과의 분석 및 평가

[그림 5-3] 마케팅조사 과정

변화하는 마케팅환경에 대응하기 위하여 업소의 경영자는 계속적인 변화를 검색하여야 한다. 환경의 변화를 분석하고 전략을 수립하는 과정은 〈표 5−1〉과 같이 환경이 제공하는 기회를 효과적으로 이용하는데 많은 도움이 된다.

〈표 5−1〉 외식업소의 마케팅환경 조사표

환경요소	정보의 출처	담 당	빈 도
고 객	고객	서비스담당자/종업원	매일
	종업원	경영자	매일
	고객수	회계담당/경영자	매일
	관련회의/세미나	경영자	매월
사회/문화	서적/잡지	경영자/종업원	매주/매월
경 쟁	고객	경영자/종업원	매일
	신문/자료	경영자	매일
	방문조사	경영자/조리장	매주
경 제	신문/자료	경영자	매일
	식단가	회계담당/경영자	매일
	관련 회의	경영자	월간
법률	관련자료	경영자	월간
기 술	관련자료	경영자/주방장	매월
	박람회	경영자/주방장	매년
세무	경영관리 서류	회계담당자/경영자	월간/매년

마케팅 조사에 필요한 내용을 정리하면 다음과 같다.

1) 목적의 결정

시장조사의 목적을 결정할 때 자신이 얻은 정보가 무엇인가를 명확히 파악한다.

2) 결과의 해석방법

패스트푸드 중에서 피자체인을 선택했다면 28−35평 미만에 핵가족 중심의 아파트 밀집지역이 가장 적합한 시장이며 오피스빌딩이 밀집된 곳에는 40−50대 샐러리맨이 중심이기에 그 주변에는 한식집이나 일식집이 가장 유력하다는 점을 염두에 두고 업종을 선택한다.

3) 미래지향적 외식 마케팅 전략

(1) 기업의 목표 설정

독특한 기업개념이 상징하는 이미지를 위하여 심볼, 로고, 색상 등을 접목시켜 미래지향적 테마를 창출하여 기업 이미지와 업소이미지를 구축하는 전략을 구체화 시켜 소비자에게 깊게 심어주는 고도의 홍보전략으로 연결시켜야만 불확실한 경쟁시대에 살아남을 수 있다.

(2) 기업의 밀착형 마케팅 전략

① 메뉴의 혁신(단순화와 차별화 복합전략) — 매력적인 메뉴만이 팔린다는 전제하에 확실한 차별화가 이루어져야 한다.

② 점포의 분위기 혁신 — 복잡한 시설구조, 산만하고 화려한 분위기보다 아늑하고 따뜻함을 연출시키는 분위기가 최근의 추세로, 점포의 상권이나 소득수준이나 연령계층을 고려한 변화된 분위기 창출을 위한 연구가 이루어져야 한다.

③ 조직의 재정비

④ 종업원 교육의 강화

(3) 고객 계층별 차별화 마케팅 전략

① 여성전용 시장

② 성인남성 시장

③ 건강식 시장

④ 고령자 대상

⑤ 여성 경제인 등

참고 8 브로드웨이의 외식업소

맨하탄 브로드웨이 한인 밀집지역의 외식업소들은 오늘의 런치스페셜이라는 광고물을 제작하여 길을 통행하는 한인들은 물론 외국인들에게도 배포하며 자신들의 업소 이용을 유도하고 있다. 어느 외식업소는 매일 오전에 제공하는 메뉴를 A4 용지크기로 제작하여 고객들에게 제공하고 있으며 점심배달 전문업소에서는 일주일분 점심메뉴를 배포해 전화 한 통으로 점심을 사무실에서 먹을 수 있도록 하고 있다. 이같이 한식전문의 외식업소들이 광고물 배포를 통한 점심고객 유치활동을 벌이고 있는 것은 중국음식이나 일본음식을 전문으로 하는 외식업소들이 주변의 사무실에 근무하는 고객들을 겨냥한 광고물을 제작, 각 회사의 팩스를 통해 매일 메뉴를 제공하여 고객유치에 짭잘한 매출신장을 보았다고 분석하고 과거와 같은 기다리는 영업방식에서 탈피, 적극적인 마케팅활동을 통한 고객확보방안의 일환으로 분석되고 있다. 이와 관련하여 점심고객 유치를 위한 런치스페셜은 타시간대의 가격보다 30~50% 할인된 가격으로 제공하고 있다.

5. 상품의 종류와 판촉활동

1) 상품의 종류

외식업소가 제공하는 상품이라 하면 메뉴만을 생각하기 쉽다. 그러나 외식사업은 메뉴라는 상품외에도 판매를 촉진시키기 위한 상품 등 여러가지 상품을 함께 다루는 분야이다.

(1) 핵심상품

핵심상품이라 함은 고객이 원하는 것을 제공하는 것으로 외식업소가 제공하는 메뉴나 서비스를 핵심상품이라 한다.

(2) 촉진상품

핵심상품을 고객이 잘 이용할 수 있도록 도와주는 상품으로 외식업소가 제공하는 대리주차서비스나 테이블별 전화서비스 등이 그 예가 된다.

(3) 보조상품

핵심상품의 가치를 높이기 위하여 제공되는 상품으로 경쟁업소와 차별화하는 역할도 한다. 보조상품은 촉진상품과 분명히 구분되지는 않으나 고객의 필요성에 따라 제공된다는 점에서 그 의미가 다르다. 예를 들어 외식업소에 유아를 위한 시설이나 특별 디저트를 제공하는 것 등이 보조상품이다.

(4) 확대상품

확대상품이라 함은 접근성, 분위기, 고객과 종업원간의 의사소통 등을 의미한다. 외식업소가 고객이 출입하기 용이한 곳에 위치해 있거나 교통이 편리한 지역에 위치하는 접근성 외에 보고, 듣고, 느끼는 물리적 환경의 분위기와 고객들의 업소에 대한 평가, 접객의 방법 등이 이 범주에 포함된다.

2) 촉진활동

오늘날의 마케팅은 좋은 품질의 메뉴를 개발하고 적당한 가격으로 목표고객을 끄는데 주력하고 있다. 또한 업소는 현재의 고객 및 잠재고객과 의사전달을 계속적으로 유지시켜야 한다. 이러한 의사전달 프로그램을 판촉믹스라고 하는데 이에는 광고, 판촉, PR, 인적판매 등이 포함된다.

(1) 광고

광고란 상품이나 서비스, 아이디어 등을 인적판매에 의하지 않는 촉진활동으로 정보형 광고, 설득형 광고, 기억형 광고 등의 종류가 있다.

① 정보형 광고－신상품의 시장도입시 그 내용을 알리는데 사용된다. 새로운 업소의 개업이나 새로운 메뉴의 개발시 이를 알리고자 하는 경우 정보형광고가 주로 이용된다.

② 설득형 광고－경쟁이 심화되는 단계에서 선택적 수요를 대상으로 하는 경우에 사용된다. 주로 비교광고 형태로 우리업소의 메뉴와 서비스는 이러한 점에서 경쟁업소의 메뉴와 서비스보다 우월하다는 식으로 광고를 하는 것이다.

③ 기억형 광고－성숙기에 접어든 상품을 대상으로 고객에게 그 상품의 존재를 되새겨주는데 사용된다. 업소의 존재와 메뉴 등을 고객에게 계속적으로 알리는 형태로 피자체인인 파파존스에서는 고객의 최초 주문후 1개월 이상 후속주문이 없을 경우 고객의 안부와 서비스를 다하겠다는 내용의 엽서를 보내는 정책을 쓰고 있다.

(2) 고객판촉

① 샘플 – 무료로 제공하거나 염가로 상품을 제공하는 형태로 맥도날드에서는 커피와 머핀을 1달러에 제공하고 있다. 무료제공의 경우 폐기(그냥 버리는 경우)의 가능성이 있으므로 최소한의 금액만을 청구하는 방법으로 각각 95센트인 커피와 머핀에 대해서 5센트를 더 지불하고 머핀을 시식해보도록 하는 방법으로 사용하고 있다.

② 쿠폰 – 쿠폰은 특정상품을 구매할 경우 할인을 해주는 증명서로 특히 패스트푸드업계에서 널리 채택하고 있다.

③ 프리미엄 – 특정상품의 구매를 유도하기 위하여 무료나 염가로 제공하는 형태로 맥도날드에서 음료수의 주문시 종이컵 대신 디즈니유리컵에 담아서 주는 방법이나 버거킹에서 콤보메뉴 주문자에게 쥬라기공원 시계를 3,000원에 제공하는 것 등이 이에 속한다.

④ 고객우대제 – 비행거리에 따라 마일리지를 받음으로써 사용상의 혜택을 제공하는 마일리지카드처럼 반복적으로 구매를 하는 고객에게 금전적인 혜택을 부여하는 방법으로 커피전문점에서 카드에 도장을 찍어 10회주문시 1잔을 무료로 제공하는 것 등이 예이다.

⑤ 팝(Point of Purchase) – 판매나 구매가 이루어지는 곳에서 판촉을 하는 방법으로 패밀리레스토랑에서 선물이나 기념품 등을 판매하거나 배식차를 이용하여 추가주문을 받는 방법이 이에 속한다.

⑥ 경품권 – 경품을 걸어서 구매를 유도하는 방법으로 패스트푸드점에서 제공하는 컵 등에 스티커를 붙여 그 결과에 따라 경품을 제공하는 것 등이 예이다.

(3) PR

PR이란 제3자를 통해서 긍정적인 이미지나 고객의 선호도를 창출하는 활동으로 언론홍보, 상품홍보, 의사전달, 로비, 카운셀링 등의 방법이 있다.

(4) 인적판매

외식사업에서 인적판매는 영업활동과 밀접한 관련이 있다. 특히 연회를 유치하거나 새로운 시장을 개척하는 경우 이용되는 방법이다.

참고 9 디저트용 과일카트

식후 디저트로 과일이 담긴 접시를 나르는 대신에 이동카트에 과일을 담아 고객앞에서 고객이 원하는 신선한 디저트 메뉴를 직접 서빙함으로써 그 차원을 한 단계 높인 방법이다. 생굴이나 새우 등의 각종 해물이나 튀김 등을 실은 카트를 별도로 운영해서 고객의 취향에 따라 입맛을 돋구도록 하며 추가매출도 올리는 방법도 있다.

참고 10 내부마케팅(Internal Marketing)과 향기마케팅(Aroma Marketing)

마케팅이라 하면 외부시장만을 대상으로 생각하는 경향이 있다. 그러나 외식사업에 있어서 종업원은 상품의 일부분으로 종업원 스스로 판매의 대상임을 일깨워주어야 한다. 현재 일하는 업소와 판매하는 메뉴를 좋아하며 흥겨운 분위기에서 일할 수 있도록 경영자는 지도하여야 한다. 외부마케팅(External marketing)이 고객을 불러온다 하더라도 종업원이 고객의 기대치에 부응하지 못한다면 업소의 경영은 침체를 면하지 못할 것이다. 내부 마케팅은 종업원을 대상으로 내부적으로 행해지는 마케팅을 의미하는 것으로 다음과 같은 사항을 수반하는 과정이라 할 수 있다.

1) 서비스 문화의 수립과 권한의 위임
2) 인적자원관리 차원에서의 마케팅방법 개발
3) 내부교육의 실행
4) 종업원에 이르기까지 마케팅정보의 보급
5) 종업원 보상제도와 창안제도의 실행

향기마케팅(aroma marketing)이란 업소에 특수 고안된 향기를 나게 함으로써 고객의 구매를 자극하는 신종 마케팅기법으로 카페에서는 은은한 커피향을, 레스토랑에서는 구미를 당기게 하는 레몬향이나 신선한 야채향을, 일식집에서는 은은한 바다향을 나게함으로써 업소의 비린내를 제거하고 고객의 입맛을 돋우는 기법이다.

6. 마케팅전략의 수립[1)]

시장세분화는 기존의 드러나지 않았던 시장기회를 파악하고 그에 맞는 새로운 표적시장을 결정하거나 기존시장의 가치를 확인하는 작업이다. 시장세분화와 관련된 표적시장 결정과 그에 따른 마케팅전략은 크게 비차별적, 차별적, 집중적 전략으로 나눌 수 있고 그 내용은 다음과 같다.

1) 비차별적 전략

흔히 대중적 전략이라고도 불리는 이 전략은 시장을 여러 세분시장의 집합으로 보지않고 하나의 전체로서 파악해 그들의 공통적 욕구를 발견하여 이에 부응할 수 있는 상품과 마케팅 프로그램으로 대응하는 것을 말한다. 이 전략의 장점은 표준품의 대량생산으로 원가, 재고, 운송비, 마케팅 조사비용 등에서 절감할 수 있어 차별적 마케팅에 비해 전체비용이 적게 든다는 것에 있다.

2) 차별적 전략

이 전략은 소비자욕구의 다양화에 발맞춰 소비자시장을 공통적인 속성을 갖는 여러 세분시장으로 분류하고, 각 세분시장계층에 알맞는 마케팅활동을 전개하는 합리적이고 소비자 지향적인 전략이다. 차별적 마케팅을 하는 이유는 전체 판매액을 증대시키고 각 세분시장내에서 우위를 확보함으로서 반복구매를 가능케 하려는데 있다. 최근 차별적 전략에 의존하는 업소가 늘고 있는 것만 보아도 시장계층의 다양화가 얼마나 빠르게 이루어 지고 있는지 알 수 있을 것이다.

차별적 전략으로 전체매출액은 증대시킬 수도 있지만, 생산비, 관리비, 재고비, 촉진비 등 여러 가지 비용의 증대를 동시에 초래하기 때문에 비차별적 마케팅에 비해 반드시 우월하다고 할 수 없으므로 업소의 재정 및 시장여건에 맞는 전략을 선택해야 한다.

3) 집중적 전략

여러 세분화시장 중에서 한 개 혹은 소수의 표적시장을 결정하고 집중적인 노

---

1) 한국외식산업연구소, [외식사업경영론], 서울 : 백산출판사, 1995, pp. 115~158.

력을 투입함으로써 그 시장내에서 높은 시장점유율을 확보하고자 하는 마케팅 전략으로 시장의 여러 부분에 얇게 침투하기 보다는 적은 부분이지만 깊게 침투하고자 하는 것이다. 예를 들어 커피 전문점의 마케팅도 이와 같은 집중적 전략에 속하는 것이라 할 수 있는데, 경쾌한 분위기에서 셀프서비스에 만족하며 간단한 대화를 나눌 수 있는 장소를 찾는, 가격에 민감한 20～30대의 젊은 고객층을 대상으로 성공한 경우이다. 이렇듯 표적시장 선정이 합리적으로 이루어지면 표적시장내의 명확한 욕구파악으로 시장지위를 강화하고 운영활동의 집중화로 비용경제성의 장점을 살림으로써 높은 투자수익율을 얻을 수 있게 되는 것이다.

단점으로는 다른 전략에 비해 상대적으로 위험성이 높다는 것을 꼽을 수 있다. 한정적인 시장에 업소의 미래를 전적으로 의존하기 때문에 표적시장내의 기호나 수요에 변화가 있거나 새로운 경쟁업소가 표적시장에 뛰어들 경우 존립 및 성장 위험성이 증가하기 때문이다.

위의 세 가지 또는 그 이상의 전략을 선택활용하기 위해서는 다음과 같은 여러 가지 요소들을 고려하여 신중한 전략선택을 해야 한다.

① 자원

업소가 가진 자원은 전략선택에 직접적 영향을 미치는 요소로서 활용가능한 자원이 제한적이어서 모든시장을 커버할 수 없으면 집중적 마케팅전략을 선택하는 것이 좋다. 비차별적 전략과 차별적 전략은 많은 자원을 필요로 하기 때문이다.

② 상품동질성

과일이나 쌀처럼 취급하는 제품이 업소간 차이가 없는 경우 고객은 제품간의 차이를 느끼지 않으므로 이때에는 비차별적 전략을 선택하고, 업소의 메뉴처럼 원료와 기술, 정성에 따라 맛, 모양, 가격이 다른 제품인 경우에는 차별적 혹은 집중적 전략을 적용하는 것이 좋다.

③ 제품수명주기상의 단계

신제품이 개발되어 도입기에 있을 때는 일차적 수요를 창조하기 위해 비차별적 또는 집중적 전략이 적합하지만, 성장기에 접어들어 경쟁자가 나타나면 차별적 전략에 의한 이차적 수요창출을 모색하는 것이 좋다.

음식물은 고객의 입맛 변화에 따라 상품으로서 수명에 영향을 받으므로 새로운 메뉴를 제공하기에 앞서 그 제품의 수명주기상의 단계를 주목해 결정해야 한다. 예를 들어 엄청난 설비투자를 필요로 하는 메뉴품목이 그 수명주기상 퇴조기에 접어들고 있다면 식상해진 고객들의 외면으로 판매의 어려움이 예상되므로 마땅히 선정대상 메뉴품목에서 제외되어야 한다.

④ 시장동질성

시장동질성이란 고객의 욕구나 선호 내지 특성이 비슷한 정도를 나타내는 것인데 일반적으로 말하여 동질적인 시장에는 비차별적 전략, 이질적인 시장에는 차별적 내지 집중적 마케팅이 유리하다.

⑤ 경쟁업자의 마케팅전략

경쟁업자의 마케팅방식에 따라 대응전략을 세우는 경우를 말한다. 만약 경쟁업소가 적극적인 시장세분화전략을 쓰고 있을 때 해당업소의 경영자가 비차별적 전략을 채택한다면 전략이 실패하기 쉽다. 이렇듯 주어진 경쟁환경에 맞는 전략선택이 사업성공의 필수이다.

4) 핵심 전략(차별적 우위)

표적시장이 확정되면 동업종의 다른 업소와는 다른 차별화된 위치를 그 시장내에서 차지하기 위하여 무엇인가 유리한 점을 확보할 필요가 있을 것이다. 이렇게 다른 업소와 차별적 우위를 갖기 위한 노력을 핵심전략이라고 부르는데 마케팅 핵심전략상의 차별적 우위는 다시 세 가지 정도로 분류할 수 있다.

첫째는, 경쟁점을 능가하는 또는 그들이 만들지 못하는 상품을 시장에 내어놓을 수 있는 상품기술이다. 이 우위는 노력여하에 따라 자체내의 신제품개발이나 외부로부터 기술도입을 통해 확보가능한 부문이다. 외식산업에 있어 같은 메뉴를 제공하는 업소들간의 기술적 우위는 그 메뉴품목들이 맛, 질 그리고 모양을 좌우함으로써 해당업소들에 결국 유리한 경쟁우위를 제공하게 되는 것이다.

둘째는, 기술이외의 변수에 의한 차별화 능력이다. 제품자체는 경쟁점에 비해서 큰 차이가 없더라도 광고나 서어비스 등의 다른 마케팅 믹스변수를 통해서 성공적으로 경쟁점 제품과 구별지을 수 있다. 미국의 햄버거 회사인 맥도날드사는 햄버거 판매에 있어서 맛이나 질 또는 양으로 다른 햄버거사와 경쟁하기보다는 대대적인 지역 및 전국광고와 모든 업소의 시식 및 서비스환경의 개선으로 세계시장에서 군림하고 있는 대표적인 예이다.

셋째는, 원가면에서의 우위이다. 원료확보나 인건비면에서 유리한 원가구성을 가질 수도 있고, 또는 같은 재료비나 인건비 조건이라 하더라도 규모의 경제 등을 활용한 생산성면에서 원가상의 유리한 고지를 점할 수 있다. 규모가 큰 단독 또는 체인기업일수록 대량생산으로인해 원가면에서 유리한 위치에 있을 수 있다. 물론 재고관리비나 유통비, 인건비 등의 부분적 증가로 생산량에 대비한 비례적 원가절감은 있을 수 없지만 판매량이 늘어날수록 절감의 부분이 커질 수 있다는 것이다. 특히 패스트 푸드(fastfood)업소들의 원가면 우위에 따른 규모의 경제성의 활용율이 높은 편이다.

하버드대학교의 마이클 포터교수는 기업이 시장에서 성공하는 조건으로 시장차별화와 원가우위를 꼽는다. 잠재고객의 수가 적은 경우에는 차별적 마케팅이나 시장세분화가 적합하지 않지만, 잠재고객이 충분하고 경쟁의 증가로 타업소와의 마케팅전략과 뚜렷이 구분할 만한 마케팅 전략을 선택하기 어려워지는 경우에는, 자신의 업소컨셉과 제품, 서비스에 가장 민감한 인구집단을 선택하여 차별적 내지 집중적 마케팅전략을 선택하는 것이 효율적이다.

제 6 장

외식사업의 서비스관리

1. 서비스의 특징

서비스(service)의 어원은 라틴어 servus에서 유래하였다. 현재에도 이탈리아와 독일, 오스트리아 등지에서는 세르부스(servus)라는 인사말이 있는데 이는 "나는 당신의 봉사자입니다"라는 의미로 사용되고 있다.

마케팅이란 비누나 식품 등과 같은 물리적인 제품의 판매와 연관하여 시작되었으나 오늘날에 이르러서는 물리적인 내용을 갖지 않는 서비스도 마케팅의 대상으로 각광을 받게 되었다. 패스트푸드점의 경영자가 유형의 제품인 햄버거만 판다고 생각한다면 그 업소는 제공시간도 느리고 서투른 서비스에 불결한 시설, 단골고객도 없는 업소로 전락하고 말 것이다. 외식사업을 경영함에 있어서 가장 중요한 과제는 외식사업의 서비스측면을 개발하는 것과 서비스문화를 창조하는 것이다. 이 서비스문화는 고객에 대한 서비스와 만족을 지향하는 것으로 경영자로부터 시작하여 종업원에 이르는 위로부터 아래로 함께 하는 것이어야 한다. 이러한 서비스문화는 고객의 문제를 종업원들이 해결하도록 권한을 위양하고 종업원 보상제도나 창안제도로 그 참여를 유도하도록 해야 한다.

서비스는 무형성, 불가분성, 가변성, 소멸성 등의 특징을 지니고 있다.

① **무형성**－물리적 상품과 달리 서비스는 실제로 구매하기 전까지는 보이지도 않고 맛도 볼 수 없으며 냄새도 맡을 수 없다. 그러므로 고객의 입장에서는 그 무형성에서 오는 불확실성을 유형의 대상인 업소의 외관, 청소상태나 종

업원의 몸가짐, 복장상태로 서비스를 짐작하게 된다. 종업원의 차림새는 외식업소의 서비스를 가늠할 수 있는 유형의 증거중 한 부분으로 업소의 이미지를 좌우한다는 점을 경영자는 명심하여야 한다.

② 불가분성 – 외식사업의 서비스 거래가 일어나기 위해서는 서비스제공자와 고객이 함께 존재하여야 한다는 것이 불가분성이다. 고객을 응대하는 서비스제공자인 종업원은 상품의 일부라 할 수 있다. 어느 업소의 음식이 아무리 뛰어나다 할지라도 종업원의 서비스제공이 만족스럽지 못한 경우 전체적인 그 업소의 평판은 신통치 못하게 된다. 불가분성은 고객도 상품의 일부라고 본다. 업무적인 상담이 필요한 직장인이 조용하고 분위기 있는 한 업소를 찾았으나 그 업소에 아이들이 뛰어 다니며 소란을 피운다면 업소에 대하여 불만이 생기는 것은 당연하다. 그러므로 경영자는 고객을 관리함으로써 다른 고객의 불만이 생기지 않도록 해야 한다. 아울러 고객과 종업원은 서비스전달체계를 잘 이해 하여야 한다.

③ 가변성 – 서비스는 매우 가변적이다. 서비스의 질은 누가 제공하느냐에 따라 그리고 언제, 어디서 제공받았느냐에 따라 달리한다. 서비스란 생산과 소비가 동시에 일어나므로 품질관리에 제약을 받는다. 이를테면 한창 바쁜 점심시간대와 같이 수요의 변동이 심한 경우 균일한 서비스를 제공하기는 어려운 것이 사실이다. 이러한 서비스의 가변성과 일관성의 결여는 외식사업을 경영함에 있어서 고객의 불만을 일으키는 주요한 원인이라 할 수 있다.

④ 소멸성 – 서비스는 따로 보관을 할 수가 없다. 100명의 고객에게 서비스할 수 있는 업소에 어느날 60명의 고객밖에 오지 않았다 해서 다음날 140명의 고객에게 서비스를 할 수는 없다. 그러므로 업소의 수익을 극대화시키기 위해서는 서비스재고가 발생하지 않도록 수요와 수용능력관계를 잘 관리하여야 한다.

⑤ 노동집약적인 것이 많다. – 사람에게 의존하는 부분이 많고 상품생산적 요소가 강하며, 인건비의 비율이 크다. 또한 하이터치 부분이 중요한 의미를 갖고 있다.

⑥ 서비스의 수요는 긍정적으로 소비자의 만족을 목적으로 한다. – 유형재의 가격은 수요와 관계는 있지만 기본적으로는 생산비에 의하여 결정된다. 이에 반하여 서비스의 가격은 구입자의 만족과 효용에 의해 영향받다. 그 만족을 얻기 위해서는 기꺼이 이 정도는 지불한다고 하는 생각이 전제가 되는 경우가 많다.

⑦ 제공되는 서비스의 개성화가 뚜렷하다. – 그 효용은 수요자의 주관으로 평

가되는 경우가 많다. 또한 서비스는 제공된 후에서야 서비스의 질을 판정할 수 있으며 서비스질의 균일화가 어렵다.

⑧ 소득의 증감에 따라 서비스 수요에 대한 증감의 진폭이 심하다. — 서비스는 경기동향에 크게 좌우되기 쉬운 특성을 갖고 있다. 일반적으로 말하면 소득의 증대에 따라 가계의 서비스 지출의 비중은 증가하는 경향이 있고, 불경기나 소득의 감소에 따라 서비스 지출이 감소하는 경향이 있다.

2. 서비스품질과 품질향상프로그램

서비스품질에는 친절하고 성실한 종업원으로부터 서비스를 잘 받아 뿌듯한 만족감을 느끼는 것과 같이 고객과 종업원간의 대응관계가 끝난 후 고객이 느끼는 기술적 품질과 서비스나 제품을 제공하는 과정인 기능적 품질, 그리고 사회적 여론이 지배하는 사회적 품질이 있다. 서비스품질 프로그램은 마케팅과 업소운영간의 상호 협조적인 노력을 수반하는 활동으로 그 품질을 향상시키기 위한 10가지 원칙으로는 다음과 같은 사항이 있다.

① 품질을 추구하는 경영자의 리더십
② 전사적인 조직을 통한 통합마케팅
③ 목표시장인 고객에 대한 이해
④ 자신의 역할이 다른 구성원에게 어떤 영향을 주는 지를 파악하는 사업의 이해
⑤ 컨셉의 설정과 같은 운영상의 기본사항 적용
⑥ 최선의 서비스법을 찾을 수 있도록 종업원에 대한 권한 위임
⑦ 고객 데이타베이스와 같은 기술의 채용
⑧ 서비스 자세가 되어있는 인물의 채용과 교육 등의 인적자원 관리
⑨ 서비스 기준의 설정과 업적평가, 보상제도의 도입
⑩ 종업원에게 고객반응과 같은 서비스의 측정결과를 통보하는 피드백

서비스의 질은 고객의 만족과 직결된다. 서비스의 품질관리를 다음 3가지로 귀착시켜 주장하기도 한다.

첫째, 일선에서 행해지고 있는 서비스수행의 품질의 차이를 없애고 그 수준을

안정시킨다.

둘째, 품질의 절대수준을 계속적으로 향상시켜 경쟁자에게 이길 수 있는 품질수준을 항상 유지하는 것이다.

세번째 요소는 "불량" 대책이다. 그런데 서비스 산업에서는 서비스 하자에 대한 요구, 즉 클레임(Claim)을 파악하기가 곤란한 것이 문제가 된다.

재화의 경우 클레임은 확실한 물적 증거가 있지만, 서비스 클레임은 서비스의 특성 때문에 증거가 남아있지 않다. 고객이 불만이나 불유쾌한 것을 느꼈더라도 자신의 주관이 지나치지 않았나 하고 생각하는 것으로 그치며, 서비스는 그 순간에 없어지고 만다. 그리고 불만스럽더라도 그것을 말하지 않는 최대의 이유는 "앞으로 사용하지 않으면 된다"는 식으로 단념하기 때문이다. 이 무서운 클레임은 압도적으로 수면 이하에 잠겨있는 잠재부분이 크다.

미국 카터 행정부 시대의 정부의 소비자 문제를 위해 오랜 연구를 해온 TARP(Techical Assistance Research Programs)의 John Goodman의 연구보고서에 따르면 일반 기업은 불만고객의 96%로부터 아무런 소리를 듣지 못한다는 것과 불만을 가지고 있는 보통 고객은 그들의 문제를 9~10명에게 이야기한다는 것이다. 왜 96%라는 불만이 숨을까? 그러나 96%에 달하는 사람이 불만을 말하지 않으려고 하며, 숨바꼭질은 아니지만 숨어버리면 없는 것으로 보인다. 단 4%만이 불평을 말하는 '빙산의 일각'의 징후를 통해 소비자의 욕구를 추측하고 미래에 대한 예지로 파악해야 할 것이다. 그런데 사람에게는 어느정도 그같은 것을 아는 통찰력을 부여받고 있다.

서비스의 '품질측정'이란 말이 있다. 이것은 서비스의 만족과 불만족, 쾌, 불쾌란 심리학적 변수의 통계처리(설문조사를 통해 아주 만족, 만족, 보통, 불만족, 아주 불만족에 점수를 주어 측정하는 리커트법 등)로 가능하다. 예를 들면 불만자가 어떠한 행동을 취하는지를 다음 그림이 잘 설명해 주고 있다.

기대수준		실제경험	결과
○	〈	◎	→ 만족 → 단골손님이 됨
◎	〉	○	→ 불만 → 오지않음. 불평을 퍼뜨림
0	=	0	→ 보통 → 경쟁자에게 가기 쉬움

자료 : 손대현, "기분좋은 사회 서비스의 연출", 일신사, 1993

고객에게 만족을 제공하는 데는 "우선 무엇보다도 고객의 불쾌감을 수집하여 제거하는 일이 중요하다"라는 생각에서 철저하게 고객의 소리에 귀를 귀울여 불쾌감(불평·불만·불편·불량·불요의 5불) 해소에 노력해야 한다. 따라서 직원은 손님의 이야기를 귀담아 듣고, 그들이 무얼 찾고 있는지 고객의 불만이 무엇인지 청취하는 일에 전사원이 안테나화되어 정보를 얻도록 깨어 있어야 한다. 앞서 언급된 TARP의 Goodman은 고객만족을 위한 기본공식을 다음과 같이 제시한 바 있다.

"최초에 적절하게 대응＋효과적인 불만처리＝최대의 고객만족(Brand Royalty)"

호성만씨가 쓴 "어느 엉뚱한 코메리칸"(삶과 꿈, 1992)에서는 외식업소에 적용되는 서비스의 순환과정을 아래와 같이 설명하고 있다.

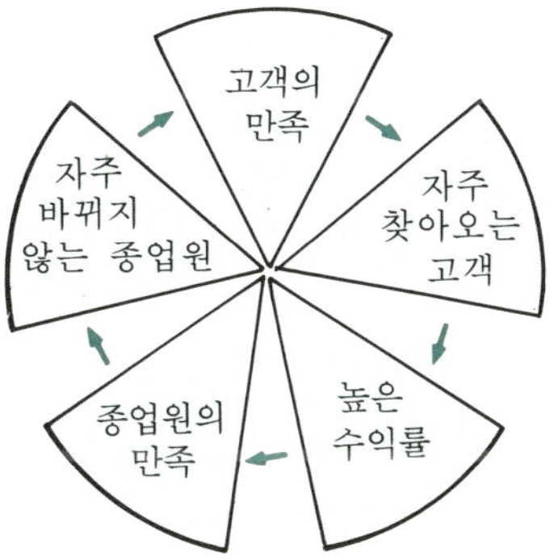

3. 서비스의 표준화와 메뉴얼

업적이 좋은 서비스 산업의 공통점 중 하나는 표준화의 수준이 높고 또한 이를 철저하게 실행한다는 것이다. 맥도날드와 디즈니랜드, 세븐일레븐 등은 표준화로 유명하다. 맥도날드의 경우 고객이 보다 맛이 있다는 것을 느끼는 빵의 두께를 연구하여 17mm로 빵의 표준을 설정하고, 햄버거는 만들고서 10분, 감자튀김은 튀긴 후 7분내에 고객에게 제공하되, 그 이상이 경과된 것은 폐기하도록 표준을 설정하고 있다. 그외에도 직원은 30분에 한번씩 손을 씻는 등의 표준이 잘 알려져 있다. 서비스산업의 표준화를 설계하는 단계나 표준화를 개선하려는 계획을 실행할 때에는 다음과 같은 단계가 필요하다. 우선 표준화를 위한 종합계획을 세우기 위하여 현재 사용중인 매뉴얼의 실태조사와 고객에 대한 정의 및 서비스 설계방침을 다시 설정한다. 다수가 사용하는 '다수 매뉴얼'은 품질과 비용 등에 대한 영향력이 크므로 사내외의 조사와 실험을 경영자가 직접 총괄하여 검토 결정하고, '소수 매뉴얼'의 작성은 각 부문의 관리자에게 맡기거나 전문가에게 검토받는 방식으로 하여, 심사·결정·등록·교육·실행의 과정을 포함한 매뉴얼시스템을 수립한다.

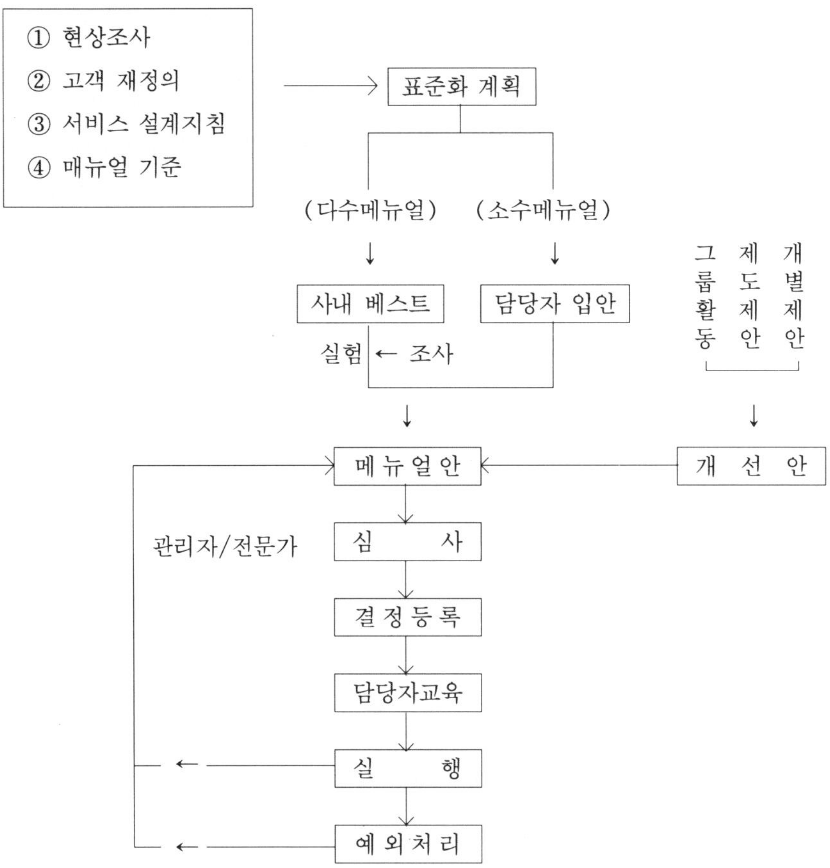

서비스 산업이라 하면 그 범위가 매우 광범위해서 햄버거를 판매하는 패스트푸드점에서 백화점, 신용카드회사에 이르기까지 직접 재화를 생산하지는 않으나 고객에게 만족감을 증가시켜 주는 산업을 말한다. 이러한 서비스산업은 재화를 직접 생산하는 제조업과는 그 성격이 크게 다르다. 제조업의 산출물인 재화는 유통망을 거쳐 최종소비자에게 판매된다. 즉 재화 자체가 객관적인 사용가치를 가지고 있으므로 전매가 가능한 특징이 있다.

그러나 서비스산업은 생산자가 서비스를 생산하는 그 순간에 소비자에 의하여 소비된다. 서비스의 효용이 소비자가 사용하는 순간에 소멸되므로 서비스 산업에 재판매라는 것이 성립될 수 없다. 그리고 서비스산업도 아프터서비스를 필요로 한다. 공정면에 있어서 제조업이 표준화를 바탕으로 하는 자동화를 추구하는 반면 서비스산업은 인간에 의한 생산을 강조하고 있다. 이는 서비스산업이 고객의 개별적이며 주관적인 그리고 다분히 감정적인 면에서 만족감을 충족시켜주는 산업이기 때문이다.

서비스산업은 직원의 태도나 능력이 고객에게 미치는 영향이 매우 크다. 일단 부정적인 이미지가 심어지면 이는 아주 오랫동안 지속이 된다. 관리와 교육으로 정보를 축적하고 고객의 요구나 의문사항을 제대로 해결해 주는 직원의 접객태도와 관리능력이 업소성패의 결정요인이 된다는 점에 주목해야 한다. 이제 외식산업의 경영은 음식을 제조하는데 그치지 않고 업소의 이미지를 제고시킬 수 있는 전략의 수립과 고객이 원하는 상품이 무엇인가를 알기위한 정보의 수집에 주의를 기울여야 한다.

메뉴얼(manual)은 일종의 서비스 작업편람이다. 센트럴 키친의 등장이 '생산혁신'이라면, 메뉴얼 시스템의 등장은 '경영혁신'이라 할 수 있다. 노동집약적이며 동시에 기능집약적인 외식산업은 인력난과 전문인력(숙련조리사)의 횡포, 인건비 상승 등에 시달려온 것이 현실이다. 그러나 서비스수준의 저하라는 문제 때문에 파트타임이나 아르바이트 종업원을 쓰는 데에는 소극적일 수 밖에 없었다. 이 문제의 해결을 위해 등장한 것이 바로 매뉴얼 시스템이다.

매뉴얼 시스템은 종업원의 접객행동을 요소별로 분해한 다음 동작, 언어 사용 등에 대해 기준을 정하고 명문화하고 종업원의 작업을 통제하는 방법이다. 즉 매뉴얼은 기본적으로 접객서비스 과정에서 종업원의 자유재량 행위나 자의적 행위를 철저히 배제하는, 즉 표준화라는 소프트기술로서 노동집약적 서비스를 대신하는 전략적도구로써 센트럴 키친과 함께 제조업의 이론을 외식산업에 도입한 대표적 사례이다.

세계 최고이며 최대의 우량기업으로서 52개 국가에 12,000여 점포를 운영하고, 연간 판매액만도 173억 달러(약 12조원)에 이르는 맥도날드를 움직이는 종업원의 대부분이 아르바이트종업원 혹은 파트타이머와 같은 미숙련 노동자라는 점은 매뉴얼 시스템의 위력을 새삼 일깨워 준다.

4. 외식사업체의 고객서비스 매뉴얼

1) 고객 접객시의 정형화된 서비스

고객을 맞이하기 위한 대기, 접객, 안내와 주문받기, 음식의 제공과 퇴식, 배웅의 과정 등에 있어서 종업원이 사용하여야 하는 접객용어와 태도, 그리고 마음가짐 등을 명확히 설정해두는 것을 정형서비스라 한다. 정형서비스는 복장 및 몸단장과 함께 서비스관리에서 고객을 맞이하는 가장 중요한 역할을 담당한다. 다음은 정형서비스의 실례로서 대기, 고객응대와 안내, 주문받기와 음식제공 서비스 그리고 배웅 및 정리의 단계로 순서에 따라 접객하는 요령을 설명한 것이다.

단계	접 객 용 어	접 객 태 도	접 객 내 용
대기	－지정된 장소에서 대기하되 동료와 잡담을 하지 않는다.	－출입구를 바라보며 의자에 앉거나 카운터 기둥에 기대지 않는다.	－언제 고객이 찾아와도 마음으로부터 환영의 뜻을 표시할 수 있는 자세를 갖춘다. －몇번 테이블과 어느 방의 좌석이 비어있는지 미리 점검한다.
고객응대와 안내	1. "어서 오십시오" (밝고 명랑하게) 2. "몇 분이십니까?" (인원수를 확인한다) 3. "이쪽으로 오십시오"(방향을 가리킬 때는 손바닥을 펴서 안내하며 환영의 표현을 담아서 안내한다)	－머리를 숙여 인사한다. 손은 앞으로 뒤로 깍지를 끼지 말고 옆으로 단정하게 한다. －고객의 조금 앞에 서서 좌석까지 안내한다. －의자를 가볍게 꺼내고 손으로 좌석을 가리킨다. (꼭 손바닥을 펴도록 한다)	－바른 자세를 마음으로부터 나오는 인사를 한다. －고객에게 적합한 테이블로 안내한다. 상담객에게는 조용한 좌석으로, 가족을 동반한 경우에는 밝은 좌석으로 안내한다.

단계	접 객 용 어	접 객 태 도	접 객 내 용
주문받기	1. "어서 오십시오"(다시 한번 반드시 인사를 한다) 2. "주문을 받아도 되겠습니까?"(정중하게 묻는다) 3. "주문하는 것은 ○○와 ○○ 몇 인분이 맞습니까?" 4. "네 잘알겠습니다. 잠시만 기다려 주십시오."	─물수건과 음료를 제공한다. 메뉴를 보여드리고 주문이 결정될 때까지 대기한다. 2. 주문표에 고객의 주문사항을 기입한다. ─가볍게 인사를 하고 물러난다. ─주문을 주방에 알린다.	─컵은 반드시 아래부분을 잡고 소리가 나지 않도록 내려 놓는다. ─고객중 누구에게 메뉴 결정권이 있는지를 간파하도록 한다. ─결정이 되지 않았을시는 잠시 자리를 물러섰다가 다시 묻는다. ─주문메뉴와 수량을 확인한다. ─주류 등을 먼저 제공할 것인지 확인한다.
제공서비스	1. "실례하겠습니다. 주문하신 ○○입니다" 2. "다 드셨습니까? 치워도 괜찮겠습니까?"	─메뉴에 맞게 세팅을 하고 음식을 제공한다. ─비어있는 컵에는 다시 음료를 제공한다. ─빈 식기를 주방으로 옮긴다.	─주문을 한 고객과 메뉴를 주문서에 정확히 기입해서 제공시 문제가 없도록 한다. ─원칙적으로 음식은 고객의 왼쪽위에서 음료는 고객의 오른쪽으로 제공한다. ─빈 그릇은 반드시 고객의 허락을 받고 치우도록 한다.
배웅	1. "감사합니다" 2. "안녕히 가십시오. 다시 찾아주시기 바랍니다."	─계산서를 제시한다. ─고객이 출입문을 나설때까지 배웅의 자세를 취한다.	─고객이 두고 나가는 물건은 없는지 반드시 좌석을 확인한다. ─다시 방문하고자 하는 생각이 들도록 마지막까지 서비스를 다하도록 한다. ─정성과 미소는 접객의 가장 기본적인 태도이다.
정리		─식기 등 뒷정리를 한다. ─남긴 음식은 없는지 관찰하고 문제점이 있는 경우 그 이유를 매니저에게 보고하도록 한다. ─식기를 주방으로 옮기되 무리한 운반법은 피하도록 한다. ─테이블을 재배치한다.	─민첩한 행동과 밝은 모습이 업소의 분위기를 한층 좋게 만든다. ─청결과 위생을 중요시하여 이미지를 관리한다.

2) 고객을 대하는 접객방법

모 월간지에서 조사한 설문조사의 결과로는 외식업소에 대하여 고객이 느끼는 불만요소중 불친절과 비위생이 1, 2위 답변으로 전체불만자의 50%이상을 점하였다. 특히 연령이 높을수록 대접을 받고 싶어한다는 점과 20~40대는 비위생을 첫번째의 불만으로 답변하였다. 오늘날의 외식업소가 부가가치가 높은 업태로 전환하며 서비스산업의 특성인 업소 이미지가 무척 중요하게 되었는데 이에는 직원의 접객 태도가 가장 중요한 역할을 하고 있다. 업종, 업태에 따라 접객의 방법은 각기 다르겠으나 일반적인 접객방법(전길희 著, "레스토랑 서비스", 기문사, 1994)을 여기에 소개한다.

(1) 고객이 업소에 들어오면 주저하지 말고 극진히 환영하며 주빈으로 모신다. 고객에게 테이블을 우선 안내하고 의자에 편히 앉을 수 있도록 도와 준다. 업소에 대한 인상이 오래 남을 수 있는 것은 첫 서비스임을 명심한다.

(2) 담당을 맡은 테이블은 완벽하게 준비한다. 양념그릇은 깨끗이 닦아서 양념을 채워 두고 꽃병의 꽃 등은 항상 싱싱하게 그리고 깨끗한 재떨이 등을 준비한다.

(3) 주문을 받을 때는 혹시 생길 수 있는 실수를 사전에 방지하기 위하여 주문받은 음식을 재확인한다.

(4) 메뉴에 대하여 완벽한 지식을 가지고 있어야 한다. 전문 서비스인이라면 업소의 메뉴를 완전히 알고 고객의 주문시 적절한 조언으로 고객으로 하여금 즐겁게 식사를 할 수 있도록 도움을 줄 수 있어야 한다.

(5) 주방에서 음식이 예상대로 나오지 않거나 기준에 미치지 못할 시에는 즉시 매니저에게 알리도록 한다. 그러한 문제로 절대로 주방의 동료들과 논쟁하거나 싸우지 말고 매니저로 하여금 문제를 해결하도록 한다. 또한 고객의 불평도 즉시 매니저에게 보고하도록 한다.

(6) 음식이나 음료는 항상 쟁반에 받쳐서 나른다. 또 항상 깨끗하게 접혀진 냅킨을 가지고 다니면서 그릇을 다루도록 한다. 음식을 나를 때는 다룰 수 있을 정도만 담아 나른다. 그리고 항상 예기치 않은 사고가 일어날 수 있다는 것을 의식하고 있어야 한다. 때로는 서로 부딪히는 경우도 있으며 걸려 넘어지거나 미끄러질 경우도 있다.

(7) 집기류를 다룰 때는 입이 닿는 곳을 잡지 않도록 하며 깨지지 않도록 조심해서 다룬다. 뜨거운 접시를 다룰 때는 깨끗한 냅킨이나 수건 등을 접어서 사

용한다.

(8) 테이블은 항상 깨끗하게 유지하도록 한다. 테이블 위가 지저분하거나 그 위에 그릇이 쌓여 있어서는 안된다. 더러운 재떨이나 그릇, 그리고 음식 흔적은 그때 그때 치우도록 한다. 만일 그릇에 음식이 남아 있을 때는 반드시 "다 드셨습니까?"라고 의사를 확인한 후 치우도록 한다.

(9) 빈 그릇은 즉시 즉시 치우도록 하여 테이블 위에 그릇이 쌓이지 않도록 한다. 고객 앞에서 지저분한 그릇을 포개어 놓지 않도록 하며 그릇을 치울때는 지나치게 많은 수를 웨건이나 카트, 쟁반 등으로 옮기지 않도록 한다. 위험하기도 하지만 보기에도 좋지 않다.

(10) 고객이 식사를 다 마칠 때까지 테이블을 치우지 않도록 한다. 테이블 위로 손을 가로질러 뻗는 행동이나 음식을 고객 앞에서 다른 그릇에 긁어 모으지 않도록 유의한다. 쟁반은 항상 보관대에 질서 있게 쌓아 둔다. 무질서하게 늘어놓은 쟁반은 고객에게 불쾌감을 준다.

(12) 쟁반을 떨어뜨려 음식이 쏟아졌을 경우에는 냅킨으로 그 장소를 덮거나 빈의자로 막아 두고 청소를 한다.

(13) 빈손으로 식당과 주방사이를 출입하지 않는다. 항상 테이블 위를 살펴서 더러운 그릇이 있는지 또는 해야 할 일이 있는지 살펴보는 자세로 두 번 일해야 하는 노력을 낭비하지 않도록 한다.

(14) 다른 동료에게 의존하기보다는 스스로 고객의 요구가 다 이루어졌는지 확인하도록 한다. 항상 고객의 요구를 확인하면서 신속한 서비스가 이루어지도록 동료들과 팀을 이루어 행동한다.

(15) 거스름돈을 손님에게 가져다 줄 때에는 깨끗한 돈으로 정리하여 감사함을 표시한다.

(16) 고객을 맞이하는 태도가 중요하듯이 고객을 배웅하는 태도 역시 중요하다. "감사합니다. 또 찾아 주십시오" 라든지 "다음번 찾아주실 때는 더 좋은 서비스로 모시겠습니다" 와 같은 감사의 인사를 잊지 않도록 한다. 인사 외에도 고객의 물건을 잊지 말고 챙겨 드리고 외투나 신발 등을 정리해 두도록 한다.

3) 접객서비스 종업원의 몸가짐과 복장 체크리스트

서비스가 시작되기전 접객 담당자가 자신의 몸가짐부터 바로하는 근무태도는 서비스의 기본자세이다.

1 접객담당자의 몸가짐 체크리스트

(1) 남자

① 두발은 청결한가, 비듬이 떨어지지 않는가?
② 머리를 헤어크림, 기름 등으로 정리하였는가?
③ 장발은 원칙상 좋지 않다. 적당한 길이로 잘랐는가?
④ 수염은 자라지 않았는가, 귀밑털은 길지 않은가?
⑤ 손은 깨끗한가, 때는 끼지 않았는가?
⑥ 손톱이 길지 않은가?
⑦ 신체는 항상 청결한가, 매일 혹은 이틀 간격으로 목욕을 하는가?
⑧ 속옷은 깨끗한가, 매일 갈아 입는가?
⑨ 시계를 차고 있지 않은가(특히 조리사)?

(2) 여자

① 두발은 청결한가?
② 머리는 단정하게 빗었는가?
③ 기발한 머리모양이나 염색을 하고 있지 않은가?
④ 긴 머리는 묶어 핀으로 고정시켰는가?
⑤ 화장은 진하게 하고 있지 않은가?
⑥ 손톱은 길지 않은가, 매니큐어 등을 칠하지 않았는가?
⑦ 신체는 항상 청결한가, 매일 혹은 이틀 간격으로 목욕을 하고 있는가?
⑧ 속옷은 깨끗한가, 매일 갈아 입는가?
⑨ 냄새가 강한 향수를 뿌리지 않았는가?
⑩ 귀걸이, 팔찌 등을 하고 있지 않은가?

2 접객담당자의 복장 체크리스트

(1) 남자

① 유니폼에 때, 얼룩이 묻어 있지 않은가?
② 유니폼은 다림질이 잘 되어 있는가?
③ 지정된 신발을 잘 닦아서 신고 있는가?
④ 바지의 주름은 잘 잡혀 있는가?

⑤ 유니폼의 단추는 잘 잠궈져 있는가?
⑥ 와이셔츠는 청결한가(특히 칼라, 소매)?
⑦ 넥타이는 지정된 것을 단정히 매고 있는가?
⑧ 양말은 청결하며, 지정된 색을 신고 있는가?
⑨ 명찰을 지정부위에 달았는가?
⑩ 메모용지, 연필 등의 필기구를 가지고 있는가?

(2) 여자

① 유니폼에 때, 얼룩이 묻어 있지 않은가?
② 유니폼은 다림질이 잘 되어 있는가?
③ 지정신발을 잘 닦아서 신고 있는가?
④ 스커트 밑으로 속치마가 빠져 나오지 않았는가?
⑤ 유니폼의 단추는 잘 잠궈져 있는가?
⑥ 브라우스는 청결한가(특히 칼라, 소매)?
⑦ 양말은 지정된 것인가?
⑧ 명찰을 지정부위에 달고 있는가?
⑨ 앞치마는 청결하며, 다림질이 잘 되어 있는가?
⑩ 메모용지, 연필 등의 필기구를 지참하고 있는가?

3 조리담당자의 복장 체크리스트

① 복장에 때 얼룩이 묻어 있지 않은가?
② 복장은 다림질이 잘 되어 있는가?
③ 지정된 신발을 신고 있는가, 그 신발은 청결한가?
④ 바지(스커트)는 지정된 것을 입고 있는가?
⑤ 복장의 단추는 잘 잠궈져 있는가?
⑥ 셔츠(브라우스)는 청결한 것을 입고 있는가?
⑦ 명찰을 지정된 부위에 달고 있는가?
⑧ 앞치마는 청결하며, 다림질이 잘 되어 있는가?
⑨ 모자(머리수건)는 깨끗한 것을 착용하고 있는가?

제 7 장

메뉴관리

1. 메뉴의 양면성과 분류

1) 메뉴의 양면성

고객은 메뉴를 통하여 레스토랑이 전달하고자 하는 의미를 파악함으로써 메뉴를 선택하며, 기업은 그들이 전달하고자 하는 메시지를 메뉴를 통하여 고객에게 전달한다. 따라서 메뉴는 고객이라는 측면과 기업이라는 측면을 동시에 수행하여야 하는데 이를 메뉴의 양면성이라고 한다. 그러나 메뉴가 일방적인 개념에서 기획된다면 고객의 만족 추구와 기업의 이윤 창출은 불가능 할 것이다.

[그림 7－1]은 메뉴의 2가지 측면을 균형되게 구성하기 위하여 제시된 모형이다. 고객의 관점에서는 음식의 특성과 감각적 태도, 식습관과 음식의 선호도, 영양가 등이 중요 사안이며, 기업의 관점에서는 조직의 목적과 목표, 시장 상황, 예산, 시설과 장비, 직원의 기술, 생산 형태와 서비스체계가 중요한 고려사항이다.

고객은 그들의 최대 만족을 위하여 행동할 것이며, 기업은 최대의 이윤 창출을 위하여 활동하게 되는데 이 두가지 입장은 상호대립적인 것이 아니라 상호보완적인 관계가 있다. 고객은 끊임없이 변화하고 새로운 것을 추구하게 되므로 외식업소는 고객의 욕구에 민감해야 하며 서비스는 언제나 새로워야 한다.

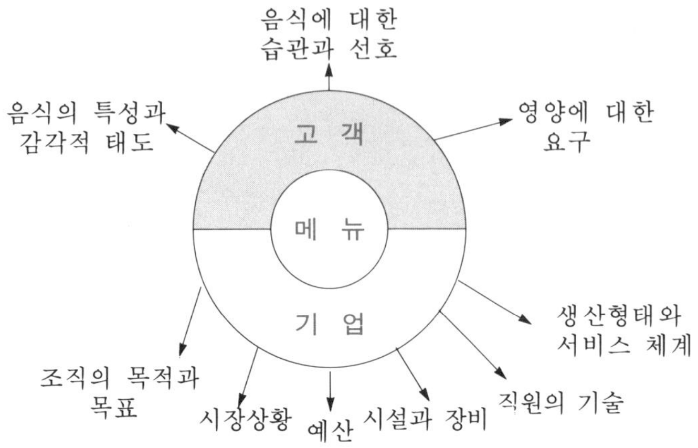

자료 : Mahmood A. Khan, "Menus and Menu Planning", in Mahmood A. Khan, Michael D. Olsen and Turgut Var, eds., *VNR'S ENCYCLOPEDIA of HOSPITALITY and TOURISM*(N.Y. : VNR, 1993), p. 88.

[그림 7－1] 메뉴기획의 고려요인

레스토랑은 이러한 고객의 욕구에 부응하기 위하여 새로운 제품을 개발하여야 하지만 무계획적인 제품개발은 기업 경영을 어렵게 할 뿐만 아니라 고객으로부터 외면당하게 된다. 따라서 시장여건에 적합한 계획을 수립하기 위해서는 제품과 메뉴에 대한 주기적인 모니터링(monitoring)이 필요하고, 이러한 시스템을 효과적으로 수행하는 것이 메뉴분석이며 메뉴기획에 있어서는 메뉴분석이 기초적인 업무가 된다.

2) 메뉴의 역할과 분류

(1) 메뉴의 정의와 역할

메뉴는 광범위한 의미에서 시장의 도달 가능한 범위를 결정한다. 그리고 메뉴는 매우 중요한 마케팅 수단으로 경영진과 고객간의 의사소통을 용이하게 하며 음식 제공을 위한 목록표 이상의 기능을 수행함으로써 식음료서비스업의 수익성 있는 경영 성과를 위한 전제조건이 되고 있으며, 실제로 외식업체 경영관리의 시발점은 메뉴이다.

메뉴는 식자재량, 구입처, 구입 시기와 방법을 결정하며, 아이템의 양과 종류, 생산 담당자의 역할, 음식의 제공 방법까지 외식사업체의 전과정을 관리하게 된다. 그리고 이에 따라서 요구되는 물적 시설물－레스토랑 규모, 인테리어, 위치 설정, 시설과 장비, 디자인에 관한 전반적인 사항들을 메뉴는 나타낸다. 따라서 메뉴는 기획의 중요한 도구이며 레스토랑의 수입, 구입 과정과 주방의 디자인을 결정한다. 메뉴를 준비하기 전에 표적시장(target market)을 조사하고 고객들의 기호, 수입, 습관까지도 파악하여야 하며 경쟁분석을 통하여 경영에 필요한 정보를 얻을 수 있도록 해야한다.

메뉴는 단체급식에 있어서 무엇보다도 중요한 도구이며 메뉴기획자나 기업은 메뉴를 통하여 기업의 목적과 목표를 표현하고 있다. 보통 '영양학'분야에서는 메뉴를『식단』으로 정의하면서 메뉴작성시 균형적인 영양공급을 가장 중요한 고려요소로써 제시한다.

메뉴는 성공적인 레스토랑 운영을 위하여 기본적인 기획서류이므로, 레스토랑 운영의 성공여부가 메뉴에 달려있다 해도 과언은 아니다. 그러므로 메뉴는 제공되는 것이 무엇인지, 제공되는 범위와 판매가격에 관한 것을 담고 있어야 한다. 또한 고객에게 제공하기 위한 상품의 가격과 품목을 계획하여 고객이 상품을 구입하는데 필요한 조건과 정보를 기록한 목록표이기도 하다.

메뉴는 식사를 서비스하는 식당에서 상품 자체의 설명과 가치 증진을 위하여 필요한 것이며, 식당 기업의 이윤과 직결되며, 고객의 육체적·정신적 만족을 증대시켜 주기 위하여 제공되는 품목과 형태를 체계적으로 짜놓은 차림표를 의미한다.

이상의 문헌들에서 메뉴는 음식 제공의 목록표로, 제공 상품의 가격과 품목의 목록표로, 제공되는 품목과 형태를 체계적으로 짜놓은 차림표로, 수익성 있는 경영성과를 위한 전제조건으로, 시장점유의 수단으로, 마케팅 수단으로 다양하게 정의되고 있다. 메뉴란「식당에서 유무형의 서비스를 고객에게 효과적으로 제공하기 위하여 제품의 품목과 가격을 체계적으로 작성한 목록표」로 정의한다. 그리고 메뉴는 고객의 욕구 창출, 고객의 만족, 기업의 수익성, 전조직간의 의사소통, 고객과 기업 간의 원활한 의사소통, 제품구입을 위한 정보제공, 긍정적 이미지 형성요인, 조직의 메뉴얼, 마케팅 수단의 역할을 포괄적으로 수행하고 있다.

(2) 메뉴의 분류

메뉴는 기능, 계절, 시간, 가격, 구성 형태, 레스토랑의 종류에 따라서 다양하게 분류되는데 Sutherlin은 메뉴의 아우트라인(outline)과 폭에 따라서 크게 두

가지로 나누었다〈표 7-1〉. 아우트라인에 따라서는 고정메뉴, 순환메뉴, 일시메뉴 그리고 선택폭에 따라서 선택폭이 없는 메뉴[1] 선택폭이 제한된 메뉴, 선택폭이 넓은 메뉴로 분류될 수 있다.

〈표 7-1〉 메뉴의 분류

구분	선택 폭이 없음	선택 폭이 제한됨	선택 폭이 넓음
고정적		분식점, 전문음식점 패스트푸드, 레스토랑	정식(定食) 메뉴 판매 레스토랑, 카페테리아
순환적	군대급식, 병원급식 항공기 기내식	학교 급식	카페테리아
일시적	연회	짜여진 오찬	뷔페

자료 : Deborah H. Sutherlin, 'Food Production and Recipe Standardization', M. A. Khan, M. D. Olson and Turgut Var, ed., *VNR's ENCYCLOPEDIA of HOSPITALITY and TOURISM*(N.Y. : VER., 1993), P. 110.

식사시간에 따라서 아침메뉴, 점심메뉴, 저녁메뉴로 구분하나 때로는 브렌치메뉴(brunch menu)가 아침과 점심사이에 추가되기도 한다. 그리고 계절별로 주기적으로 기획되는 계절메뉴가 있다.

메뉴의 선택방식에 따라서 일품요리메뉴(A La Carte menu), 정식메뉴(Table D'hote menu), 모듬요리메뉴(Buffet menu)로 나눌 수 있으며, 정식메뉴에는 ① 전채요리, ② 스프, ③ 생선요리, ④ 샐러드, ⑤ 주요리, ⑥ 후식, ⑦ 음료의 7가지 순으로 제공되는 것이 일반적이나 경우에 따라서는 1~2가지가 빠지거나 샤베트나 가금류가 추가되기도 한다.

메뉴의 구성형태에 따라서 단면메뉴, 양면메뉴, 삼면(3 page 또는 3 fold)메뉴로 나누는데 이때의 면수는 메뉴를 펼칠 때 보여지는 면을 의미한다. 우리나라의 경우 호텔의 커피숍에서 단면메뉴를 많이 사용하여, 삼면메뉴는 독특한 디자인을 요하는 레스토랑에서 주로 이용한다. 가장 일반적인 형태는 양면메뉴로 많

1) 병원식이나 기내식 같이 환자나 고객이 선택하기보다는 사안별로 단체에서 일률적으로 제공하는 메뉴를 말한다. 그러나 최근에는 병원과 항공기에서 제공되는 식사도 서비스 개선 프로그램의 일환으로 환자나 고객이 제한적으로 선택할 수 있도록 배려되므로 학교 급식과 같은 영역인 '선택 폭이 제한됨'으로 분류하는 것이 타당하다. 그리고 연회(banquet)에 사용되는 메뉴는 예약시 주최자의 의향에 따라서 주빈이 메뉴를 선택하나 당일 연회에 참석한 손님이 임의적으로 다른 메뉴를 선택할 수 없기 때문에 '선택 폭이 없음'으로 분류되었다.

은 레스토랑에서 이용되고 있다. 특히 격식있는 서비스를 필요로 하는 프랑스식 레스토랑, 일식당, 중식당, 한식당 등에서 사용하는데 서빙되는 코스의 종류와 아이템의 수, 메뉴의 레이아웃(layout), 메뉴의 해설에 따라서 페이지의 양은 달라진다.

2. 메뉴관리의 의의와 기능

메뉴는 제공되는 음식을 설명한 상세표로 정의된다. 메뉴는 판매의 상품으로 업소의 이미지와 서비스방법의 결정 등 외식사업 경영자에게 있어서 가장 중요한 요소이다. 외식업소에 있어서는 메뉴가 매출과 직결되는 중심개념으로 메뉴의 계획과 메뉴의 분석, 가격결정 등이 메뉴관리의 주요영역이 된다. 이러한 메뉴는 무엇을 어떻게 만들 것인가를 결정짓는 중심요소로 다음과 같은 기능을 한다.

① 메뉴는 필요한 시설구조와 공간, 입지를 결정한다.

대상 메뉴로서 갈비를 전문으로 하는 한식집과 치킨을 전문으로 하는 패스트푸드점은 서비스방법과 좌석의 구조 등, 시설을 달리하며 공간구성, 입지조건 등도 각기 달리한다.

② 메뉴는 필요한 인력과 숙련도를 결정한다.

메뉴의 종류에 따라 주방에서 필요한 인력 및 숙련도, 서빙 등을 담당할 인력의 인원수를 결정한다.

③ 메뉴는 필요한 설비기기를 결정한다.

다양한 주방설비와 편의기기, 집기 등은 메뉴의 종류에 따라 달라진다. 예를 들어 피자점과 햄버거점의 설비는 각각의 메뉴특성을 반영하고 있다.

④ 메뉴는 구매하여야 할 식자재의 항목을 결정한다.

메뉴의 종류를 가로로 필요한 식자재를 세로로 나열하여 구분해보면 구매대상의 식자재 종류와 양이 항목별로 결정된다.

⑤ 메뉴는 서비스 영역의 공간과 실내장식을 결정한다.

셀프서비스를 주로하는 10대 후반에서 20대 대상의 패스트푸드점은 적은 공간에 비교적 많은 객석을 필요로 하지만 유람선 선착장의 레스토랑은 비교적 넓은 공간과 우아한 실내 장식을 필요로 한다.

⑥ 메뉴는 원가관리 절차를 결정한다.

식자재의 원가 및 노동, 자본 등의 원가는 메뉴에 따라 다르며 메뉴분석으로부터 원가관리는 시작된다.

⑦ 메뉴는 생산요건을 결정한다.

메뉴는 어떤날 어떻게 조리할 것인가라는 작업의 흐름과 준비시간 및 제공시간과 수량 등을 결정하는 요소이다.

⑧ 메뉴는 서빙요건을 결정한다.

메뉴는 어떠한 음식이 어떻게 고객에게 서빙되어야 하는지 그 요건을 결정한다. 패스트푸드 메뉴에 비하여 패밀리레스토랑 메뉴는 조리시간과 서빙시간, 서빙의 방법 및 인원 등에 차이가 있다.

3. 메뉴계획

메뉴계획이란 제공할 음식의 메뉴를 결정하는 과정으로 메뉴는 업소의 판매상품이자 경영의 객체로 경영 의사결정의 요소인 "무엇을 만들어 팔 것인가"라는 정성적인 계획의 기능을 담당한다. 외식업소에서는 생산성이나 수익성 등에서 최고의 효율을 나타내기 위해서 메뉴의 선택이 필요하다. 효과적인 메뉴 계획은 마케팅의 표적시장을 정확히 설정하는 것으로부터 시작하여 원가와 품질, 생산능력 등 다음과 같은 여러 요소를 포함한다.

1) 고객의 욕구 파악

판매하고자 하는 상품, 즉 제공하고자 하는 메뉴의 주력 대상층과 그 대상층의 욕구와 경향을 분석한다. 사회경제적 변화, 수요시장과 공급시장의 변화는 고객의 욕구를 항상 변화시키는 요인으로 작용한다. 이에 따라 시장의 흐름과 목표 고객의 경향을 파악하는 것은 주력메뉴의 종류를 결정하는 가장 중심적인 요소이다.

2) 원가와 수익성의 함수관계 고려

메뉴의 원가는 식자재비 외에 인건비와 기타 제비용 등을 포함한다. 종전의 개념이 식자재 구매비에만 초점이 맞추어져 있었으나 현재와 같이 인건비 및 기타 제비용의 구성비가 커지는 실정에서 수익성과 연결지어 메뉴가격을 결정하도록 한다. 원가가 높은 메뉴란 식자재의 구매비가 비싼 것 외에도 제공되기까지 많은 인력을 필요로 하는 것이나 특수한 설비기기를 필요로 하는 것 등으로 가격의 변동에 따라 매출의 추이가 변하는 점을 고려하여 전반적인 사항을 설정한다.

3) 구입가능한 식자재의 조사

메뉴의 계획시 고려하여야 하는 중요사항은 시장에서 안정적으로 공급되고 있는 식자재의 파악과 공급받는 방법 등을 사전에 조사하는 것이다.

4) 조리기기의 용례와 사용상의 한계 파악

대부분의 주방설비가 조리시 범용성를 띠고 있으나 품질경쟁력을 갖추기 위해서는 각각의 메뉴특성에 적합한 전문설비의 도입이 필요하다.

5) 다양성있는 설계

메뉴는 다양성을 지닐 수 있도록 설계를 한다. 주력메뉴에 조리법이나 식자재를 조금만 변화시켜도 메뉴의 폭과 다양성을 함께 추구할 수 있다.

6) 영양적 요소 고려

오늘날과 같이 영양에 대한 관심이 증가하는 상황에서 메뉴는 음식의 질에 영향을 준다는 사실을 고려하여 영양적 균형을 함께 계획한다.

4. 메뉴의 전략화 과정

메뉴의 전략화는 현상의 분석으로부터 출발한다. 현재의 환경 및 시장구조변화와 영업상 발생하는 문제와 업소의 강·약점을 우선 분석한다. 분석결과에 따라

컨셉을 조정하여 업소의 컨셉을 명확히 한 후, 이에 따라 전략메뉴개발과 상관분석, 모델링 등을 통하여 결과를 분석하고 적용하는 단계적 과정을 메뉴의 전략화 과정이라 한다.

〈표 7-2〉 메뉴의 전략화 사례

구 분	내 용	사 례
현상분석	1. 목표고객과 메뉴의 상관분석 2. 인기메뉴의 분석 3. 식재료, 식품의 분석 작업효율의 분석	1. 주력메뉴의 불명확 2. 메뉴에 비해 식자재수가 많다. 3. 높은 구입원가, 낭비의 발생, 주방내 작업과정의 과다 등
환경분석	1. 소비자 동향의 분석 2. 경쟁업체의 분석	식생활의 서구화 소비자 외식행동의 변화
컨셉조정		경양식→패밀리레스토랑
모델링	주력메뉴의 변경-전략메뉴제공	식자재, 식기수 감축
상관표 분석	1. 원재료 상관표 도입 2. 메뉴 상관표	원재료비, 인건비 감소
전략메뉴		스테이크, 샐러드류
결과분석		주요 경비 절감 시장 추세변화에 대처

5. 메뉴가격의 결정방법

메뉴가격의 결정은 업소의 경제적 목표인 이윤을 결정하는 요소로 이의 결정법으로는 고객중심의 가격결정법, 식품원가율법, 이윤가격법 등이 있다.

1) 고객중심의 가격결정법

고객의 입장에서 경영자가 가격을 결정하는 방법으로, 고객이 지불할 수 있는 수준으로 가격을 결정하는 방법이다. 가치를 반영하는 가격법으로 이를테면 직장인의 점심 지출액은 3,000원을 넘지 않아야 한다는 입장에서 업소의 메뉴가격을 3,000원으로 설정하는 방법이다. 오늘날 가격파괴점의 가격결정법은 원가를 합해 나가는 방식이 아니라 고객이 지불할 수준을 결정한 후 원가를 그에 맞게 조정하는 업 투 다운(Up to Down)의 방식을 택한다.

2) 고가격법

경영자의 입장에서 고객이 지불할 수 있는 최고 가격을 설정한 후 상황에 따라 가격을 조정하는 방법으로 가격에 대하여 수요가 비탄력적인 메뉴의 가격결정에 사용된다.

3) 저가격법

신제품의 시장침투를 위하여 채택하는 가격법으로 새로운 메뉴를 전체 체인업소를 통하여 낮은가격에 판매하여 고객의 주의를 끌며 단기간에 시장점유율을 높이고자 하는 경우에 사용되는 가격 결정법이다.

4) 특별봉사 가격법

고객의 주문이 한 메뉴로 한정되지 않는 점을 이용하여 특정메뉴의 가격을 특별 봉사가격으로 설정함으로써 고객의 방문을 유도하고 다른 메뉴로부터 그 이윤을 보상하는 방법이다. 예를 들면 패스트푸드점에서의 햄버거 메뉴를 최저가격으로 봉사하며 음료수나 프렌치프라이와 같은 다른 메뉴를 판매함으로써 총이윤을 증가시키는 방법이다. 콤보메뉴의 가격이 대표적인 예이다.

5) 직감적 가격결정법

시행착오법으로 일정가격을 설정한 후 반응에 따라 가격을 조절하는 방법이다.

6) 원가율 가격법

식품원가의 비율에 따라 가격을 결정하는 방법으로 식품원가의 비율이 낮을수록 매출이익은 증가한다는 이론에 기초한 것이다. 실제로 가격이 식품원가에 직접적으로 비례하는 경우에는 적합할 수 있으나 업소마다 주력메뉴와 봉사메뉴의 차별로 매출이익과 일치하지 않는 경우 및 메뉴별 서빙조건 등 식품이외의 원가요소의 비용증대로 실제의 적용에는 어려움이 있다. 예를 들면 설렁탕의 가격이

4,000원으로 원가율이 30%인 경우 매출이익은 2,800원이나 갈비의 가격이 10,000원에 원가율 45%로 가정을 하면 이때의 이익은 5,500원으로 원가율은 높으나 매출이익이 증가하게 된다. 아울러 지나친 원가통제는 외식사업의 경우 품질의 저하를 동반한다는 사실과 외식을 하는 입장의 고객은 가격보다 품질에 우선한다는 사실에 주목해야 한다.[2)]

7) 손익분기 가격법

업소의 매출과 변동비, 고정비를 추정하여 목표이익을 설정하여 가격을 산출하는 방법으로 어느 김밥전문점의 고정비가 30,000,000원에 변동비가 1,000원이라 하자. 메뉴가격 2,000원에 50,000개를 판매한다면 그 매출액은 1억원으로 2천만원의 목표이익을 구하게 된다. 수익과 비용이 일치하는 손익분기를 구하여 보면 메뉴가격 2,000원에 30,000개를 팔았을 경우 그 손익분기에 이르게 된다.

$$\text{손익분기} = \frac{\text{고정비}}{\text{공헌이익(판매가격} - \text{변동비)}} = \frac{30{,}000{,}000}{1{,}000(2{,}000 - 1{,}000)} = 30{,}000$$

이 손익분기 가격법은 현재 메뉴의 가격을 인하하여야 하는 경우 그 인하의 하한선을 산정하는데 주로 이용한다.

8) 이윤 가격법

이윤 가격법은 식품의 원가와 이윤을 함께 고려하여 결정하는 방법으로 실용적이며 합리적인 가격결정법이라 할 수 있다. 이는 연간매출액과 영업비, 매출이익에 따라 가격승수를 결정한 후 표준 원가에 배부하는 방법으로 다음의 예로 설명하겠다.

(예) 갑 업소(설렁탕전문)의 1년 예산계획

1. 예상 총매출	10억원
2. 식품외 비용	5억원
3. 예상매출이익	1억원
4. 메뉴당 표준원가	1,500원

2) 음식의 원가율과 공헌이익간에는 직접적인 연관관계가 성립되지 않으므로 수익성을 결정하는 메뉴가격 결정에 메뉴공학이라는 새로운 분야가 각광을 받고 있다. 메뉴공학에서는 매출이익 대신에 공헌이익이라는 개념을 사용한다. 원가율에 의한 이익분석법이 아니라 메뉴별 수익성 공헌도를 계산하여 공헌이익에 따라 메뉴를 분류하는 메뉴엔지니어링에 대해서는 8장에서 상세히 설명되어 있음.

① 총식품원가
=총매출액−(식품외비용+매출이익)
=10억−(5억+1억)=4억원

② 가격승수의 산출
=총매출액/총식품원가
=10억/4억=2.5

③ 메뉴별 기본가격
=표준메뉴원가×가격승수
=1,500×2.5=3,750원

위의 갑 업소의 설렁탕 판매가격은 식자재비의 가격변동이 없고 식자재외 비용이 일정하며 예상 매출이익을 1억으로 가정하는 경우 3,750원이 된다. 일반적으로 업소에서 채택하는 메뉴의 판매가격은 100원 미만의 정리 등으로 3,800원으로 결정하게 된다.

지금까지 외식사업의 경영자는 메뉴가격의 산출시 타업소의 가격비교나 원가율만을 고려하는 경향이 많았다. 연간예상매출액과 매출이익 등을 고려하여 산출하지 못하는 단점에서 소위 말하는 앞으로 남고 뒤로 밑지는 결과가 많았다고 본다. 고객의 가치기준과 합리적인 가격을 산출하여 경영함으로써 적정이윤을 보장받을 수 있는 외식사업 경영이 가능하겠다.

참고 11 한국·일본 음식의 특징과 종류

1) 한국음식의 특징과 종류

한국음식은 주식과 부식의 분리에서 오는 영양을 보완하기 위하여 반찬의 종류가 대단히 많다는 특징과 끓여서 먹는 국, 찌게 등의 음식이 발달되어 있다. 특히 음식을 보약과 동일시하여 약재를 식자재로 많이 사용하는 것과 사계절의 채소와 나물 등을 사용한 음식이 많다. 음식을 개인별로 구분하지 않고, 그릇 중심으로 제공하며 한 상에 모두 제공한다.

대분류	중분류	세 분 류 (메뉴 종류)
주식류	밥	쌀밥, 보리밥, 잡곡밥, 비빔밥, 밤밥, 찰밥, 오곡밥, 약밥, 채소밥, 생굴밥, 버섯밥, 콩밥, 콩나물밥
	죽	흰죽, 콩죽, 장국죽, 어패류죽(전복죽, 홍합죽 등) 보양죽(잣죽, 깨죽, 호박죽 등)
	미음	쌀미음, 메조미음
	중탕즙	율즙, 양즙, 잣즙
	면류	국수(냉면, 잔치국수, 콩국수, 칼국수 등)
	만두	만두
부식류	국	맑은장국, 토장국, 곰국, 냉국, 신선로
	찌개	맑은찌개(두부찌개, 호박찌개, 알찌개 등) 흐린찌개(청국장, 된장찌개, 대구찌개, 버섯찌개 등)
	전골	낙지전골, 생치전골, 콩팥전골, 송이전골, 쇠고기전골, 생굴전골, 대합전골, 곱창전골, 납평전골, 모듬해물전골
	찜	류찜(닭찜, 갈비찜 등), 어패류찜(도미찜, 북어찜 등), 소류찜(가지찜, 송이찜 등)
	선	지선, 애호박선, 어선, 두부선, 오이선, 계란선, 극선, 양배추선
	볶음	통볶음, 콩팥볶음, 제육볶음, 생치볶음, 애호박볶음, 버섯볶음, 새우볶음
	조림	고기장조림, 닭조림, 계란조림, 조기조림
	초	복초, 홍합초, 소라초
	전	류전(완자전, 천엽전, 제육전 등), 채소전(가지전, 고추전 등), 패류전(대구 전유어, 조개전 등), 기타(빈대떡, 박누름적 등)
	구이	류구이(갈비구이, 제육구이 등), 어패류구이(갈치구이 등), 소류구이(더덕구이, 죽순구이 등), 기타(김구이, 미역구이 등)
	적	적(도라지산적, 두릅산적 등), 누름적(화양적, 잡누름적 등), 짐누름적
	편육	돼지머리편육, 우설편육, 쇠머리편육
	족편	웅장, 족편
	묵	밀묵, 청포묵, 도토리묵
	나물	채(고사리, 시금치, 숙주나물 등), 생채(오이생채 등), 채(잡채, 탕평채, 죽순채 등)
	회	회(육회, 생선회, 굴회 등), 숙회(낙지숙회, 대합숙회 등), 회(파강회, 미나리강회 등)
	마른반찬	(육포, 문어포 등), 튀각(다시마튀각, 미역튀각 등), 반(고등어자반, 더덕자반, 김자반 등)

대분류	중분류	세 분 류(메뉴 종류)
부식류	젓갈류	멸치젓, 명란젓, 조개젓, 창란젓, 새우젓, 아가미젓
	장아찌류	마늘종장아찌, 무우장아찌, 깻잎장아찌, 토란장아찌, 지장아찌
	쌈	상치쌈, 호박쌈, 갓쌈, 다시마쌈, 깻잎쌈 등
	김치류	김치, 갓김치, 백김치, 겉절이, 깍두기, 파김치, 박김치, 부추김치, 오이김치 등
떡		시루떡(백설기, 꿀편, 호박떡 등), 친떡(인절미, 개피떡 등), 진떡(밀전병, 녹두전병 등), 경단(송편, 수수경단 등)
후식	한과류	밀과(강정, 약과 등), 다식(밤다식, 송화다식 등), 과(연근정과, 생강정과 등), 과편(앵두과편, 살구과편 등), 실과(밤초, 대추초 등), 엿강정(콩엿강정 등)
	음료류	(계피차, 오미자차, 인삼차, 칡차, 녹차, 구기자차 등) (제호탕, 온조탕, 양위탕, 수지탕 등) 채(오미자화채, 귤화채, 모과화채, 수박화채 등) 혜(안동식혜, 연엽식혜 등) 장(모과장,여지장 등)

주) 1－선이란 가지, 호박, 두부같은 재료에 소를 넣어 소박이를 만든 녹말을 씌어 살짝 쪄낸 음식을 말한다.

주) 2－초(炒)란 조림을 달게 만들어 여기에 녹말을 풀고 졸인 음식을을 말한다.

주) 3－족편(足片)이란 육류의 힘줄이나 껍질 등과 같이 질긴부위를 물과 함께 오래 끓여 죽으로 만든뒤 이를 굳힌 음식으로 곰의 다리와 발로 만든 웅장 등이 있다.

2) 일본음식의 특징과 종류

일본음식은 색과 모양 등 시각적 효과를 중시하며 풍부한 해산물을 바탕으로 생선요리가 발달되어 있다. 특히 일본음식은 이를 담는 그릇의 형태를 대단히 중요시 한다.

대분류	중분류	세 분 류(메뉴 종류)
회석요리	오도오시	다마고 오야꼬 아에(해삼, 메추리알 등) 이까 마사꼬 아에(오징어, 명란젓 등), 후구찌(복어 등)
	젠사이	하마구리 가오리 쓰게(대합, 빵가루로 만든 전채) 도리 사께 무시(닭고기를 청주로 졸인 전채) 후구니 고고리(복어에 청주 등을 넣은 전채) 가이바시라 우니 야끼(성게로 만든 전채) 가즈 노 고(청어알을 이용한 전채) 시라고 노 시오야끼(복어의 난소를 소금구이한 전채) 하스 우메 니구 아에(연근, 살구 등으로 만든 전채) 이시가끼 다마고(메추리알 등으로 만든 전채) 등

대분류	중분류	세 분 류(메뉴 종류)
	스이모노	히야시 완(여름철에 제공하는 차가운 맑은 국) 도빙무시(가을, 겨울에 내는 송어, 갯장어 맑은 국) 시로미 사까 스이모노(흰살생선으로 만든 맑은 국) 시라우오 스이모노(뱅어로 만든 국, 버섯찌개 등) 하마구리 스이모노(대합, 다시마, 두릅으로 만든 국) 우메 완(계란, 새우, 표고버섯 등으로 만든 국) 등
	사시미	계절별 제맛을 내는 생선의 종류 봄·여름－도미, 꽃다랑어, 농어, 흑도미, 전복, 피조개 등 가을·겨울－참치, 광어, 고등어, 전갱이, 정어리 등 겨울·봄－참치, 방어, 문어, 관자, 학꽁치 등
일품요리	구이	구이의 조리법 시오 야끼－소금을 뿌려 굽는 방법 데리 야끼－양념간장을 바르면서 굽는 방법 스께 야끼－양념간장에 담구었다가 꺼내어 굽는 방법 난부 야끼－양념간장에 깨를 넣고 생선을 담구었다가 꺼내어 굽는 방법 기타－겐징 야끼, 와가사 야끼 등
	조림	니스께, 아라 니, 시로 니, 사와 니, 요시노 니 등
	찜	계란찜(자왕무시, 다마고 도우후 등) 술찜(아와비 사께무시, 하마구리 사께무시 등) 가부라 무시, 신죠 무시, 신슈우무시 사꾸라 무시, 도빙 무시, 도우묘우지 무시 등
	초회	나마스, 즈렌꽁, 큐리 와까메 수노모노, 다꼬, 큐리, 쇼우가 수노모노 고보우, 다다끼 수노모노 등
	튀김	식물성 기름을 160～180℃ 의 온도로 끓여 튀겨낸다. 튀김재료－새우, 오징어, 어패류, 야채류 등
	야채조림	
	밥	
	미소시루	된장국
	구다모노	과일
	나베모노	스끼 야끼, 샤브 샤브, 유도우후 나베, 오뎅, 우동나베, 다이지리 나베, 가끼노도데 나베 등
	스시	에도마에 스시(생선초밥), 하꼬 스시(상자초밥), 마끼 스시(김초밥), 이나리 스시(유부초밥), 찌라시 스시, 챠진 스시, 무시 스시 등
	국수	우동(데우찌 우동, 기쯔네 우동, 나베 우동 등) 메밀국수(호시 소바, 나마 소바, 덴뿌라 소바, 가게 소바 등) 소면(히야시 소멘, 산이로 소멘, 교멘 등)

참고 12 메뉴의 디자인과 입간판

메뉴를 작성하는 기본 원칙에는 여러가지가 제시되고 있으나 주력메뉴를 중심으로 부가된 메뉴의 설명을 가능한 사진을 곁들여 이해하기 쉽도록 작성하는 것을 원칙으로 한다. 그러나 저자의 견해로는 잘 만들어진 메뉴란 한눈에 업소의 이미지와 주력 메뉴가 드러나도록 작성된 것을 최상으로 삼고 싶다. 다음에 제시하는 것은 00호텔의 메뉴와 입간판이다. 외식사업을 경영하는 사람의 눈썰미로 어느 점이 잘 된 것인지 판단해주기 바란다.

1) 입간판

2) 메뉴표

한조식/韓朝定食

Korean Breakfast

생선전, 호박전, 나물, 조림, 구이
된장찌게, 김구이, 김치, 물김치
진지와 탕, 과일
Pan Fried Fish & Squash,
Steamed Seasonal Sprouts,
Braised Food, Broiled Fish,
Soybean and Vegetable Soup,
Laver, Kimchi, Water Kimchi,
Steamed Rice and Soup,

₩ 9,000

American Breakfast/미국식 아침식사 ······················ ₩ 9,000

Choice of Chilled Juice
(Orange, Tomato, Pineapple)
Two Eggs any style w/Ham, Bacon or Sausage
Morning Roll or Toast
Coffee or Tea
신선한 쥬스
(오렌지, 토마토, 파인애플)
계란요리와 햄, 베이컨 또는 쏘세지
모닝롤 또는 토스트
커피 또는 홍차

전통회석요리/御懷石料理
Traditional Full Course

松コース Matsu Course ······································ ₩50,000

진미, 전채, 맑은국, 생선회, 생선구이, 조림, 튀김, 찜, 초회, 된장국, 야채절임, 밥, 과일

先付, 前菜, 吸物, お造り, 燒物, 煮物, 揚物, 蒸物, 酸の物, 香の物, ご飯, 果物

Appeitizer, Clear Soup, Raw Fish, Broiled Fish, Braised Food, Fried Food, Steamed Food, Vinegared Dish, Beanpaste Soup, Pickles, Steamed Rice, Fresh Fruits

제 8 장

메뉴엔지니어링

1. 메뉴엔지니어링의 의의와 기능

메뉴엔지니어링이란 현재 또는 미래의 메뉴 가격이나 구성, 메뉴 내용의 결정 등을 평가하는 마케팅 지향적인 방법을 의미한다. 메뉴엔지니어링의 의의는 메뉴 판매가격 기준의 분류 외에 메뉴믹스(판매믹스)에 따라 메뉴아이템을 분석하는데 있다. 메뉴엔지니어링에서는 원가율(원가대 판매가격)에 의한 이익분석법이 아니라 메뉴별 수익성과 공헌도를 산출하여 공이익에 따라서 메뉴를 분류하고 경영정책을 수립한다.

단순한 원가배수율법에 의한 메뉴가격 설정은 실제의 수익성과 큰 차이가 있으므로 고객수요, 메뉴믹스분석, 공헌이익이라는 가격정책 결정요소를 이용한 메뉴엔지니어링적 방법으로 수익성을 극대화시키는 합리적인 메뉴경영을 수립하도록 한다.

메뉴믹스분석의 목적은 판매된 메뉴의 구성비를 산정하는 데 있다. 메뉴믹스는 판매믹스로도 불리는데 업소가 제공하는 메뉴에 대한 고객의 선호도를 판단할 수 있는 자료로 활용된다. 공헌이익분석은 메뉴항목간의 수익성을 결정하는 가격정책상의 가장 중요한 요소이다.

메뉴엔지니어링에서는 메뉴의 판매가격에서 직접원가를 차감한 값을 공헌이익이라 한다. 외식사업을 경영함에 있어서 종종 발생하는 경영상의 문제는 음식의 원가율과 공헌이익간에 직접적인 연관관계가 성립되지 않는 것에 있다. 메뉴엔지니어링은 이러한 문제를 해결하기 위하여 각 메뉴의 평가 기준으로 평균공헌이익값을 이용한다.

가격과 가치에 민감한 시장에서 가격의 탄력성이란 개념은 메뉴분석에 있어서는 상대적으로 새로운 개념으로 메뉴의 판매가격에 따른 판매량의 변화를 분석하는 것이다. 외식업소를 이용하는 고객이 업소의 선택권을 가지고 있으므로 외식업소의 입장에서는 비용을 보상하기에 충분하면서도 이윤을 창출할 수 있을 만큼 낮은 가격으로 고객이 원하는 메뉴를 제공하도록 관리하여야 한다. 메뉴엔지니어링의 핵심은 가격대 수요의 관계를 산정하고 이를 경영에 반영하는 것이다.

2. 메뉴엔지니어링의 내용

돈까스와 스테이크, 랍스터 등을 주요메뉴로 하는 외식업소의 메뉴별 원가와 가격을 다음과 같다고 하자.

〈표 8－1〉 메뉴아이템 분석

메뉴아이템	메뉴원가	메뉴가격	원 가 율	공헌이익
돈 까 스	1,500	5,000	30%	3,500
스테이크	3,500	8,000	44%	4,500
랍 스 터	8,000	15,000	53%	7,000

* 원가율＝원가/메뉴가격(판매가격)
* 공헌이익＝메뉴가격－원가

위의 예에서는 랍스터의 원가율이 제일 높으며(53%) 동시에 그 공헌이익이 가장 높다(7,000원). 이러한 경우 경영자의 입장에서는 원가율이 가장 낮은 돈까스메뉴의 판매를 늘리고자 하며 아울러 원가율은 높더라도 공헌이익이 가장 높은 랍스터의 판매도 증가시켜려 할 것이다. 판매량을 두가지 경우로 가정하여 메뉴별 총원가와 총공헌이익을 함께 계산하면 다음과 같은 표로 요약이 된다.

〈표 8－2〉 메뉴믹스 분석

－ 가정 1 (단위 : 원)

메뉴아이템	메뉴믹스	메뉴가격	총원가	총매출액	총공헌이익
돈까스	1,000	5,000	1,500,000	5,000,000	3,500,000
스테이크	400	8,000	1,400,000	3,200,000	1,800,000
랍스터	300	15,000	2,400,000	4,500,000	2,100,000
계	1,700	28,000	5,300,000	12,700,000	7,400,000

※ 메뉴믹스=메뉴판매량

• 평균 음식원가율=41.7%(=5,300/12,700)

• 평균 공헌이익=4,353원(=7,400,000/1,700)

– 가정 2 (단위 : 원)

메뉴아이템	메뉴믹스	메뉴가격	총원가	총매출액	총공헌이익
돈까스	300	5,000	450,000	1,500,000	1,050,000
스테이크	800	8,000	2,800,000	6,400,000	3,600,000
랍스터	600	15,000	4,800,000	9,000,000	4,200,000
계	1,700	28,000	8,050,000	16,900,000	8,850,000

• 평균 음식원가율=47.6%(=8,050/16,900)
• 평균 공헌이익=5,206원(=8,850,000/1,700)

가정 1, 2를 비교해보면 가정 2의 경우 가정 1에 비하여 음식원가율이 상승했음에도 불구하고(41.7%→47.6%) 전체적인 공헌이익은 증가하였음을 알 수 있다. 즉 공헌이익이 높은 메뉴항목에 대한 고객수요에 따라 업소의 수익성은 증가한다는 것을 경영자는 명심하여야 한다.

3. 메뉴엔지니어링의 적용

〈표 8–3〉 메뉴엔지니어링 관리표의 내용

항　목	내　　용	공　　식
A	메뉴항목	
B	개별 메뉴 판매량	
C	메뉴 믹스%	=개별메뉴판매량/총판매량
D	개별 메뉴 원가	
E	메뉴 판매가격	
F	메뉴 공헌이익	=E–D
G	개별 메뉴 총원가	=D×B
H	개별 메뉴 총매출	=E×B
I	메뉴 총원가	
J	메뉴 총매출	
K	메뉴 원가%	=I/J
L	메뉴 공헌이익	=F×B
M	총 공헌이익	MPI(Menu Power Index)
N	총 판매량	
O	평균 메뉴 공헌이익	=M/N
P	메뉴 항목 공헌이익 분류	
Q	메뉴 믹스% 선호율	=100%/항목(70%선)
R	메뉴 믹스% 분류	
S	메뉴 항목 구분	

〈표 8－4〉 메뉴엔지니어링 관리표

메뉴엔지니어링 관리표

업소명

일자
영업시간대

A	B	C	D	E	F	G	H	L	P	R	S
메뉴항목	판매량	메뉴믹스	메뉴원가	메뉴가격	공헌이익	메뉴총원가	메뉴총매출	총공헌이익	공헌이익분류	메뉴믹스분류	메뉴항목구분
계	N					I	J	M			
						K=I/J		O=M/N		Q=(100%/항목)×70%	

〈표 8－5〉 메뉴엔지니어링 적용사례

메뉴엔지니어링 관리표

업소명 : 레스토랑 탐라

일자 97/07/02
영업시간대 저녁시간

A	B	C	D	E	F	G	H	L	P	R	S
메뉴항목	판매량	메뉴믹스	메뉴원가	메뉴가격	공헌이익	메뉴총원가	메뉴총매출	총공헌이익	공헌이익분류	메뉴믹스분류	메뉴항목구분
새우볶음밥	210	9.7%	800	3,500	2,700	168,000	735,000	567,000	LOW	LOW	DOG
김치볶음밥	420	19.4%	650	3,000	2,350	273,000	1,260,000	987,000	LOW	HIGH	PLOWHORSE
돈까스	600	27.8%	1,500	5,000	3,500	900,000	3,000,000	2,100,000	LOW	HIGH	PLOWHORSE
비프까스	360	16.7%	2,200	7,000	4,800	792,000	2,520,000	1,728,000	HIGH	HIGH	STAR
스테이크	420	19.4%	3,500	8,000	4,500	1,470,000	3,360,000	1,890,000	HIGH	HIGH	STAR
랍스터	150	6.9%	8,000	15,000	7,000	1,200,000	2,250,000	1,050,000	HIGH	LOW	PUZZLE
계	N					I	J	M			
	2,160					4,803,000	13,125,000	8,322,000			
						K＝I/J		O＝M/N		Q＝(100%/항목)×70%	
							36.59%		3,853원		11.7%

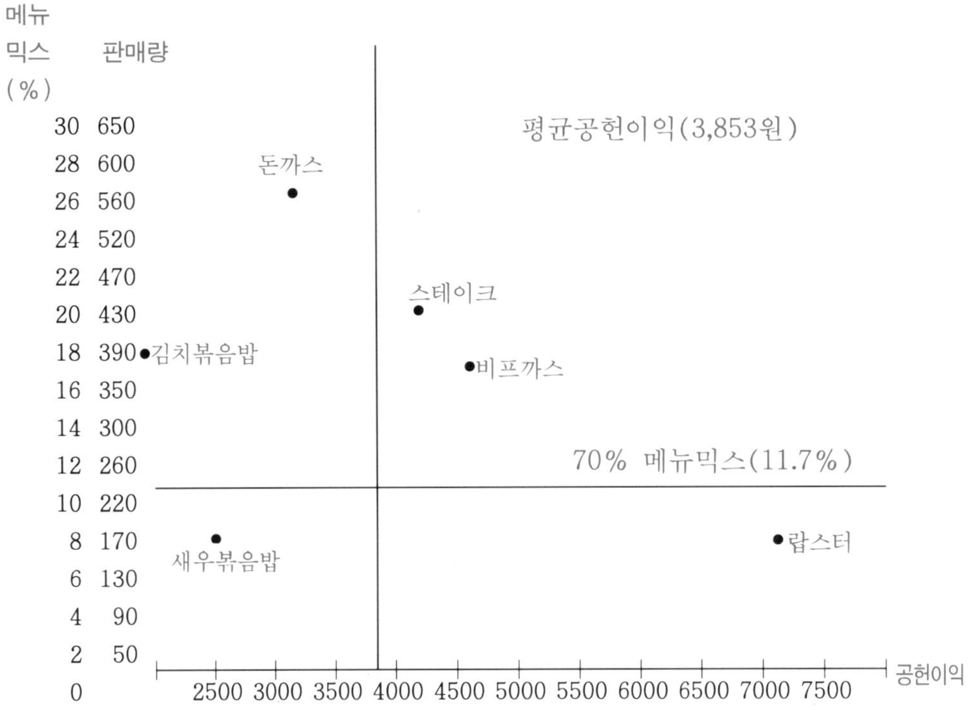

[그림 8-1] 메뉴엔지니어링에 있어서 아이템의 위치설정(positioning)

[그림 8-2] 메뉴엔지니어링 매트릭스의 적용사례

4. 메뉴 품목의 의사결정

메뉴엔지니어링관리표상에서 구해진 값을 공헌이익과 메뉴믹스의 분류에 따라 상한과 하한에 위치시킴으로써 각각의 메뉴는 구분이 된다. 이를 메뉴엔지니어링 매트릭스라고 하는데 이에 따라 메뉴의 수익성 여부가 결정된다. 이러한 메뉴엔지니어링 매트릭스는 다음과 같은 네가지 항목으로 구분된다.

1) 스타(STAR) 항목

스타는 메뉴중 가장 인기가 있으며 수익성 또한 높은 메뉴아이템을 의미한다. 스타항목의 높은 공헌이익이 있음으로 해서 업소는 공헌이익은 적으나 인기가 있는 주력메뉴를 제공할 수 있는 것이다. 스타항목에 속하는 메뉴의 관리방안으로는 다음과 같은 사항이 있다.

① 기존메뉴의 품질과 양, 메뉴제공의 방법 등을 재검토하고 개선한다.
② 메뉴가 눈에 잘 띄도록 메뉴의 가시성을 높인다.
③ 가격 탄력성의 관계에 유의한다.

일반적으로 수퍼스타라 부를 수 있는 메뉴는 스타품목 중 다른 아이템에 비하여 가격탄력성이 낮은 경우가 많아 가격의 변동에도 불구하고 수요는 일정하게 유지되는 경향이 있다. 앞의 예에서 스테이크나 비프까스는 스타메뉴의 아이템으로 업소의 수익을 만들어내는 메뉴라 할 수 있다. 메뉴표에는 눈에 잘 띄도록 배치하고 메뉴의 상세한 설명 등과 함께 종업원의 메뉴안내에도 신경을 쓰도록 한다.

2) 플라우호스(PLOWHORSE) 항목

플라우호스는 쟁기를 끄는 말을 의미하는 것으로 힘들여서 나아가는 메뉴항목을 가리킨다. 플라우호스 항목은 상대적으로 인기는 있으나 평균공헌이익보다 공헌이익이 적은 메뉴아이템으로 가격에 민감한 고객을 끌어들임으로써 업소의 수요를 창출해내는 메뉴의 역할을 한다. 이 구분에 포함되는 메뉴항목은 가격을 내세운 판매촉진의 대상으로 그 관리상의 유의점은 다음과 같다.

① 가격에 대한 고객의 민감도를 고려하여 가격의 인상시 그 영향을 충분히

조사하도록 한다.

② 세트메뉴개발로(예를 들면 패스트푸드점의 콤보라는 메뉴는 플라우호스메뉴에 스타메뉴를 연결시켜 공헌이익의 폭을 늘리는 정책을 사용한다)공헌이익을 늘리도록 한다.

③ 고객이 감지하지 못할 만큼의 양을 줄인다.

앞에서 예로 든 업소의 경우 점심시간 메뉴로 김치볶음밥이나 돈까스의 인기는 매우 높지만 그 공헌이익은 많이 낮은 편이다. 그러므로 가격의 인상폭을 최소화하는 선에서 변형메뉴(예를 들면 긴자식 돈까스라는 차별메뉴나 카레김치볶음밥 등)를 개발하여 공헌이익을 늘리는 관리방안이 필요하다. 커피나 차를 별도로 주문하는 경우 1,500원이라면 점심식사와 함께 제공시 500원에 제공하여 공헌이익을 늘리는 것도 한 방법이다.

3) 퍼즐(PUZZLE) 항목

공헌이익은 높으나 인기는 낮은 메뉴로 그 성공이 불확실한 메뉴아이템을 의미한다. 이러한 이름이 붙은 이유는 그 해결방법의 모호성 때문이다. 그러나 이와같은 경우에 다음과 같은 관리방안을 고려해 볼 수 있다.

① 판매량이 극히 낮은 경우는 그 메뉴를 삭제한다.

② 메뉴가격을 인하한다(단 공헌이익분석을 우선 실행하여 그 제한폭을 확인한다).

③ 인기를 높이기 위해 메뉴의 이름을 변경하여 본다(스테이크를 뉴욕스테이크나 숯불에 살짝 구운 스테이크 등으로 고객의 시선을 끄는 메뉴이름으로 바꾸어 본다).

퍼즐항목의 메뉴를 지속할 것인지 삭제할 것인지는 전적으로 경영자의 판단에 달려있다. 잘 팔리지도 않는 메뉴를 위해 원재료나 설비, 숙련노동력을 허비할 수는 없으므로 그 메뉴로 인하여 다른 메뉴의 구성까지 탄탄하게 만들어 주는 메뉴포트폴리오(menu portfolio)에 있어서 꼭 필요한 메뉴이거나 일정 단골고객이 확보된 메뉴가 아니라면 그 메뉴의 존속여부를 다시 생각해 보아야 한다. 이러한 퍼즐항목을 분석하는 그 기준으로는 다음과 같은 사항이 있다.

① 메뉴에 들어가는 원재료의 정상적인 저장기간은 얼마인가? 상대적으로 저

장기간이 짧거나 부패하기 쉬운 원재료를 사용하는 퍼즐메뉴인가?

② 어느정도의 숙련기술을 필요로 하나?

③ 문제가 되는 퍼즐메뉴가 주방의 생산성을 저해하거나 객석회전율을 높이는데 도움이 되지 못하는 메뉴인가?

앞의 예에서 랍스터는 공헌이익은 높으나 인기도가 떨어지는 메뉴로 구분되었다. 별실에 드는 고객들의 주메뉴가 랍스터로 업소의 메뉴 포트폴리오를 구성하는데 꼭 필요한 메뉴로 저녁시간대에 집중적으로 발생하므로 주방의 생산라인에 부담을 주지않으며 식자재를 안정적으로 공급받는 거래선이 있음으로 해서 이 업소의 경영자는이 메뉴를 계속 지속시키기로 결정하였다. 그러나 그 인기도를 높이기 위한 여러가지 마케팅 방안을 별도로 연구하도록 하였다.

4) 도그(DOG) 항목

고객으로부터 외면받고 경영자의 입장에서도 사업상 실익이 없는 메뉴아이템을 도그항목이라 한다. 즉 도그항목이란 인기도도 낮으며 공헌이익도 낮은 메뉴항목으로 이에 대한 해결방안은 업소에서 그 메뉴를 삭제하고 대체 메뉴를 개발하는 것이다. 그 메뉴를 원하는 업소의 중요한 단골고객에만 제공할 의향이라면 메뉴판에 있는 도그항목의 메뉴를 삭제함으로써 일반고객이 찾지 않도록 만든다. 예를 들어 어느 업소에서 전복죽을 제공하였는데 그 메뉴가 인기도 없을 뿐더러 공헌이익도 낮았다고 하자. 이런 경우 업소에서는 메뉴판에서 그 메뉴를 삭제를 하는 대신 꼭 전복죽을 찾는 단골고객에게만 제공하는 방안을 채택할 수 있다. 앞의 예에서 새우볶음밥은 도그항목으로 인기도도 낮을 뿐 아니라 원재료인 새우의 시장가격이 불안정하고 저장상의 문제가 있으므로 그 메뉴를 삭제하도록 한다. 이러한 경우 유사한 메뉴컨셉의 대체메뉴를 개발하여 매트릭스상의 위치점을 변경시켜보는 노력이 필요하다.

5. 인플레이션하에서의 가격정책

가격과 가치에 민감한 고객을 대상으로 하는 경우 메뉴엔지니어링은 적정가격정책을 수립하는데 유용한 가격결정법이지만 인플레이션하에서는 다른 대안도 필요하다. 일반적인 인플레이션하의 가격정책에는 다음과 같은 방법이 있다.

(1) 제공하는 음식의 양을 줄인다.
(2) 식품구매 사양을 변경한다(더 저렴한 원재료로 변경).
(3) 기본찬을 줄인다.
(4) 주문식단으로 개별 메뉴별로 가격을 매긴다(예 : 돈까스에 샐러드는 별도).
(5) 종업원의 생산성을 높인다.
(6) 작업방법을 개선한다.

위의 방법은 인플레이션하에 채택할 수 있는 일반적 방법이지만 고객들이 느끼는 가치에 대한 인식을 나쁘게 만들 수 있고 궁극적으로는 사업이 하향곡선을 그리는 결과까지도 이를 수 있다. 인플레이션을 극복하는 가장 효과적인 방법은 고객수요에 근거한 불황을 타지 않는 메뉴의 개발이다. 마지막으로 수익성의 저하를 해결하는 적극적인 방법으로는 다음과 같은 사항이 있다.

(1) 고객수요를 창출한다.
(2) 유동자산의 이용도를 높인다.
(3) 메뉴의 공헌이익을 높이도록 한다.

위에서 제시한 각각의 방법은 가격을 인상시키지 않으면서도 수익성을 향상시키는 긍정적인 효과를 기대할 수있다. 메뉴엔지니어링은 메뉴의 내용과 가격, 메뉴구성의 결정 등을 평가하는 경영활동에 유용한 관리방법으로 고객의 수요 증가나 메뉴별 공헌이익을 증가시킴으로써 메뉴의 총공헌이익을 제고시키는데 중점을 두고 있다.

제 9 장

식자재 관리

1. 식자재 관리의 의의와 필요성

외식사업에서 식자재관리란 영업활동에 필요한 식자재의 분류와 소요량의 산정 · 구매 · 보관 · 출고에 이르는 전과정을 효율적으로 관리하는 것으로 정의한다. 식자재관리란 구매규격에 적합한 식자재의 최저가격도입과 적정재고수준 유지 및 보관상의 선도(蘇度)유지, 필요 식자재의 적기출고와 재구매시점, 구매량의 합리적 설정 등으로 외식업소에서 제공하는 음식의 품질과 원가비용의 문제를 함께 해결하는데 그 의의가 있다. 메뉴의 판매가격과 수익성에 밀접한 관계가 있는 식자재관리는 다음과 같은 이유에서 그 필요성을 가진다.

(1) 제공 메뉴의 품질수준을 유지 · 개선과 구매규격에 따른 식자재 기준의 설정
(2) 낭비요소의 사전제거 및 검품 · 검량과 책임관계의 명확화
(3) 저장시설의 유용성 극대화와 재고수준의 조절
(4) 구매량, 구매시점, 저장문제 등 식자재 재고관리시스템의 확립
(5) 원가통제와 목표이익의 추구
(6) 분리된 주방업무의 경영관리영역으로의 흡수

2. 식자재 구매자가 갖추어야 할 요건

식자재의 구매자는 실제적인 식품지식과 경험을 필요로 한다. 보통의 외식업소

는 식자재구매를 조리사에게 일임하는 경향이 있으나 외식업소의 경영자는 경영 전반에 관한 지식으로서 식자재 구매능력을 보유하여야 한다. 이러한 관리능력을 가짐으로써 시장의 상황과 원가변화에 보다 적극적으로 대응할 수 있으며 유용한 경영정보도 많이 축적하게 된다. 일반적으로 식자재구매자가 갖추어야 할 요건(구매관리능력)은 다음과 같다.

(1) 등급에 따른 차이와 처리방법, 포장 및 저장방법 등을 이해할 것
(2) 시장(업계)정보 이용과 농축산물상황 등에 관한 일반적 지식이 있을 것
(3) 주방작업의 노동력 절감을 위하여 전(前)처리된 식자재나 반조리된 식품의 도입 등이 필요한 지를 판단할 수 있는 능력이 있을 것
(4) 구매명세서 작성과 검수능력이 있을 것
(5) 메뉴의 요건을 파악하기 위한 메뉴계획과 조리에 관한 지식이 있을 것
(6) 매출분석과 이에 따른 구매관리능력이 있을 것 등

3. 식자재 저장의 일반원칙

검수에 합격한 식자재는 업소의 저장장소와 저장능력을 초과하지 않는 범위내에서 그 식별과 위치의 확인이 용이하도록 분류 저장한다. 식자재의 효율적인 저장관리를 위해서는 다음과 같은 일반원칙에 따라 관리한다.

1) 저장위치 표시의 원칙

식자재의 저장위치를 규정하여 물품별 정리규정에 따라 누구든지 필요한 식자재를 찾을 수 있도록 구분한다.

2) 분류저장의 원칙

식품을 최적상태로 저장하는 저장기준을 참조로하여 식자재의 성질, 용도, 기능 등에 따라 분류기준을 설정한다. 분류저장을 제대로 실행하면 저장공간을 최대로 활용할 수 있으며 식자재의 수시 출납도 용이하게 된다.

3) 품질유지의 원칙

일반적인 식품별 적정 저장온도와 습도, 저장기간 등을 식자재에 적용하여 메뉴제공에 문제가 발생되지 않도록 식자재 품질수준을 유지한다. 냉동·냉장외에도 포장에 의한 방법 등을 사용한다.

4) 선입선출(FIFO; first in first out)의 원칙

식품의 특성을 고려하여 식자재 관리에는 선입선출법을 적용한다. 특히 변질이 쉬운 식자재와 유효기간이 설정되어 있는 식자재 등의 출납에 유의한다. 외식업소의 생산 원재료인 식자재는 원가회계상의 재고자산으로 시장의 식자재 가격이 안정되어 있는 경우 그 회전율을 높이는 방법이 자본이용에 유리하다.

5) 공간활용의 원칙

식자재의 저장공간은 위에서 언급한 선입선출이 가능하도록 분류 저장하며 이동공간 등도 함께 고려한다.

참고 13 HACCP(Hazard Analysis Critical Control Point)시스템

외식업소에서는 식품의 오염이나 변질의 위험이 있을 수 있는 단계마다 취급자로 하여금 식품의 안전을 점검하도록 하는 효과적인 식품안전시스템을 채택하고 있는데 이를 HACCP라 부른다. HACCP는 식품의 반입에서 저장, 조리와 서비스단계까지에 이르는 식품의 흐름에 바탕을 둔다. 각 단계마다 일어날 수 있는 위험성은 다음과 같이 분류한다.

(1) 오염－취급자나 사용용기, 작업공간 등이 비위생적이거나 포장의 부실, 식품간의 접촉 등으로 인한 오염
(2) 박테리아나 병균－적절치못한 냉장온도나 더운음식을 60도 밑으로 저장하는 등 저장방법의 부주의로 발생되는 인체에 해로운 박테리아나 병균
(3) 병균이나 독소의 생존－부적절한 조리법이나 오염된 칼, 도마 등을 사용

하여 발생하는 병균이나 독소

(4) 화학반응이나 기타위험요인

박테리아로부터 식품안전을 지키기 위해서는 식품의 저장에 유의하고(특히 저장온도의 유지), 식품온도가 섭씨 77℃ 이상이 되도록 조리과정을 거치도록 한다. 위생(Sanitize)이라는 용어자체가 균이 없다는 의미(To kill disease-causing bacteria)인 만큼 용기나 작업도구 등을 가열살균하는 과정도 소홀히 하지 않도록 한다. 각 단계마다 식품이 안전하도록 작업표준을 설정하고 그 표준에 적합하도록 식품을 다루는 것이 바로 단계별 위험분석(HACCP)이다.

4. 식품별 적정 저장온도와 저장기간

식품은 저장방법에 따라 상온식품, 보냉식품, 냉장식품, 냉동식품으로 구분된다. 주방 내에서 많이 이용되는 저장보관설비로는 냉동고, 냉장고, 케비넷, 선반, 쌀통 등이 있다. 식품에 따라 저장방법과 설비기기가 다른 점에 유의하여 주방의 설계시 필요한 용량과 공간을 미리 계획하도록 한다. 일반적인 저장온도는 상온식품의 경우 15~20℃, 보냉식품은 10~15℃, 냉장식품은 5℃ 전후, 냉동식품은 -18℃ 이하로 설정한다.

온도 (℃)	온도영역	박테리아 성장조건
100°C 212°F	조리온도	−대부분의 병균은 수분내 제거된다.
74°C 165°F	더운음식의 저장온도	−박테리아가 성장하지는 않으나 완전히 제거된 상태는 아니다.
60°C 140°F	위험온도대	−박테리아의 성장이 가장 활발한 온도대.
7°C 45°F	찬음식의 저장온도	−단기간의 저장에는 안전하나 박테리아가 서서히 성장하고 있다.
0C° 32F°	냉장온도	−박테리아가 성장하지는 않으나 완전히 제거된 상태는 아니다.
−18°C 0°F	냉동저장온도	−박테리아가 증식하지는 않으나 완전히 제거된 상태는 아니다. (냉동식품의 저장온도)

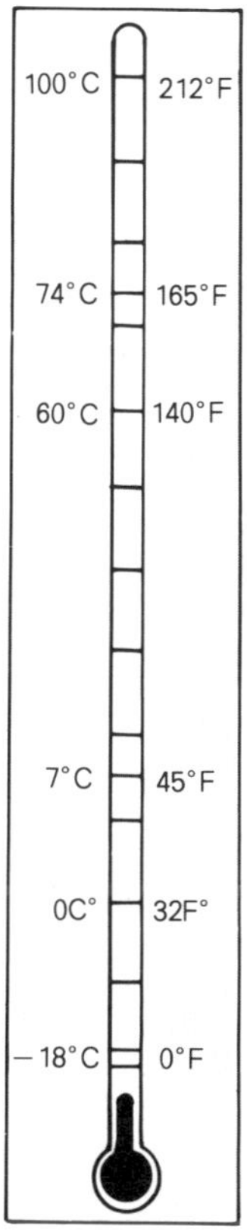

[그림 9−1] 식품의 저장온도와 박테리아

식자재로 중요한 식품의 종류별 저장방법과 기간을 정리하면 〈표 9−1〉과 같다.

〈표 9−1〉 식품별 저장조건과 기간

식품종류	온도(℃)	습도(%)	저장기간	저장설비	비 고
(상온식품)					
쌀	상온		20일~1개월	쌀 통	1주일
밀 가 루	상온		1개월	식품고	
통조림류	상온		12개월	식품고	
(냉장식품)					
빵	0~1		3~5일	냉장고	당일소비
설 탕	7				
주 류	4.5~7				

식품종류	온도(℃)	습도(%)	저장기간	저장설비	비 고
포 도 주	10	85	6개월		
벌 꿀	−0.5~10			냉장고	
잼	1	75	6개월	냉장고	
시 럽	7		6주	식품고	
버 터	4~8	60~70	2주	보냉고	박스 보관
마 가 린	4~8		2주	보냉고	〃
사라다유	13		6개월	식품고	
우 유	4~8		3일	보냉고	용기채
치 즈	1	65~70	3개월	보냉고	박스 보관
아이스크림	−20~−25		3개월	냉동고	용기채
계 란	−1~0	85~90	9개월	냉장고	15℃~30일
계 란	5	85~90	3개월	〃	25℃~10일
쇠 고 기	0~1	88~93	1~6일	〃	간편포장
돼지고기	0~1	85~90	3~7일	〃	〃
닭 고 기	0		1주	〃	〃
간 류	0~1		2일	〃	〃
베 이 컨	2~10	85	2~3개월	〃	〃
햄	3~5	85~90	25일	〃	포장상태
소 세 지			20일	〃	〃
비 엔 나			5일	〃	〃
신선한생선	1~4	90~95	5~15일	〃	날것
신선한생선	〃	90~95	2~5일	〃	토막 생선
훈 제 류	4.4~10	50~60	6~8개월	〃	〃
염 장 품	4.4~10	90~95	6~8개월	〃	〃
연 제 품	0~2	80~85	1~2주	〃	〃
새우, 조개류	0~1	90~95	3~7일	〃	〃
양 배 추	0~2	90~95	3~4주	〃	그대로
당 근	〃	90~95	4~5개월	〃	
무 우	〃	〃	10~14일	〃	봄 파종
무 우	〃	〃	2~3개월	〃	가을 파종
무 우 청	〃	〃	4~5개월	〃	
브로커리	〃	〃	7~10일	〃	
시 금 치	〃	〃	10~14일	〃	
양 배 추	〃	〃	3~4주	〃	
샐 러 리	−0.6/0	〃	2~3개월	〃	
아스파라가스	0	85~90	2~3주	〃	
가 지	7.2~10	85~90	10일	보냉고	
오 이	〃	85~95	2~3주	〃	

식품종류	온도(℃)	습도(%)	저장기간	저장설비	비 고
호 박	10～12.8	70～75	2～6개월	〃	
양 파	0～2	70～75	6～8개월	냉장고	
풋강낭콩	7.2	85～90	8～10일	보냉고	
피 망	7.2～10	85～90	1～2주	〃	
버 섯	0～1.7	85～90	3～5일	냉장고	
그린피스	0～2	85～90	1～2주	〃	
토 마 토	4.5～10	85～90	7～10일	보냉고	
감 자	3.5～10	85～90	2개월	식품고	그대로
고 구 마	13～15.5	90～95	4～5개월	식품고	그대로
사 과	－1/0	85～90	4개월	냉장고	
바 나 나	13.5～22	85～95	수일	식품고	
앵 두	－0.6/0	85～90	10～14일	냉장고	
레 몬	12.5～14.5	85～90	1～4개월	보냉고	

5. 식품의 저장기술과 포장기술

1) 빙온(氷溫)

식품이 얼기 직전의 온도인 빙온이라는 개념은 약 20년전 일본 농산가공연구소의 야마네(山根)소장이 발견한 것으로 온도는 식품의 보존뿐만 아니라 숙성, 건조, 발효, 농축 등의 부분에도 영향을 준다는 것이다. 빙온대에서의 식품제조는 잡균의 증식이나 변색 등 식품의 제조시 문제가 되는 단점을 해결할 수 있다. 식품의 저장, 유통기간에 절대적으로 영향을 주는 온도대는 빙온 이외에도 냉동, 냉장, 칠드(chilled), 슈퍼칠드(super C.), 파샬칠드(partial C.) 등이 있다. 각각의 식품에 적합한 온도는 식품마다 서로 다르며 식품은 각기 적합한 온도 즉 적냉온을 가지고 있다. 지금까지의 연구결과로서 빙온의 유망한 활용분야는 다음과 같다.

(1) 활어(活魚)의 수송

보통 수조에 넣어 수송하는 활어는 오물과 암모니아 냄새 등의 문제 이외에도 한마리가 죽으면 다른 것도 죽는 등 손실이 많을 뿐 아니라 물과 함께 수송하는 관계로 수송비가 많이 드는 단점이 있었다. 그러나 빙온대에서 생선을 동면상태로 수송하면 냉동용 얼음의 필요성이 없으며 오히려 표면을 건조시켜 연명효과가 발생한다.

(2) 식품의 고부가가치화

육류, 생선류와 가공품은 0℃를 기점으로 노화현상을 일으키기 시작하고 그 품질이 변질된다. 그러나 0℃ 이하의 미동결상태에서는 산소를 필요로 하지 않는 상태가 존재하므로 이를 빙온처리할 시 맛과 감미가 증가되는 현상이 일어난다. 오래된 쌀이 햅쌀처럼 변화되며 각종 청과물이 다른 저장방법에 비해 당도가 상승되고 저장식품의 색과 향 등이 보존되는 장점이 있다.

(3) 신선한 야채의 저장

야채류에 빙온 또는 초빙온처리를 하면 빙온 온도대에서 다당류와 단백질의 합성이 증가하는 반면 초빙온 온도대에서는 단당류와 아미노산이 증가한다. 따라서 빙온과 초빙온을 적당히 조절 처리하면 관능적으로 매우 좋은 야채류를 제공할 수 있다.

(4) 가공식품

빙온기술을 이용하여 영양가가 풍부하고 맛과 향이 뛰어난 빙온콩, 빙온숙성빵, 빙온숙성우동, 빙온숙성김치, 빙온숙성육류 및 어패류 등 신선식품을 제조하는 것이다. 빙온처리 기술은 식품저장기술의 새로운 장을 개척하고 있으며 식품의 저장뿐 아니라 부수적인 가공과 수송 등 관련산업 전체시장으로의 발전이 전망되고 있다. 빙온의 최대과제는 철저한 온도관리 시스템으로 생산, 유통 현장에서의 빙온창고, 빙온수송, 빙온진열장 등의 설비외에도 업소용·가정용 빙온고 등 생산현장에서 업소와 가정에까지 연결된 빙온네트워크 형성이 요구된다.

2) 초고압 저장기술

식품에서 기대하는 고압력의 이용분야는 열을 사용하지 않는 식품의 살균과 조리로 고압력에 의한 식품의 살균은 종래 가열살균에 의한 맛, 색, 물성 등 식품품질의 저하와 비타민 등 영양성분의 손실을 막을 수 있다는 가능성으로 비상한 관심을 모으고 있다. 일본의 경우 세계적으로 초고압기술의 응용이 가장 활발하여 80년대 말부터 초고압잼, 초고압주스, 부동설과일, 초고압술 등 맛과 향이 기존 식품보다 훨씬 뛰어난 식품을 판매하고 있다. 그러나 초고압 처리장치의 한계로 제조원가가 높아 기존의 제품보다 판매가격이 높은 것 외에 생산량 한계 등의 문제를 지니고 있다. 초고압기술은 열을 가하지 않는 3,000~9,000 기압하에서 미생물의 멸균, 효소반응속도의 변화, 효소의 불활성화, 단백질 겔화 등의 현상이 발생하는 반면 색, 맛, 향, 영양소의 변화는 일어나지 않는 특징을 활용하는 것이다. 이러한 초고압기술은 신선도를 유지할 수 있는 첨단기술중의 하나로 그 관심이 집중되고 있다. 특히 빙온기술의 유통시스템 구축과 같은 환경의 조성이 필요하지 않으며 기존의 유통망을 그대로 이용할 수 있다는 장점이 있다. 이 기술은 우리나라의 전통 발효식품과 같이 그 살균처리가 어려운 경우에 큰 효과를 가져올 것으로 기대되고 있다.

포장기술은 보호성, 편리성, 쾌적성을 3대 요소로 한다. 포장은 식품의 저장과 편리함 등으로 외식업소에서 그 중요도를 점점 더 확대해 나가고 있다. 여기에서는 최근에 주로 사용되는 포장재료와 포장기술에 대해서만 설명한다.

3) 최근의 포장재료

(1) 저취, 저흡착 씰런트

포장재료의 내면은 밀봉성을 지니게 하기 위하여 씰재료가 라미네이트되어 있는데 이 PE, PP성분이 식품의 향기성분을 흡착하는 문제가 단점이다. 특히 악취에 민감한 미네랄워터나 술, 쥬스 등이 문제가 되고 있다. 최근 LA 씰런트라는 포장재료가 개발되어 상당한 개선효과를 주는 것으로 평가되고 있으나 가공성과 물리강도면에서 기존포장재에 비해 떨어지는 단점이 있다.

(2) 세라믹계 박막코팅필름

레토르트식품이나 전자렌지식품의 경우 산소투과성과 가열살균에 의한 용기형태의 안정성을 이유로 알루미늄박계를 사용하고 있다. 최근에는 알루미늄박계의 불투명성을 개선한 세라믹계 필름이 채용되고 있는데 이는 투명하면서도 산소투과성이 거의 비슷한 특징이 있다. 내용물이 보여 식품의 보관상태를 관찰할 수 있으며 식품의 선택에도 용이하다. 점증하는 환경문제로 알루미늄박계의 사용을 자제하고 있으므로 향후 매우 각광 받을 수 있는 포장재료이다.

(3) 생분해성 플라스틱재료

플라스틱재료는 포장기술 발전에 획기적인 기여를 하였으나 환경 오염문제로 토양에서 분해되는 생분해 플라스틱재료가 사용되고 있다. 기본 재료로서 발효생산계, 천연물유래계, 화학합성계 등이 주로 연구되고 있다.

(4) 항균기능성 포장재

보존기간이 짧은 식품의 유통 문제점을 해결하기 위하여 항균성분을 기존 포장재료에 섞어 보존기간을 연장시키는 방법이다. 최근에는 물의 활성화를 가져오는 특수한 활성인자를 포장재료에 이용하여 보존기간을 연장하는 기술도 개발되고 있다.

4) 포장기술

(1) 진공포장

식품을 진공으로 포장하는 기술로 수증기나 조리수 등을 함께 보관하여 식품의 맛을 그대로 보관하는 특징이 있다. 식품의 위생과 신선도가 보장되는 진공포장법은 0~3℃의 보관시 그 보존기간이 대폭 연장된다.

(2) 혼합가스 충전포장

진공포장 내에 탄산과 질소, 산소를 혼합한 가스를 충전하여 살균과 pH 조절, 색 등의 변질에 대응하는 기술로 미국이나 유럽에서 널리 채택하고 있는 포장법이다. 육류나 생선 등을 냉동하지 않음으로써 냉동에 의한 조직파괴를 막아 본연의 맛을 그대로 유지시켜 주는 혼합가스 충전법은 산지에서 중앙처리하여 업소나 소비자에게 직접 판매하는 방식에 많이 이용된다. 연구논문에 따르면 쇠고기를 혼합가스법으로 포장하는 경우 선도의 유지와 선홍색(鮮紅色)을 오랫동안 유지시켜 주며 아울러 유통기간을 대폭 늘려주는 효과가 있는 것으로 나타나 있다.

(3) 무균충전기술

식품을 가열살균하여 2차오염을 방지함으로써 장기 보존하는 기술로는 캔과 병이 있다. 이러한 전통적 방법은 살균에 비교적 많은 시간을 요하는 외에 품질이 저하되는 문제가 발생하므로 가열살균시 품질저하를 가급적 적게하고 살균효과를 높이기 위해서 플라스틱 소포장이나 용기를 이용한 탕살균, 레토르트 살균 등을 행하는 것이 현재 대표적인 방법이다. 그러나 최근에는 고품질의 식품을 선호하는 경향으로 이들 살균방법도 원료를 가급적 무균 상태로 처리하고 살균온도도 110℃ 정도로 낮추는 방법과 함기살균법 등이 도입되고 있다. 최근에는 저장이나 보관상에 식품의 품질변화가 거의 없는 무균포장기술이 인기를 끌고 있다. 이 기술은 가열살균시간이 짧고 레토르트살균과 같이 내열성의 포장재료도 필요가 없으며 용기의 대형화가 가능한 장점과 상온에서 유통이 가능한 장점을 가지고 있다. 액체의 무균포장기술은 테트라팩 등 어느 정도의 기술이 확립되어 있으나 고체의 경우에는 기술개발이 계속 진행되고 있다. 무균포장식품에는 슬라이스햄 등 저온유통과 병행하여 보존기간을 연장하는 것과 무균쌀과 같이 원료의 무균화, PH조정, 무균실에서의 포장 등에 의하여 상온유통이 가능한 기술 등이 있다.

제 3 부

주방관리 및 주방설계(실무편)

제10장 주방관리

제11장 주방의 설계

제12장 주방설비

제13장 주방설계와 사례

제14장 주방설비의 종류와 특징

제 10 장

주방관리

1. 주방의 조리작업 흐름도

원재료의 가공처리 등 각 작업을 일련의 작업공정 흐름으로 나타낸 것을 작업흐름도라 한다. 외식산업의 원재료인 식자재의 검수에서 시작하여 조리, 서비스, 정리까지의 흐름을 주방의 관점에서 시간적, 공간적 흐름으로 나타내는 것이 주방 조리작업 흐름도이다. 주방 조리작업 흐름도는 메뉴에 따른 설비기기의 배치 등 주방 레이아웃과 동선의 흐름을 합리화시켜 작업능률을 향상시키는것 등 경제적인 주방의 계획에 필수적이다.

전체적인 흐름은 흐름의 방향을 지시하는 화살표를 사용해서 도표로 나타낸다. 기본 레이아웃의 책정을 위해서는 도표 각 부분간의 관계를 나타내는 용지에 의뢰처의 조건을 만족시킨 개략도를 작성하고 이미 확정되어 있는 건축도를 기본으로 그 기능을 검토한다. 방향을 표시하는 선에는 원재료의 경우 녹색, 조리가 끝난 식품에는 적색, 세척과정이나 그릇의 운반 등에는 청색을 사용하면 흐름의 이해나 검토가 용이하다. 주방의 작업흐름도에는 식재의 반입에서 저장, 고객에게 제공하기까지의 일련화된 조리공정, 작업공정을 표시한다.

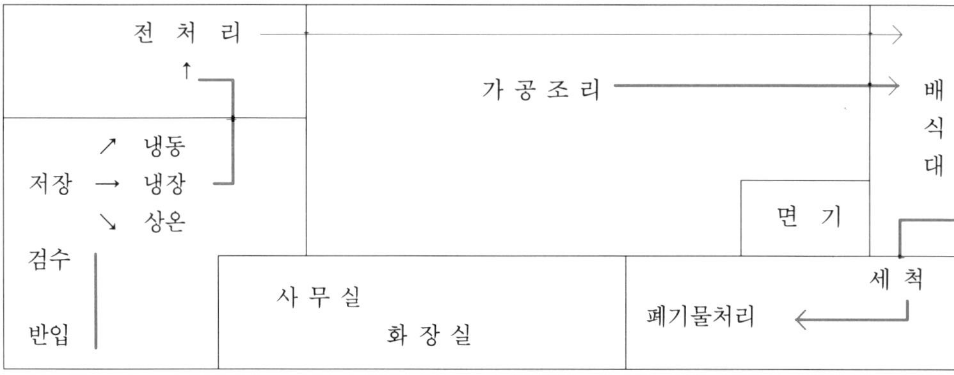

[그림 10-1] 주방조리작업 흐름도

주방흐름의 결정은 각 작업의 시간과 공간을 정하는 중요한 요소가 된다. 합리적인 주방의 흐름을 결정하는데 중요한 사항은 다음과 같다.

1) 작업동선은 십자 교차나 같은 길을 통해서 역행하는 것을 피한다.
2) 작업자의 시간과 에너지의 소모를 최소한으로 하는 시간연구 및 동작연구로 신속한 작업과 서비스를 제공하도록 계획한다.
3) 원재료인 식재의 체류는 피하도록 한다.
4) 작업자나 식재의 흐름간의 거리는 최소한으로 한다.
5) 설비는 성능을 고려하되 사용이 용이한 것을 도입한다.
6) 공간과 설비의 기능을 최대한으로 활용한다.
7) 각 작업이 필요로하는 시간 및 작업인원수를 산정한다.

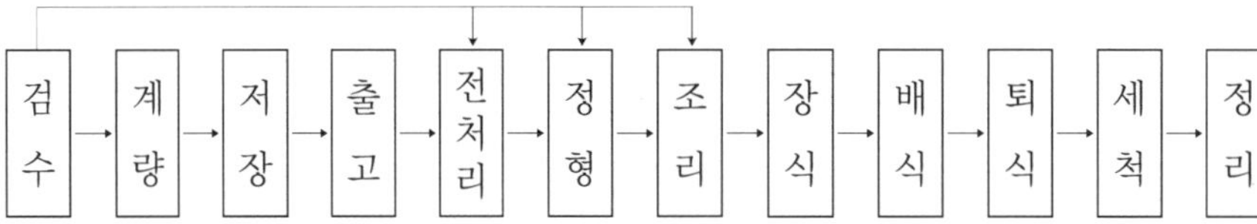

[그림 10-2] 주방의 정형화된 조리가공 공정

2. 주방의 형태

외식업소의 형태와 서비스방법 등에 따라 주방의 형태는 구획별로 달리한다. 구

획별로 구분한 주방의 형태는 다음과 같이 6가지 형태로 분류된다.[1)]

1) 일체형 주방

음식의 구입과 저장에서 조리·제공에 이르기까지 일련의 작업이 한 공간내에서 이루어지는 것으로 대부분의 외식업소와 일반 가정의 주방이 이 형태에 속한다.

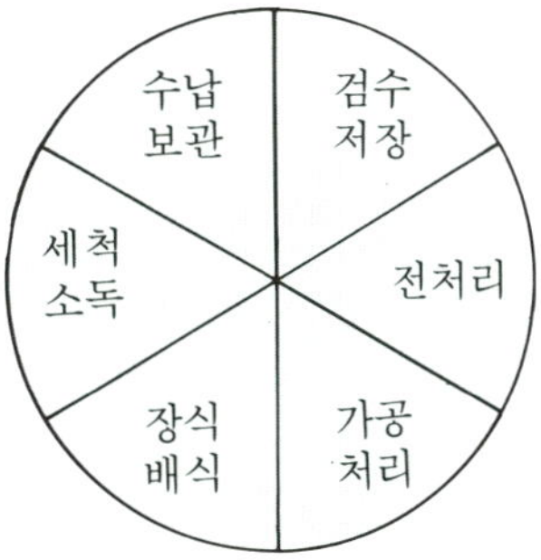

[그림 10－3] 일체형 주방

2) 사전준비 분리형

규모가 큰 주방에서 전처리 과정을 별도로 거친 후, 식자재는 리프트, 웨곤 등에 의해서 가공조리 과정으로 운반된다. 호텔, 연회장 등에 적합한 형태이다.

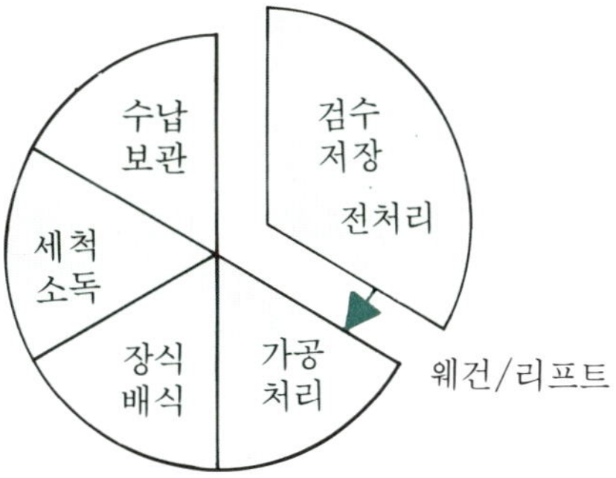

[그림 10－4] 사전준비 분리형

1) 주방에서의 작업흐름간의 거리를 최소화하는 연구로 이동거리(Travel Chart)분석에 의한 설비배치법이 있다. 각 메뉴별 판매량에 따라 작업의 빈도는 증가하므로 이에따른 작업의 이동거리를 컴퓨터 등을 이용하여 최소화하는 거리를 구하고 최적위치를 결정하는 방법이다.

3) 주조리 분할형

주로 프랜차이즈 형태의 외식업소에서 식재를 반가공하여 차량편으로 운반후 조리하여 제공하는 주방형태로 패스트푸드점, 패밀리 레스토랑 등에 이용된다.

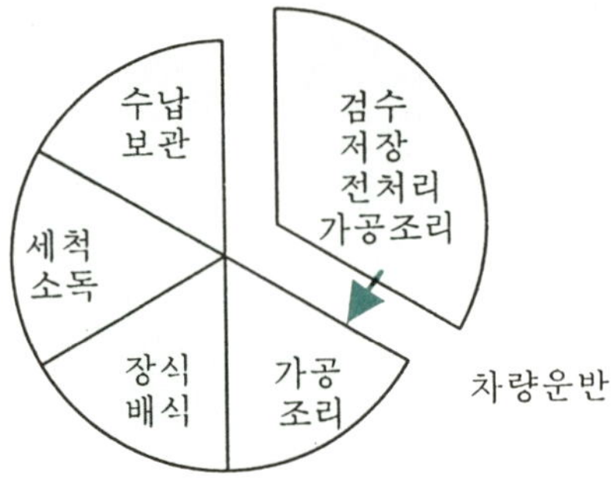

[그림 10－5] 주조리 분할형

4) 세분형

조리와 서비스, 후처리 등의 기능공간이 각각 독립되어 있으며 인력, 웨곤 등을 이용하여 다음 단계로 연결하는 주방형태로 주로 카페테리아에서 이용된다.

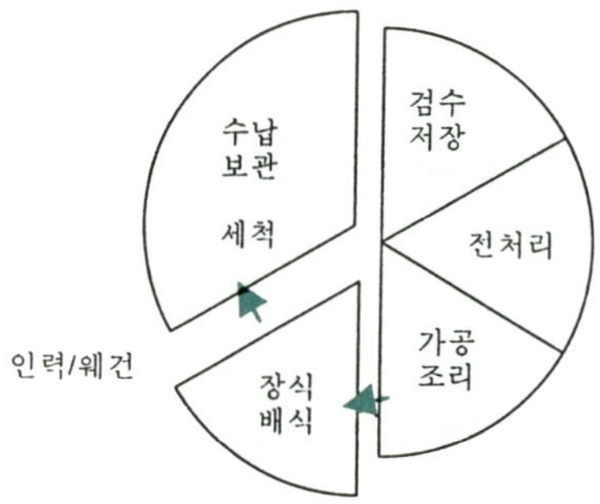

[그림 10－6] 세분형

5) 서비스 분리형

대규모의 급식과정에 적합한 주방형태로 장식, 배식의 과정만을 분리한 형태로 학교나 병원, 직장 등의 단체급식에 이용된다.

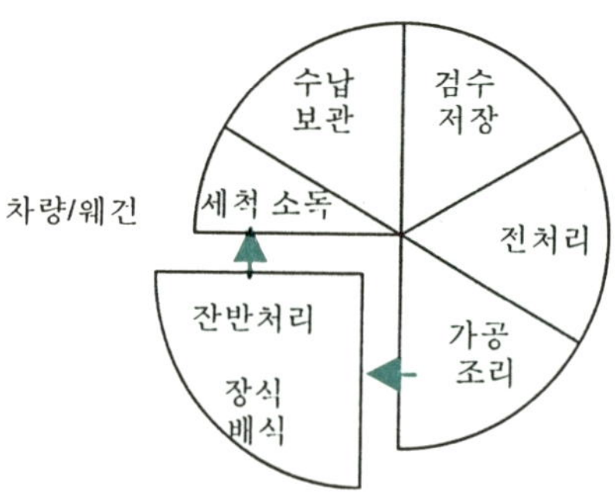

[그림 10－7] 서비스 분리형

6) 배식 분리형

조리된 음식을 상품화하여 배식의 기능만을 분리한 형태로 기내식과 같은 캐이터링, 도시락 전문점 등의 주방에 이용된다.

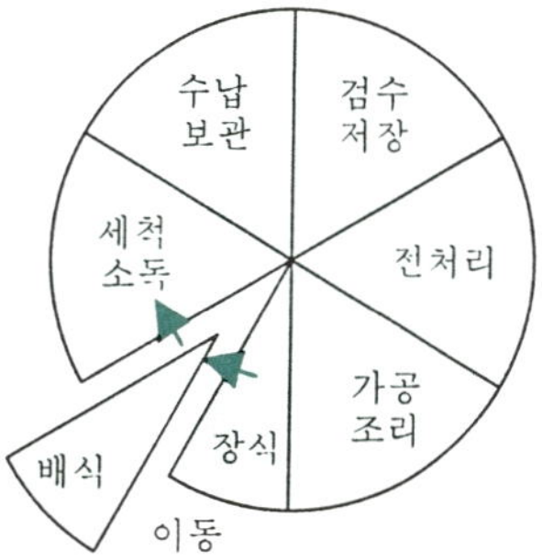

[그림 10-8] 배식 분리형

7) 중앙집중식 주방 시스템

중앙집중식 주방 시스템은 점포의 주방 일부를 집중화하여, 조리·반조리식품을 공장생산방식을 통해 대량으로 또 효율적으로 생산하는 집중가공공장으로서, 조리가공 기능외에도 물자의 구매와 배급기능이 부여된 일종의 물자보급처 역할을 겸하고 있다.

중앙집중식 주방 시스템의 등장은 표준조리법(standard recipe)에 따른 균일제품의 기계적 대량생산을 가능하게 하여 제약조건인 '생산과 판매의 동시성'을 극복하게 하였으며, 산업화를 촉진하는 촉매제 역할을 하였다. 이런 점에서 중앙집중식 주방 시스템의 등장을 '생산혁신'으로 부르는 이들도 있다. 이러한 중앙집중식 주방 시스템의 도입에 따라 기대되는 효과는 다음과 같다.

1) 품질관리의 향상
2) 원가절감과 비용조절
3) 개별업소의 주방공간 축소 및 간소화
4) 조리사의 감축

외식업소 중 일부는 중앙집중식 주방 시스템을 설치하는 대신 식품제조업체에 편의식품을 발주하는 방식을 채택하여 식재료 조달의 합리화와 조리기능 효율화를 도모하는 곳도 있다. 특히 최근에는 종래의 제품은 레토르트 식품보다 몇 차원 앞선

'진공조리 시스템'에 의한 새로운 편의식품이 등장하여 속성음식점, 가족식당은 물론 고급식당에까지 확산되고 있다.

3. 주방의 적정면적

주방의 면적은 업소의 좌석에 대비하여 결정한다. 실제로 주방의 면적은 업소의 메뉴와 서비스방법, 영업시간 등과 주방기기의 종류와 성능, 배치에 따라 서로 다르다. 주방면적의 결정은 좌석수와 회전율, 작업에 필요한 기본공간 면적을 기준으로 결정하며 일반적인 산정의 기준은 다음의 표와 같다.

〈표 10－1〉 주방의 표준면적

단위 : m^2

업소형태	면적구분	면적	업소형태	면적구분	면적
외식업소	주방면적	0.4/좌석수	병원	주방면적	0.5~1.0/1 침대
	사무관리 후생설비	0.2/좌석수		사무관리 후생설비	0.25~0.3/1 침대
	합계	0.6 좌석수		합계	0.75~1.3/1 침대
학 교	주방면적	0.1/학생 1인	호텔	주방면적	0.5/인
	사무관리 후생설비	0.03/학생 1인		사무관리 후생설비	0.7/인
	합계	0.13~0.18/1인		합계	1.2/인
공장 또는 사업장	주방면적	1/3×식당면적	기숙사	주방면적	0.3/1인
	사무관리 후생설비	(주방면적)× 1/2 이상		사무관리 후생설비	0.15/1인
	합 계			합 계	0.45내외/1인

4. 주방의 작업과 설비

1) 전(前)처리 과정

전(前)처리 과정이란 식재료의 씻기, 자르기, 껍질 벗기기, 섞기 등 주조리과정 전의 준비작업으로 소규모 주방에서는 통일설비를 복수의 작업에 중복하여 사용하나 대규모 업소의 주방에서는 고기처리, 생선처리, 야채처리 등을 구획별로 독립시켜 작업의 합리화나 능률의 향상을 추구한다. 전처리 과정에 사용되는 설비로는 다음과 같은 것이 있다.

① 작업대 –각종재료의 절단, 정형
② 싱크–식재를 미리 씻어 놓는 용도(2조 이상 필요)
③ 랙–식재, 비품용 선반
④ 대형싱크–생선처리용 싱크
⑤ 탈피기 –각종 야채의 껍질 벗기기
⑥ 야채절단기–각종 야채절단
⑦ 슬라이스–햄, 빵 등의 절단
⑧ 밋쵸파–고기 등을 가는 용도
⑨ 후드커터–야채, 고기 등을 잘게 써는 용도
⑩ 믹서–휘저어 섞거나 거품내기

설비의 도입에 대해서는 시설의 규모나 조리내용 등에 적합한 기종의 선정이 필요하다. 특히 100식(食) 이하의 주방이나 단위시간당의 처리량이 적은 경우나 재료의 종류가 많은 경우에는 많은 종류의 설비를 설치한 경우 설비의 조정이나 사용후의 청소 등에 시간을 필요로 하므로 수작업이 오히려 능률적인 경우도 있다. 설비의 도입 설치에 있어서는 설비본체외에 각 설비의 부속장치 공간도 필요하다.

2) 가공조리 과정

가공조리는 주방의 주조리과정으로 주로 열기기를 사용하여 음식을 완성하는 과정으로 굽기, 삶기, 찌기, 볶기, 튀기기 등의 작업이 포함된다. 가공조리 과정은 주방작업의 핵심으로 메뉴나 제공시간, 서빙요건 등 제반 자료를 충분히 검토한 후 설비를 도입하여 식품의 가치를 창조하도록 한다. 이 과정에 주로 사용되는 설비로는 다음과 같은 것이 있다.

① 렌지(오븐포함) – 삶기, 튀김, 구이, 볶음 등 전반적 조리에 사용
② 프라이어 – 튀김전용

③ 그릴－구이 등에 사용
④ 회전솥－삶기, 장국, 볶음 등에 사용
⑤ 틸팅팬－삶기, 구이, 튀김, 볶음, 장국 등에 사용
⑥ 스티머－찜, 해동에 사용
⑦ 그리들－철판으로 전(煎), 구이 등에 사용
⑧ 콘백션 오븐－구이, 해동 등에 사용
⑨ 사라만더－구이자국을 내는데 사용
⑩ 작업대－조미료 등과 완성된 음식을 일시적으로 놓는 작업대 또는 카트 등

3) 장식 및 배식 과정

면류 등을 헹구어 그릇에 담거나 조리된 요리를 보기좋게 장식하거나 배식하는 과정으로 찬음식은 차게, 더운 음식은 따뜻하게 보존·제공하는 과정 등이 중요한 작업이다. 병원과 같은 대규모 급식처에서는 콘베이어로 장식 및 배식을 하는 경우도 있다. 주요 설비로는 다음과 같은 것이 있다.

① 장식대, 배식대－음식의 나열이나 장식, 제공시
② 스팀 테이블－음식(스프, 소스, 카레 등)을 건조되지 않게 보온
③ 콜드 테이블－찬음식을 일시 보관하는 냉기기의 일종. 상부는 작업대로 사용
④ 디쉬 디스펜셔－원통형의 실린더에 스프링을 이용해서 접시 등을 차례로 보관(보통 60장 정도 수납)

4) 세척 및 수납 과정

식기류를 치우는 퇴식과정과 세척, 정리 등의 작업으로 식사가 끝난 후의 식기를 이 구획으로 운반한 후 세척과 수납을 행한다. 이용하는 설비로는 다음과 같은 것이 있다.

① 더스트 테이블－잔반을 버리는 잔반처리대. 하부에 용기를 설치
② 식기 싱크－손을 씻고 작업을 하는 경우에 사용
③ 클린 테이블－씻은 식기의 물기 제거 및 정리시 사용
④ 식기 세척기－식기가 많은 경우 사용이 효과적

⑤ 소독보관고－식기의 소독 및 건조,'보관용 수납고
⑥ 선반－식기 등의 보관
⑦ 캐비넷－식기 등의 보관
⑧ 소독조－식기를 끓여 소독하는데 사용
⑨ 폐기물처리기－폐기물을 분쇄, 압축하여 용적을 제거한 후 건조

5) 세척기의 선정

업종에 따라 주로 사용하는 식기에 따라 세척기 기종을 선정한다. 주요 방식으로는 다음과 같은 것이 있다.

① 랙(rack) 타입 － 접시나 컵류 등
② 서큐러(circular) 타입 － 공기 등
③ 플레이트(plate) 타입 － 접시, 쟁반류 등

열에 의해 변색되는 고급철기나 스프레이에 의한 세척효과가 적은 경우 등에 유의한다. 최근에는 한식점의 불판 등을 세척하는 전용기기도 소개되고 있다.

5. 쓰레기 종량제와 폐기물관리

쓰레기 종량제란 배출되는 쓰레기의 양에 따라 그 처리비용을 부담하도록 함으로써 일상생활 과정에서의 쓰레기 발생량을 줄이고 재활용품을 분리 배출하도록 하기 위하여 1995년 1월1일부터 시행된 것으로 시·군·구에서 제작 판매하는 규격봉투를 구입사용함으로써 그 봉투속에 들어있는 쓰레기를 처리하는 비용을 부담하게 되는 것이다. 특히 외식업소와 같이 쓰레기의 분량과 무게가 많은 경우 그 처리비용이 적게는 10배에서 최고 50배 이상 증가된 것으로 나타나고 있다. 패스트푸드업체의 경우 업소당 월 처리비용이 50만원 수준까지 이르고 있으며 대규모 업소의 경우에도 상당한 수준의 비용을 지출하는 것으로 나타나고 있다.

이러한 쓰레기의 발생량을 줄여 업소의 비용을 절감하는 방안으로는 첫째, 철저한 분리수거로 박스류, 캔류, 병류 등이 일반쓰레기에 섞이지 않도록 함으로써

재활용 쓰레기를 분리하는 방안과 둘째, 폐기물처리기의 도입으로 쓰레기의 부피 축소 및 위생적 처리를 실행하는 것이다. 음식물은 수분을 포함하고 있으므로 위생적인 측면외에도 폐기물의 무게가 상대적으로 무거운 특징을 가지고 있다. 그러나 최근에 소개되고 있는 폐기물 처리기는 음식물의 분쇄와 90%이상의 탈수, 80%이상의 부피감축 기능과 부패로 인한 악취와 오염 등 위생의 문제외에도, 쓰레기를 분쇄하여 액체와 고체로 분리함으로써 하수도의 막힘방지와 환경오염 방지의 효과를 기대할 수 있다.

폐기물 처리기의 형태로는 퇴식후 남은 음식과 식기 세척상의 폐기물 등 주로 음식물의 탈수와 분쇄 과정을 거쳐 분말형태로 배출하는 처리기와 일반쓰레기를 분쇄하여 그 부피를 줄이는 처리기 등이 있다.

외식업소의 입장에서는 쓰레기의 처리비용과 폐기물 처리기 도입비용과의 비용발생 측면을 비교분석하여 업소에 적합한 관리방안의 수립이 요구된다.

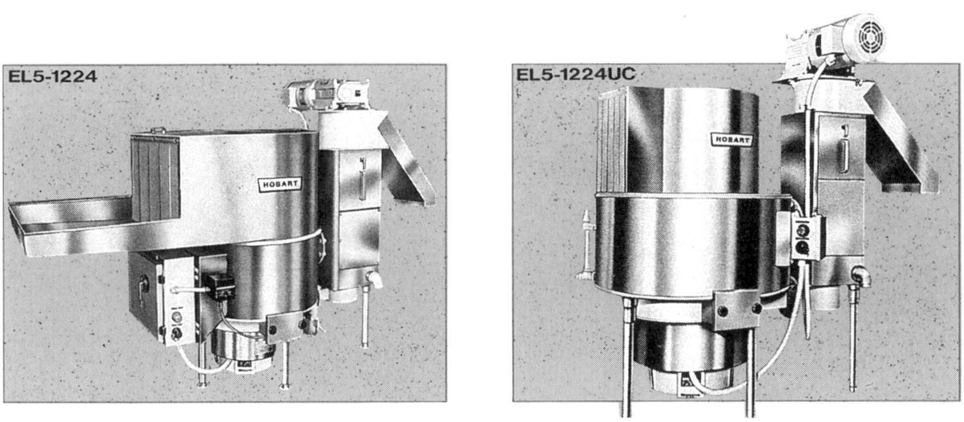

[그림 10-9] 쓰레기처리 시스템

제11장

주방의 설계

1. 주방 계획의 기본원칙

위생, 작업능률, 경제성을 주방계획의 3원칙이라 한다. 위생을 우선적으로 생각하여 사람의 건강을 지키는 것과 동시에 업소의 시설을 청결히 하는 것이 고객에 대한 서비스 자세로 음식의 맛을 더해 준다는 사실을 잊어서는 안된다. 또한 주방은 생산성을 주목적으로 하기 때문에 적은 일손으로 능률이 높은 조리작업이 이루어질 수 있도록 설계, 배치하고 경제적으로도 낭비가 없는 계획을 수립하여야 한다.

2. 주방 설계 작업의 흐름

주방의 기본설계에는 메뉴의 종류, 메뉴의 구성, 목표고객, 고객수의 4가지가 기초자료의 역할을 하므로 사업의 타당성조사에서 이를 제대로 산정하지 못하는 경우, 업소경영자의 구상과 설계가 어긋나게 된다. 기초자료를 중심으로 주방의 크기를 결정한 후 각 구획을 분할하고 메뉴에 따라 설비를 선정한다. 개개의 설비를 각각의 구획에 따라 위치와 크기(규격) 등을 조정해 나가면서 하나의 설계도면을 완성하게 된다.

다음 단계는 작성된 기본 레이아웃을 경영자와 전문가가 함께 검토하는 단계로 이 검토과정이 가장 중요하며 많은 시간과 노력이 요구된다. 기본 레이아웃에 대하여 토의와 조정이라는 작업을 반복함으로써 재료의 종류, 형태, 주방인원의 구성, 세척방법, 서비스방법, 식기의 종류나 형태 등의 세부사항을 결정하게 되고 작업동선, 설비의 위치와 크기 등을 수정해 나가면서 최종적으로 레이아웃을 결정하게 된다. 여기까지의 작업이 끝나면 다음의 단계인 실시 설계에 착수한다.

실시설계에서는 설비공사의 종류, 설비의 규격, 형태, 설치위치 등을 도면에 명기하고 설비기기단품도를 작성하여 업소경영자 등과 최종확인·조정을 한다. 이에 대한 승인이 나면 일련의 주방설계업무는 종료된다. 후일 설비투자금액의 부족에 의한 설계의 변경이나 설비의 변경이 발생하는 문제가 생기지 않도록 기본설계 단계에서 대략적인 금액을 산출하여 상호간의 조정을 거치며 그 금액을 확인하는 절차도 병행한다.

3. 주방설계 관련도

주방설계 관련도라 함은 주방 레이아웃도, 설비기기일람표, 시방서, 그리고 관련서류로 견적서 등이 있다. 이를 항목별로 다시 설명하면 다음과 같다.

1) 레이아웃(Layout)

계획도는 1/50 시공도는 1/20의 축척으로 작성되는 경우가 일반적이다. 소규모의 주방이라면 1/50의 축척에도 문제는 없지만 복잡한 건축구조나 대규모 주방에서는 반드시 시공도를 1/20의 축척으로 작성할 필요가 있다. 시공도에 있어서는 다음 항목에 대해서도 명확하게 해주지 않으면 안된다.

① 식품을 반입하는 입구와 주방과의 관계
② 업소의 출입구 및 영업장과 주방과의 관계
③ 배식대와 퇴식대의 위치
④ 저장실 등과 주방과의 위치관계
⑤ 사무실, 화장실과 주방과의 관계

사전준비, 조리가공, 서비스, 식기를 거둬들이는 일련의 주방조리작업 흐름이 한눈에 이해될 수 있도록 나타내는 것이 주방 레이아웃의 목적이다.

2) 일람표(적요표)

일람표는 주방 레이아웃에 따라 주방설비의 내용, 형태, 관련설비를 명확하게 이해할 수 있고 또, 급배기, 급배수, 가스관 등의 접속의 필요성이 명확하게 나타나도록 한다.

3) 시방서

같은 크기나 외관을 가지고 있어도 사용되는 재료나 구조, 완성의 정도에 따라 주방설비 기능이나 가격은 크게 다르다. 보강재의 유무, 단열재의 두께 등은 평면 레이아웃이나 설치도 만으로는 판단할 수 없는 것이다. 시방서에는 부속부품, 필요한 범위의 애프터 서비스(A/S), 취급법과 안전에 관한 사항도 기재되어 있는 것이 바람직하다.

4) 설치도

설치도가 필요한 목적은 설비간의 관계와 접속, 수도·가스·전기 등의 연관성을 파악하는데 있다. 시방서에 있는 내용은 도면내에 기재되어 있는 것은 물론이지만 관련설비의 접속과 위치, 에너지 소비량을 비롯해서 배관공사나 배선공사 등의 주방관련공사를 시공하는 외에 필요 사항을 명확하게 하고, 필요에 따라 확대부분도, 단면도 등을 변용하는 경우도 있다. 설치도는 주방 레이아웃의 관련서류로 의뢰자의 승인을 받아야 한다.

5) 입면도

입면도는 주방설비의 설치상태를 표시하는 입면투명도이다. 입면도의 작성은 벽선반이나 높은 식기선반 또는 팬랙과 후드의 위치 재확인 등 평면도에서 확인이 불가능한 문제의 해결에 유용하다. 특히 카운터 주위에 대해서는 전개도를 작성하는 것에 의하여 명확한 위치와 형태의 확인, 관계자에게 납득이 가는 설명이 가능해진다. 주위 스위치의 위치나 캐비넷의 높이에 대해서도 도면에 따라 과학적이고 충분한 검토가 가능하게 된다. 그밖에 벽면의 입체적인 이용에 대한 효과적 검토가 가능하게 된다.

6) 견적서

견적은 일반적으로 개정견적과 상세견적으로 구분된다. 의뢰자측에서는 예산의 제약을 염두에 둔 대강의 판단이 가능할 정도의 자료를 필요로 한다. 주방설비정산서의 작성법으로는 견적서로 작성하는 방법이 일반적이나 총괄표를 작성하기도 한다. 총괄표에서는 각 구획별로 집약된 소계를 일람표로 정리하여 최종적으로 모든 비용을 상세히 분석해서 각 구획별의 경비와 전체구성에 차지하는 비율 등을 정리하여 나타낸다.

4. 주방설계시 검토사항

1) 호 텔

구 분	내 용
인 원	인원의 확인 1. 숙박객수 2. 연회인수 3. 식당별 객석수 확인
식당의종류	1. 메인다이닝 2. 한, 양식당 3. 일, 중식당 4. 그릴 5. 커피숍 6. 바 7. 그외－특히 아침식당, 룸서비스용 주방의 유무 등
메 뉴	각식당의 제공 메뉴 확인(메뉴에 따른 설비기기 변화를 검토)
용도 창고	드라이 스트레이지 및 냉장고 설치여부 확인(주류, 음식 등)
예비준비실	고기, 생선, 야채 등의 준비및 구분. 공용 예비준비실 등 확인
메인 키친	아침식사 설비의 유무, 룸서비스 설비 등의 유무 확인
연 회	메뉴의 계획과 설비기기의 전반적 검토 후 도입
커 피 숍	소프트 드링크설비, 일품요리 등을 중심으로 하는 주방으로 설계
한 식 당	정식 및 일품요리의 설비(전통음식과 계절음식 중심)
일 식 당	정식 및 일품요리의 설비(생선요리 중심)
바	서비스바와 캐시바의 구별 확인. 카운타 길이(45cm당 1단위 설비)
베 이 커 리	빵, 과자 등의 제조. 베이커오븐은 스팀솥의 필요여부 조사 오븐은 빵전용과 과자전용을 별개로 설치 과일박스의 타입 결정 (리치인타입 / 트랙인타입) 믹서의 용량 및 교반 방식 조사 아이스크림실은 독립실로 처리. 하드크림용 냉동실의 필요여부 객석수와 시간대 조사 지역에 따른 차이 조사
메 뉴	메뉴와 주방설비의 관계 검토
연 회 장	연회장의 유무 확인 및 제공방법과 스토카를 검토
세 척 기	객석수 70석 이상의 경우 세척기 도입을 고려
냉 장 실	객석수 70석 이상의 경우 냉장실의 설치를 고려

2) 한식당

구 분	내 용
인 원	수용인원, 객석, 연회석 등 검토
메 뉴	영업방침과 정식요리, 일품요리의 비율 확인과 객단가 조사
서비스방법	객석에서의 조리 메뉴를 검토
좌 석 수	배식대의 크기는 주문분의 음식이 나열될 수 있는 크기로 준비
특 징	숯이나 불판 등의 운반과 객석에서의 즉석조리 메뉴 등 검토 조리사가 주방전체를 관리·감독할 수 있도록 설계 탕그릇의 크기와 렌지의 수, 버너 피치 등에 주의 전처리작업이 많으므로 작업공간을 충분하게 제공하도록 검토
세 척	주로 직접 세척방식. 대규모의 경우 랙 또는 플레이트타입의 식기세척기 도입 검토(세척기 이용이 불편한 식기가 많으므로 작업연결이 용이토록 설계)
취 사	좌석수×100g(일반적 정식) 좌석수×70g(연회 중심)

3) 중식당

구 분	내 용
인 원	좌석수 확인
회 전 율	좌석 회전율 3~4회 예상. 고급업소는 1.5~2.3회전 정도
연 회 장	연회장규모 및 좌석수로 중화렌지의 크기 결정
특 징	중화렌지의 크기 및 구경은 경영자 및 조리사와 함께 검토 냉장고는 복수로 시설(콜드테이블 포함)
세 척	식기세척기 도입여부 결정 기름요리가 많으므로 직접 세척시 반드시 3조 이상의 싱크 도입 (세제사용과 유지제거용 온수사용) 대형식기가 많으므로 싱크도입시 수조의 크기 고려 증기 및 화로의 필요성 확인. 디저트용 설비 및 차공급기 등 검토 조리방법 등의 개인차를 고려, 레이아웃시 함께 논의

4) 일식당

구 분	내 용
인 원	수용인원, 좌석, 연회석 등의 검토
메 뉴	영업방침과 정식요리, 일품요리의 비율확인과 객단가 조사
좌 석 수	배식대의 크기를 고려, 주문음식이 배식대에 나열되도록 준비

구 분	내 용
특 징	튀김, 구이 등 각 조리부분이 작업대에서 장식되어 제공되므로 조리사가 주방 전체를 관리 감독할 수 있도록 설계 냄비의 크기와 냄비용 렌지의 수, 버너 피치에 주의(600mm) 전처리용 생선처리싱크와 일반싱크는 분리
세 척	주로 직접 세척방식. 대규모 업소의 경우 랙 또는 플레이트타입 식기세척기 도입(세척기 이용이 불편한 식기를 사전에 확인)
취 사	좌석수×70g(일반적 정식) 좌석수×40g(연회 중심)
선 반	50인 기준 : 1,500～2,000×600×1,800mm 100인 기준 : 3,000～4,000×600×1,800mm

5) 레스토랑

구 분	내 용
인 원	좌석수와 시간대조사
메 뉴	메뉴와 주방설비의 관계검토
회 전 율	1인당 객단가 조사. 객단가에 따른 회전율 차이 및 입지에 따른 차이조사
연 회 장	연회장의 유무확인 및 서비스방법과 스토카를 검토
세 척	객석수 70석 이상인 경우 세척기 도입 고려
냉 장 실	객석수 70석 이상인 경우 냉장실 설치 고려

5. 주방공사시 검토사항

1) 건축공사

구 분		내 용
건축구조	철근철골	
	콘크리트	
	목조가옥	열사용기기가 많은 점을 고려, 화재예방에 유의 벽면 시공시 타일 등 시공. 기기와 벽면사이의 안전공간 확보
층 별	지 상 층	설비기기의 반입경로 등 반입계획 검토 천장의 마무리 상태, 불연성 등에 주의 바닥 방수 및 신다콘크리트의 높이 확인 서비스통로와 주방바닥과의 높낮이차 확인

구	분	내 용
	지 하 층	설비기기의 반입경로를 검토. 건물외벽의 방수보호여부 확인 －보호벽 볼트시공시 주의－
바 닥	몰 타 르 칠	칠이 벗겨지기 쉽고 배수가 나쁘므로 고려하지 않음
	몰타르타일	배수성은 좋으나 미끄러움. 웨건 사용에는 적당
	클린카타일	튼튼한 것이 특징이나 배수성이 나쁨 이음부분을 편평하게 마무리하여 웨건을 사용 일반적인 주방의 바닥 마무리재
	테라조가공	튼튼하며 배수성이 좋으나 미끄러지기 쉬운 단점 웨건의 사용에는 적당
벽 마 무 리	타 일	천장부까지 마무리하는 것이 바람직하며 적어도 바닥에서 최소한 1.2m 높이까지 시공.
	플 라 스 타	주방은 습도가 높으므로 곰팡이 등의 발생과 변색 우려 크랙 등의 문제로 사용상의 주의요
	몰타르 OP	허리상부의 위치에만 시공
	VP 마무리	열기기의 후면에 위치하는 경우 주의요
천 장	천 장 판	천장판이 설치되어 있지 않은 경우 위생상의 문제 검토(닥트, 후드, 조명 등의 먼지)
	천장판 처리	방화재, 내화보드 천장판으로 마무리 시공
출 입 구	W. D.	방화상 좋지 못함. 특히 방화구분에 대해서 주의요
	S. D.	자동적으로 문이 닫히는 구조 창의 하부는 바닥에서 1m 이상에 위치하도록 설치
구획·형태	평 면	반입통로와 주방의 관계를 중점으로 창고, 사무실, 휴게실, 화장실 등을 검토
구획·형태	입 면	서비스 엘리베이터, 덤웨이트 등의 위치 검토 웨건류의 크기와 덤웨이트 크기 관계 주의 종업원용 통로와 서비스 통로 구분 서비스웨곤과 출입구 길이와의 관계 조사
기 타	층 고	층고 3.5m 이하의 경우는 천장안의 닥트 및 배기 관계 등에 유의 층고 2.4m 이하의 경우 설비기기의 높이 확인
	신다콘크리트	두께 200mm 이하의 경우 배수구 및 배수관 등의 내배 (1/100～1/150)와 바닥내 배설관의 교차 등 관련설비 계획에 주의요(배수구는 상류부와 100mm 정도의 깊이가 적당)
	카운터높이	1.15m 이상의 높은 카운터는 사용하기에 불편

2) 위생공사(상하수도)

구 분		내 용
수 도	상 수	일반적인 도시수도. 조리가공·세척용으로 사용
	지 하 수	수질에 따라서 식음료, 냉동기용 냉각수, 허드렛물로 사용 수질검사를 거쳐 식음료 가능여부 확인
	수 압	급수 압력 확인(순간온수기에서는 수압이 0.5kg/cm 이하가 되는 경우 출탕능력이 저하하거나 버너가 점화되지 않음)
	물 탱 크	간접적인 급수방식으로 옥상 탱크에 저장후 공급하는 방법 (수도관의 재질이나 직결기구 등의 검사의무 면제)
	상 수 직 결	급수主管보다 말단 파이프까지의 배관전체를 의미 배관재료, 변류 및 직결기구에 대한 수도관계의 검사필요
	수 전	일반적 구경은 15A～20A로 사용목적에 따라 형태나 조작방법이 다르므로 사전 협의 필요
	밸 브	일반적으로 스톱밸브 사용 수압이 높은 경우는 급수압에 대응되는 밸브를 선정하여 사용할 수 있도록 사전 확인 필요
	배 관 방 법	벽에 묻어 시설하는 배관인지 노출배관인지를 확인
온 수 공 급	방 식	1. 온수 보일러 2. 순간 온수기 1) 사용수량의 산출방법(시간당 공급水量임) a. 씽크수조×2 b. 취사기의 용량×5 c. 솥류의 용량×1.5 d. 급식인원×0.4 e. 냉동기의 냉각수량/h 2) 사용온수량의 산출방법(시간당 공급溫水量임) a. 씽크수조×1.5 b. 솥류의 용량×0.5 c. 세척기탱크의 용량×6～9
	배 관 방 법	직가열 방식의 순간온수기는 수도에 직접연결. 배기 가스의 배출을 위한 별도의 후드 설치
	급 탕 온 도	50～60℃가 일반적인 사용온도. 식기세척기등 고온(85～90℃)을 필요로 하는 경우 별도의 부스타를 설치
배 수	배 수	○ 공전식(共栓式) ○ 변식(弁式) ○ 스트레이나 (배수용 테이블류)
	바 닥 배 수	FD트랩 딸린 50～100A로 냉장실의 배수, 수냉식 냉각수 배수등에 사용
	배 수 관	기기용 배수관은 철관 및 염화비닐파이프(PVC)관을 사용 일반 배수관은 철관 및 주철관을 사용

구 분		내 용
배 수	배 수 구	바닥배수로 도랑을 설치하여 배수로로 이용 배수로 시설시 도랑폭, 깊이, 경사, 뚜껑재료 등에 유의 1. 도랑폭－100 · 150 · 200 · 250mm 2. 도랑깊이－물높이에서 100 mm 3. 도랑경사－1/100－1/150 4. 뚜껑재료－그물망류(재질－스텐레스 등)
	그 리 스 트 랩	그리스 및 찌꺼기 제거용으로 배수구의 말단부에 설치 스테인레스제가 많이 사용되며 용량은 주방에 따라 다르나 分당 평균 사용수량의 6배 이상을 설치 종류－습식, 건식

3) 전기공사

구 분		내 용
설치기기	분전반 · 배전반	주방기기의 배치 위치를 고려 평면계획시 배치
전 압	3Ø 200V－220V	소비전력 400W 이상 기기용
	1Ø 200V－220V	일반적으로 콘센트에 접속하여 사용 소비전력이 큰 조명
	1Ø 100V－115V	일반적으로 콘센트에 접속하여 사용 소비전력 600W 이상. 접속에 유의
전열기기	표 준 전 압 기 기	기기에 공급되는 100V～440V를 기기내에 직접 사용
전열기기	저 전 압 기 기	100V～440V의 전압을 트랜스 등으로 변압하며 50～20V 정도의 전압까지 내려서 히타 등에 공급하는 기기(니크롬선이 굵어 내구성도 증가되고, 낮은 전압의 사용으로 위험성 감소)
전동기기		모타를 사용해서 회전, 승강, 운송 등에 이용하는 기기(가동시 일시적으로 큰전류가 흐르기 때문에 가동방법과 휴즈 등에 주의)
제어기기		서머스타트, 리미트스위치, 타임 스위치 등을 이용해 자동으로 가동, 운전, 정지 등이 가능한 기기
전기설비 공 사	공 사 구 분	일반적으로 주방설비 공사에 있어서는 분전반에서 스위치까지의 공사를 전기설비 시공업자가 담당. 기타의 배선은 주방설비업자가 담당하는 경우가 많으나 업자간의 공사 구분과 내용, 시공계약의 내용 등을 명확히 구분할 것
	콘 센 트 · 스 위 치	일반적으로 주방의 바닥면에서 1.2m의 위치에 스위치 설치 마그네트 스위치를 필요로 하는 경우 사전에 결정
	조 명	주방의 경우 50룩스 이상을 제공하는 것이 일반적 주요 작업공간은 70룩스 이상 제공
	기 타	주방의 전기는 습도의 문제를 고려, 접지에 유의 환기가 불충분하여 습도가 90～95% 이상이 될 우려가 있는 주방에 대해 기기의 구조, 설비위치에 주의

4) 가스공사

구 분	내 용
종 별	가스의 종류 및 열량을 확인 1. 도시가스(천연/석탄) 2. 봄베가스(LPG/부탄)
압 력	도시가스－약 50～250mmHg L.P.G.－약 300mmHg 부탄가스－약 250～300mmHg
도시 가스	일반적인 도시가스의 발열량－석탄가스:3,600～5,000kcal, 나프사:3,600～5,000kcal, 천연가스:10,600～11,000kcal 가스회사나 지역에 따라 발열량에 차이가 있으므로 사전에 확인
가스 미터	가스유량계로 소비량 등을 표시. 다양한 모델이 있으므로 미터 설치장소 및 크기에 유의하여 평면계획후 설치
배관 방법	배설관 및 노출관의 확인과 배관경로 검토
공사 구분	금속관 접속방식의 기기와 고무호스로 접속하는 기기가 있으며 금속관 접속기기는 기기의 유니온까지를 주방 시공측이, 기기 접속 및 인접 배관 공사는 배관설비 공사측이 담당
액화 가스	봄베로 공급하므로 봄베가스라고도 함. 주로 프로판가스, 부탄 가스를 말하며 도시가스에 비해 발열량이 큼(프로판 22,000～24,000kcal, 부탄 29,000～32,000kcal). 공급능력은 소비기기의 2배 정도가 되도록 시설하여 사용중 압력저하로 인한 문제발생을 사전에 방지
설치 장소	가옥내 설치는 금지. 옥외에 설치하여 각 봄베를 연결하는 집합 장치로 주방에 공급

5) 환기시설공사

구 분	내 용
후 드	열발생기기 상부에 후드 설치. 연기, 열, 악취 등 배출 후드의 높이는 바닥에서 1,800～2,000mm의 설치가 일반적. 설치 폭은 열발생기기의 폭보다 150mm이상일때 효과적인 배출 가능 위생면에서 후드상부나 닥트상부에 먼지가 쌓이지 않도록 유의 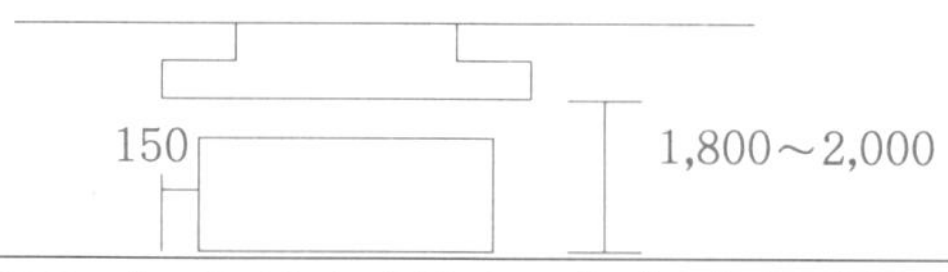
닥 트	후드에서 모아진 연기 등은 닥트를 통해 송풍기로 흡입, 옥외 배출 닥트내 송풍은 500m/min 이하로 시설.
배 출 기	배출기의 종류－시로코팬, 압력팬, 소형환기팬 등 소규모주방 : 소형환기팬, 대부분의 주방 : 시로코팬 사용

구 분	내 용
배 출 량	일반적인 계산식 1.후드개구부의 면적×0.3×60(sec)=(/min) 2.주방면적×0.8×1.0=(/min) 소규모의 주방에서는 1의 계산식을, 대규모의 주방에서는 2의 식을 중심으로 2의 값에서 1의 값을 감한 값으로 닥트의 배출량 계산
외부 공기의 흡 기	배기총량×0.95의 공기를 주방안에 흡기 공급 비교적 송풍이 좋은 건물에서는 배기와 함께 자연적으로 외부 공기를 흡기하므로 별도의 환기장치의 설치 불필요
그리스 필타	기름사용의 열기기 및 구이용 열기기의 후드에 필타 설치
방 화 단 파	연소기기 상부의 후드에는 방화상, 방화 단파 등을 설치
에미네이터	열사용기기나 더운열기가 발생하는 기기의 후드에는 방적낙하 방지 및 안전을 고려, 에미네이터를 설치
배 출 기 설 치 장 소	설치장소는 흡·배기구와 상부층의 관계를 확인하고 배출가스가 역류하여 내부로 들어오지 않는 위치에 설치

6. 주방관련 공사업자

주방의 작업은 다량의 열원과 물 등을 사용하므로 주방의 공사에는 급배수공사, 가스배관공사, 전기공사 등 여러분야에 걸친 공사업자의 역할이 정해져 있다.

1) 건축 및 내장업자

주방의 일반 건축을 비롯해서 좌석이나 실내내장 등 주방과의 관계가 매우 깊다. 시공전의 협의에 따라 그 결과가 좌우되는 경우가 많으므로 설계대로 시공을 기대하는데에는 충분한 협의가 필요하다.

2) 급배수 설비업자

각 주방기구가 그 기능을 충분히 발휘하기 위해서는 여유있는 급수의 확보만이 아니라 그 배수의 처리에 대해서도 충분히 검토하지 않으면 안된다. 환경을 위생적으로 유지하기 위해서는 충분한 배수정화 설비가 요구된다. 주방은 물을 많이 사용하므로 급배수에 필요한 각 배관에 대한 설계, 시공에 주의를 요하며 사용상에 있어서도 정기적인 점검, 청소 등 유지관리에 유의하여야 한다.

3) 가스 설비업자

주방에 있어서 사용하는 에너지의 대부분은 도시가스와 L.P.가스이다. 가스는 발열량이 크고 저장설비의 취급도 비교적 간단하고 특히 도시가스는 저장의 필요가 없는 장점외에 점화·연소·조정 등이 다른 연료에 비해서 간단한 특징이 있다. 가스설비의 설계, 시공은 가스사업법에 의한 자격을 가지는 전문설비업자가 시공하도록 되어있다. 이 설계의 기본은 가스 사용량 산출로 가스소비기기의 종류, 설비수, 가스 사용량, 각 기기의 동시사용 필요성이나 확률, 장래의 증설계획 등을 고려하여 산정하고 설계사용량을 결정한다.

4) 전기 설비업자

주방에는 주로 100V 또는 220V의 전기가 동력, 열원, 조명 등으로 사용된다. 전기배선, 분전반, 모터, 전열기구 등의 시공 및 사용상의 안전에 대해서는 〈전기사업법〉 〈전기 공사법〉을 비롯한 관계법규에 의하여 규제를 받는다. 일부 주방에 있어서는 폭발방지나 특정구역의 가스사용 제한 등 안전의 이유에서 전기를 열원으로 사용하는 경우도 있다.

5) 공조 설비업자

주방은 열원을 다량으로 사용하므로 항상 산소를 보급하고 연소에 의해 배출되는 이산화탄소 및 불필요한 열기, 수증기, 유지분, 냄새 등을 배기하지 않으면 안된다. 주방의 환기나 공기조화의 중요성이 강조됨에 따라 전문기술을 가진 공조설비업자가 설계, 시공한다.

6) 그밖의 관련설비업자

직접 주방에 관계있는 설비로서 엘리베이터, 덤웨이트로 대표되는 반송설비는 주방의 기능에 있어서 큰 부분을 차지한다. 덤웨이트는 화물용 엘리베이트의 특수한 형태로 법률로 사람의 승강이 금지되어 있다. 엘리베이터, 전동 덤웨이트에 대해서는 구조 안전장치 등이 건축기준법으로 규제되며 점검·검사의 의무가 있다.

7. 관련공사의 접속

시공도에 따라 주방설비시설이 끝나면 각각의 관련설비 업자는 급배수, 가스전기 등의 접속공사를 하게 된다. 위치의 결정이나 수평 맞추기를 끝낸 각 설비가 접속공사로 인하여 변동되거나 상태가 잘못되는 경우도 있으므로 공사중에 입회하는 등 시공에 주의가 필요하다.

1) 급배수의 접속

수도, 밸브, 유니온 등의 접속, 부품 사이즈, 규격에 대해서 지시할 필요가 있다. 또한 중앙에 놓는 등판이 없는 기기에 붙이는 급수시설은 사용목적에 적합한 높이를 설정한다. 특히, 싱크배수 접속은 싱크보울의 바닥을 밀어 올리지 않도록 충분히 지시해 둘 필요가 있다. 스팀의 접속에는 바이패스나 트랩의 위치에 유의한다. 이 공사의 최종작업은 접속관의 흔들림방지밴드 고정, 급탕이나 스팀관의 도장이 된다.

2) 가스관의 접속

가스접속은 급배수와 특별히 다른 점은 없으나 통로나 주방작업에 필요한 구획으로 관이 지나가지 않도록 하며 단속이 쉬운 위치에 밸브를 설치할 필요가 있다.

3) 전기배선의 접속

제일 간단한 작업으로 조명기구의 설치와 콘센트의 배선설치는 이미 종료되어 있는 경우이다. 설비의 콘센트 접속관계로 벽면에 설치된 콘센트에 적당하도록 배선방법을 변경하는 경우도 발생한다. 직결의 경우는 각 기기에서 분전반의 조작 스위치로의 배선접속으로 완료되는 경우가 많다. 전기배선의 접속시 주의사항은 누전에 의한 감전사고예방이다. 주방에서는 다량의 물을 사용하고 그 바닥이 젖어 있는 경우가 많으므로 각 설비나 배선부도 영향을 크게 받는다. 감전사고를 예방하기 위해서는 접지의 설치가 필요하며 아울러 각 기기의 성능저하를 방지하기 위한 배선, 특히 접속부의 습기를 방지하는 노력이 필요하다.

제 12 장

주방설비

1. 주방설비의 도입

외식산업의 경영은 구매, 제조, 판매의 기능활동을 효율적인 시스템으로 운영하는 것이다. 외식업소의 주방 설비는 음식의 질과 효율을 결정짓는 요소로 대고객서비스 및 인적자원 관리, 원가와 이익관리 등의 요인과 밀접한 관계가 있다. 주방설비는 메뉴의 특성과 서비스의 형태에 적합하도록 구입하는 것이 그 지향점이다. 제공하는 메뉴와 서비스유형에 따라 설비와 배치형태가 다른 점에 유의하여 다음과 같은 일반적인 사항을 검토한 후에 도입하는 것이 효과적이다.

1) 메뉴별 적정 설비의 설계

제공하는 메뉴의 특성과 서비스 형태에 따른 최적의 설비를 설계함으로써 제공하고자 하는 품질수준에 적합하며 메뉴변경의 경우 등에도 그 활용도가 높은 설비를 도입한다.

2) 예상판매량 대 설비용량의 대비

과대설비의 문제 못지않게 설비용량의 부족으로 인한 생산제약은 기회 대 손실의 문제뿐 아니라 대고객 신뢰에도 심각한 문제를 야기시킨다. 그러므로 과대

설비로 인한 투자손실이나 설비의 추가 도입 및 확장 등에 따른 추가비용 등의 문제를 고려하여 초기도입시부터 적정설비용량을 정확히 산정하도록 한다.

3) 설비의 효용성

설비의 효용성이란 운영상의 비용문제로, 설비의 내구연한이나 품질, 기능상의 우열, 소비전력량(가스, 전기 등)의 사용 유형 등 제원가 요소와 애프터서비스 체계 등을 포함한 설비유지비용 등을 초기도입시 함께 고려한다. 주방설비는 업소간 최초투자비용이 동일하여도 설비의 효용성에 따라 운영, 유지관리 비용과 생산효율에 따른 매출이익 등에서 큰 차이를 보인다는 점에 유의한다.

4) 생산성

음식의 제공시간과 조리인원 및 작업의 효율화를 추구하는 것으로 인적 의존성이 큰 전통적 운영방식에서 탈피하여 시간과 공간을 함께 활용하는 기술인 능률을 추구하는 것이다. 특히 좌석회전율이 영업 이익에 직결되는 업종의 경우에는 생산성있는 설비의 도입으로 한정된 공간의 작업흐름을 원활하게 할 수 있다.

5) 쾌적성

쾌적성이란 작업환경을 합리적으로 구성하여 작업능률의 향상 및 안전과 위생을 함께 추구하는 것이다. 3D라고 하는 힘들고 더럽고 위험한 것에 무덥고 습하기까지한 주방의 열악한 환경 조건을 깨끗하며 안전하고 작업하기 편안한 주방으로 발전시키는 쾌적한 주방을 구성하는 설비를 도입한다.

외식업소 경영의 문제중 하나는 경영자가 취급메뉴에 대한 정확한 주방 설비와 그 소요량을 산출하지 못한다는 것이다. 이는 결과적으로 비효율적인 설비를 높은 단가로 도입하여 투자효율성을 저하시키거나 설비용량의 부족이나 유지관리의 문제, 저급한 품질의 설비기기 도입 등으로 궁극적으로는 메뉴에 적합한 주방을 설계하지 못하는 결과를 가져오게 된다. 또한 예산과 주방 면적을 결정한

다음 설비기기를 끼워 넣는 식의 종래의 외식경영자 의식으로는 이상적인 설비 도입을 기대할 수 없다. 그러므로 주방의 계획시점부터 제공메뉴의 특성파악과 경험있는 전문가의 조언 및 충분한 연구 등을 통하여 최적의 설비를 도입하도록 한다.

2. 주방 설비의 분류

주방설비는 사용상에 따라 저장기기와 조리기기, 편의기기 세종류로 크게 분류된다. 저장기기는 식품의 선도를 유지하는 기기로 냉기기와 온기기로 구분되며 식품의 흐름을 기준으로 식자재의 저장·보관과 판매전 보존설비 등이 포함된다. 조리기기는 원재료인 식재의 가공조리나 처리에 직접 관련된 기기로 음식의 효용을 창조하는 과정에 이용된다. 조리기기는 주로 가스나 전기 등의 열원을 사용하는 열조리기기와 커피, 토스트 등 간단한 조리나 배식, 식재를 가공처리하는데 이용되는 보조조리기기로 구분된다. 편의기기는 작업·수납기기와 작업보조기기, 소독·세척기기 등으로 다시 구분되며 주방 작업의 보조 기능을 담당한다.

- 저장기기
  - 냉기기
    - 냉동·냉장실(walk-in)
    - 냉동·냉장고(reach-in)
    - 콜드테이블
    - 샌드위치 테이블
    - 피자토핑테이블
    - 쇼케이스
    - 급속동결기
    - 해동고
    - 빙온고 등
  - 온기기
    - 워밍테이블
    - 벤마리
    - 롤워머
    - 온장고 등

- 조리기기
  - 주조리기기
    - 가스렌지
    - 가스테이블
    - 간택기
    - 중화렌지
    - 취반기
    - 브로일러
    - 프라이어
    - 오븐
    - 그리들
    - 사라만더
    - 전자조리기
    - 틸팅팬 등
  - 보조조리기기
    - 커피메이커
    - 쥬서
    - 토스타
    - 샌드위치그릴러
    - 에그브로일러
    - 밋쵸파
    - 연육기
    - 탈피기
    - 슬라이서
    - 야채절단기
    - 제빙기(아이스메이커) 등
- 편의기기
  - 작업·수납기기
    - 싱크
    - 작업대
    - 작업대케비넷
    - 선반
    - 마블테이블 등
  - 작업보조기기
    - 온수기
    - 디스펜서
    - 컵워머
    - 진공포장기
    - 기름여과기 등
    - 웨건
    - 카트
    - 덤웨이트
  - 세척·소독기기
    - 식기세척기
    - 칼·도마 보관고
    - 증기소독기
    - 폐기물처리기
    - 컴팩터 등

[그림 12-1] 주방설비의 분류

주 : 일본주방기기공업회의 설비분류

1) 제작과정에 따른 분류

① 판매제품군 ② 기계제품군 ③ 냉동기제품군

2) 사용구분에 의한 분류

① 하조리기기 ② 가열조리기기 ③ 냉동냉장기기 ④ 온장기기
⑤ 서빙기 ⑥ 작업기기 ⑦ 세척기기

1) 저장기기의 종류와 특징

저장기기는 냉기기와 온기기로 구분하며 조리전의 원재료나 반조리상태의 재료, 조리후 제공하기 전까지의 대기과정 등에 식품의 선도와 맛을 최적상태로 유지시키는 것을 목적으로 한다. 이를 위해서는 각 식품의 특성에 적합하며 맛을 보존할 수 있는 기능성과 내구성, 안전성 및 소음, 위생 등의 기능이 요구된다. 고가의 주방설비인 저장기기는 초기도입시부터 용량과 효율을 제대로 산정하여 설비기기의 능력저하나 부족으로 인한 문제의 발생을 사전에 제거하도록 한다. 저장기기의 도입은 초기도입비용과 내구연한 및 유지관리상의 제비용, 기기능력 문제 등으로 파생될 수 있는 품질비용과 판매기회 손실 및 고객서비스문제 등을 고려하여 기준을 설정한다. 특히 저장기기의 고장 발생은 저장식품에 직접적인 연관이 있으므로 기기의 성능과 애프터서비스, 사용상의 부주의 등에 유의하도록 한다.

(1) 냉동·냉장실(walk in freezer / refregirator)

주방의 작업장과 별도로 설치하며 대량의 식품을 저장할때 사용하는 설비로 작업자가 출입을 할 수 있는 규모로 제작된다. 설치시 유의사항으로는

① 외부에서의 반입과 주방으로의 반출
② 작업동선과 관리의 용이성
③ 청소 및 배수관계
④ 작업상의 안전문제

등이 있으며 저장량을 사전에 계획하여 위치와 크기를 결정한다. 판넬의 단열성과 냉동기의 성능, 바닥면의 부하정도 및 하역방법 등을 설계시 고려하며 온도조절 및 확인장치 등의 부착위치 또한 중요하다.

(2) 냉동·냉장고(reach in freezer / refrigerator)

주방에 설치하는 스탠드타입으로 원재료나 반조리된 재료, 기타 판매전 냉장 보관식품 등을 저장하는데 사용한다. 기본구조와 냉장고 벽면의 소재(우레탄, 스치로폴 등)와 콤프레셔, 문의 밀폐능력 등에 따라 성능과 가격에 큰 차이가 있으므로 도입시 열효율과 충분한 냉각능력, 내구연한 등을 고려하여 도입한다.

[그림 12-2] 냉동·냉장실(walk in freezer/refreglrator)

[그림 12-3] 냉동·냉장고(reach in freezer/refriglrator)

참고 14 냉동·냉장실의 설치방법

1. 현지구조방식 – 현장의 공간을 활용하여 단열벽 및 설비기기 등을 설치하는 방식
2. 프리하프(PRE–HALF)방식 – 판넬, 부품 등이 규격화되어 있으며 공장에서 대량생산된 것을 현장에서 조립, 설치하는 방식
3. 공장제작방식 – 주문자의 요구나 설치공간에 따라 판넬의 크기 및 부품 등을 별도로 제작하여 현장에서 시공하는 방식

초기시설 비용면에서는 프리하프방식이 다소 유리하나 업소의 여유공간에 최적화된 저장공간을 설계할 수 있는 공장제작방식을 도입하는 것이 일반적이다.

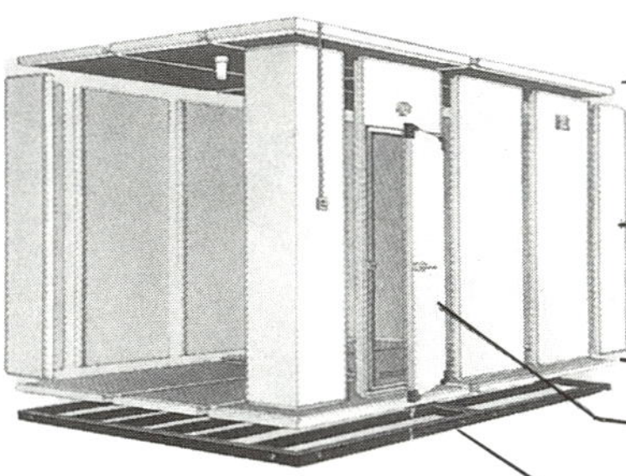

참고 15 냉기기 관리의 유의점

냉기기는 냉각능력을 확보함으로써 저장식품의 품질을 유지하는데 그 목적이 있으므로 다음과 같은 사항에 유의하여 관리한다.

1. 냉각력의 확보

1) 응축기

① 공냉식의 경우 통기성이 좋고 온도가 낮은 곳에 설치하여 냉각능력의 저하를 예방한다. 특히 주방 특유의 기름 등에 의한 더러움을 고려하여 응축기의 방열판 등의 외면을 정기적으로 청소한다.

② 수냉식의 경우 냉각수량의 유지와 배수상태를 수시로 점검한다.

2) 열손실

① 냉기기 문의 밀착상태 등을 정기적으로 점검한다.

② 저장식품의 출납은 신속히 하여 열손실을 최소화한다.

2. 저장식품의 품질유지

1) 온도관리

냉기의 흐름을 막지 않도록 식품을 저장하고 설정온도와 실제온도 등도 수시로 점검한다.

2) 위생관리

① 냄새가 나는 식품은 비닐 등으로 포장을 하여 냉기기내 또는 다른 식품에 냄새가 배이지 않도록 주의한다.

② 정기적인 내부청소와 배수상태를 점검한다.

3. 기타

① 소음과 진동이 발생되지 않도록 고정상태를 정기적으로 점검한다.

② 안전을 위하여 접지상태를 정기적으로 점검한다.

③ 충분한 전기용량을 확보하여 안정된 상태로 가동하도록 한다.

---

(3) 콜드 테이블(cold table)

하부에 냉동·냉장고를 설치하고 상부는 조리나 가공처리 작업을 할 수 있도록 작업대로 제작하여 주방의 공간을 효율적으로 사용할 수 있도록 설계된 냉기기이다. 콜드테이블은 조리과정이나 작업에 직접적으로 필요한 재료를 작업영역 바로 아래에 보관함으로써 작업의 효율화를 추구하는 장점이 있다. 응용 냉기기로는 샌드위치 테이블, 콜드팬, 소다판텐, 콜드베스, 피자토핑테이블 등이 있다. 특히 서랍식 콜드테이블은 식품의 분리보관과 출납이 용이하고 필요한 식품만을 꺼낼 수 있어서 냉기의 유출을 최소화시키는 장점이 있다.

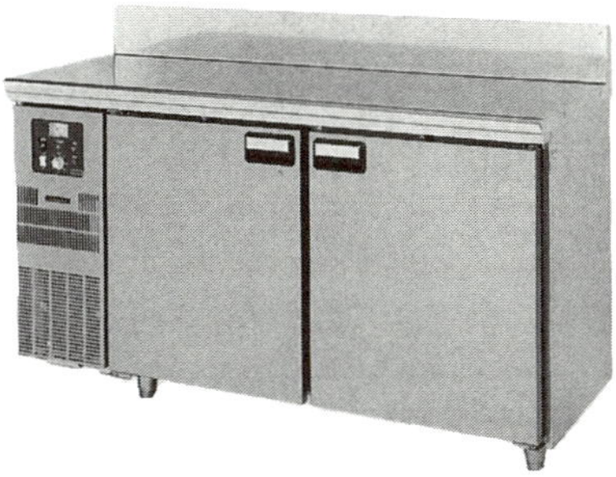

[그림 12－4] 콜드 테이블

[그림 12－5] 서랍식 콜드 테이블

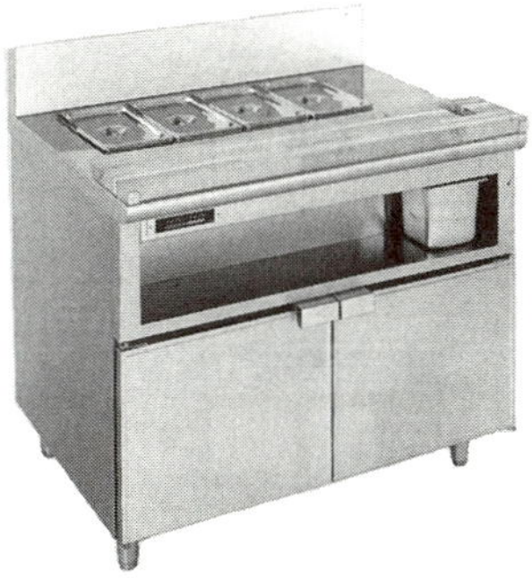

[그림 12－6] 샌드위치 테이블

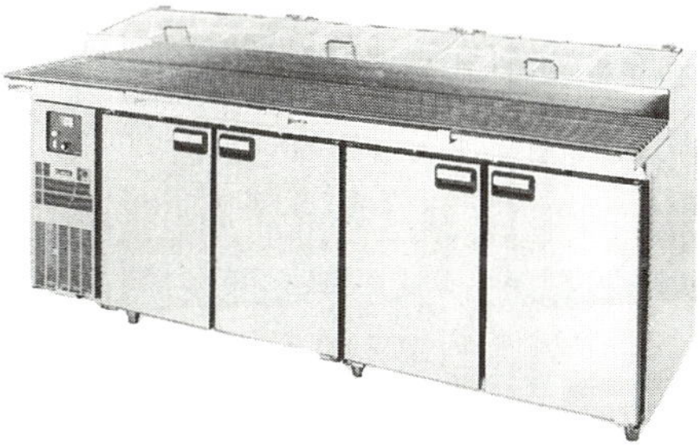

[그림 12－7] 피자토핑 테이블

(4) 쇼케이스(show case)

판매 전의 상품을 일시 저장하는 기능을 하는 쇼케이스는 실내분위기와 저장방식에 적합도록 설계를 한다. 식품매장이나 카페테리아, 제과점, 일식집의 초밥 등을 보관하는 냉장쇼케이스와 양과자 등을 보고하는 온장 쇼케이스 등이 있다.

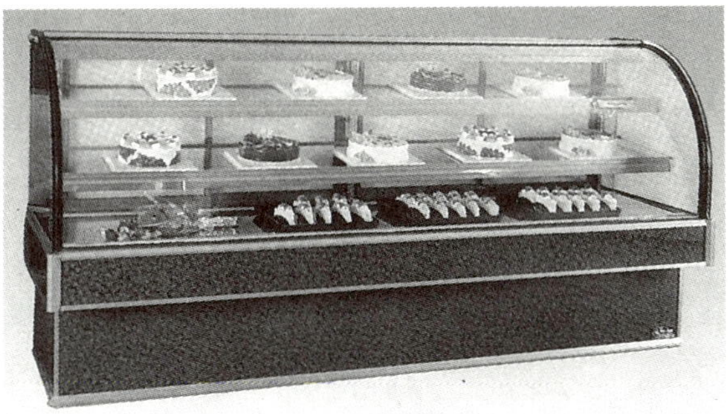

[그림 12－8] 쇼케이스

(5) 급속동결기(freezer)

식품동결용 기기로 재료를 대량으로 구입하여 가공처리한 후 동결보존하거나 케이터링 등에서 조리의 완결후 동결배송하는 경우, 기타 어류나 육류의 동결보관 등 대량동결과정이 필요한 작업에 사용된다. 급속동결은 식품 고유의 특성이 손실되는 것을 최소화하는 장점이 있다. 일반적으로 동결된 식품을 해동하는 기기로는 컨벡션 오븐을 사용한다.

(6) 빙온고(fish freezer)

어류 등을 신선하게 보관·저장하기 위해서는 식품이 얼기 직전의 온도인 빙온(氷溫)의 조건하에서 저장하는 항온·고습의 저장고이다. 빙온고는 −3℃～−4℃ 범위내에서의 숙성 효과로 생선이나 쇠고기, 채소절임 등의 맛을 한층 좋게 하는 장점이 있다.

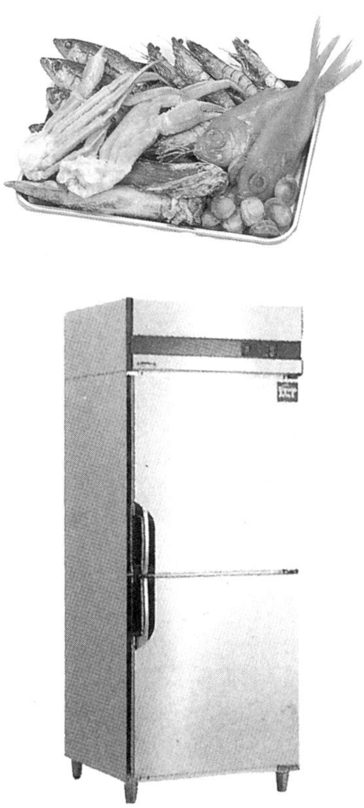

[그림 12-9] 급속 동결기

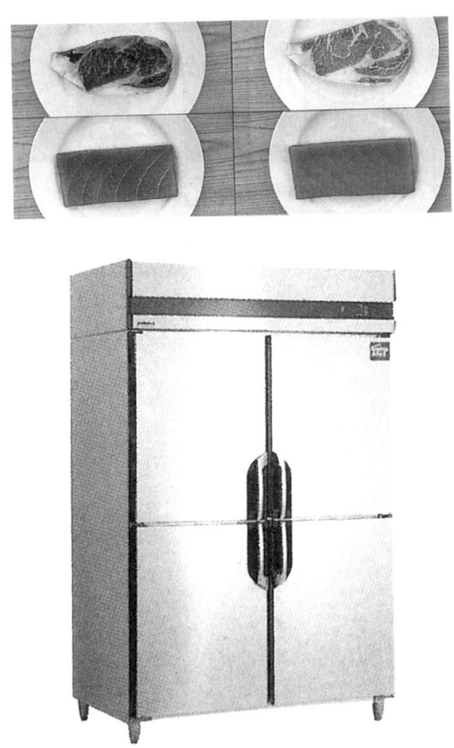

[그림 12-10] 빙온고

(7) 해동고(defreezer)

육류나 어류 등의 냉동식품을 저온증기로 해동시키는 설비기기로 배수시설까지 갖추고 있어 위생적인 처리가 가능하다. 저온증기란 냉동식품의 냉기와 온수에 의하여 발생되는 대류현상을 이용하는 것으로 일반적인 해동과정에서 발생하는 식품의 부스러짐이나 신선도의 하락 등을 방지한다.

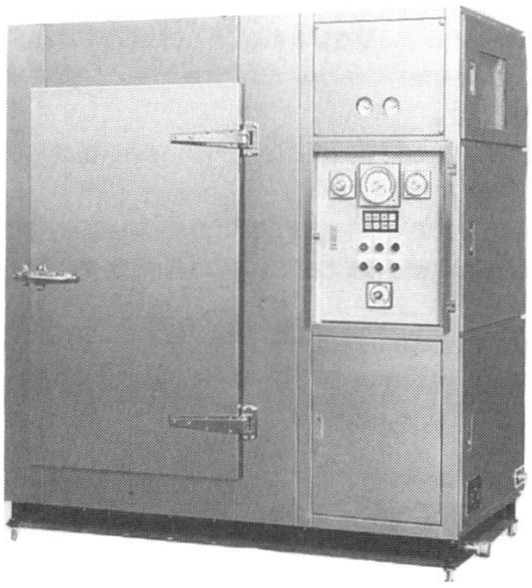

[그림 12-11] 해동고

(8) 워밍테이블(warming table)

스프나 소스류 등 조리된 식품을 호텔팬에 담아 보온하는 기기로 식품이 타거나 건조되는 것을 방지하지 위하여 수조를 간접가열하는 중탕방식이 사용된다. 열원으로는 전기나 가스를 주로 사용하며 스팀의 공급이 가능한 대규모 시설의 경우 이를 열원으로 사용한다.

[그림 12-12] 워밍테이블

(9) 벤마리(bainmarie)

워밍테이블이 용기의 형태 및 구조가 정해진 반면, 벤마리는 탕조 상부가 개방되어 대형용기를 보온하는 경우에 사용된다. 열원은 워밍테이블과 동일하다.

[그림 12-13] 벤마리

(10) 온장고(hot wagon)

완성된 요리를 제공하기 전까지 보온·보존하는 기기로 고정식과 이동식이 있다. 식품의 건조를 예방하기 위하여 보통 스팀을 사용하여 목적에 적합한 보온 온도를 유지시킨다.

[그림 12-14] 온장고

2) 조리기기의 종류

조리기기는 가스나 전기 등을 열원으로 사용하여 음식을 조리하는 주조리기기와 간단한 음식의 조리 및 전처리과정 등에 사용하는 보조조리기기로 구분한다. 각 설비기기는 제공메뉴에 적합하도록 설계되어 있으므로 업소의 주력메뉴의 경우는 전용기기를, 기타의 경우에는 범용성이 있는 기기를 도입, 배치함으로써 맛, 향, 시각적 효과 등 관능적 품질을 포함한 식품의 전체적인 품질유지와 주방의 생산성 향상이 가능하다. 대부분의 조리기기가 전기나 가스 등의 에너지를 사용하므로 안전사고의 예방과 설비사용 교육에 대한 주의가 필요하다.

조리기구는 주조리기구와 부조리기구로 나눌 수 있으며 다음과 같다.[1)]

(1) 주조리기기

① 가스렌지(gas range)
② 가스테이블(gas table)
③ 간택기
④ 가스 로 렌지(gas low range)
⑤ 중화렌지(chinese range)
⑥ 취반기(rice cooker)
⑦ 브로일러(broiler)
⑧ 프라이어(frier / fryer)
⑨ 그릴(griddle)
⑩ 철판구이카운터
⑪ 오븐(oven) — 피자오븐(pizza oven), 컨벡션오븐(convection oven), 베이킹 오븐(baking oven), 전자렌지(microwave oven)
⑫ 틸팅팬(tilting pan)
⑬ 솥류
⑭ 면조제기
⑮ 전자조리기(electronic pan)

(2) 보조조리기기

① 커피메이커(coffee maker)

1) 조리기기와 편의기기에 관한 상세한 내용은 제14장 주방설비의 종류나 특징을 참조하시기 바람.

② 쥬서기(juicer)
③ 토스터(toaster)
④ 샌드위치 그릴러(sandwich griller)
⑤ 번스 토스터(buns toaster)
⑥ 에그 쿠커(egg cooker)
⑦ 슬라이서(slicer)
⑧ 탈피기(peeler)
⑨ 고기 분쇄기(meat chopper)
⑩ 연육기(tenderizer)
⑪ 육류 절단기(meat saw)
⑫ 믹서(mixer)
⑬ 탈수기(dehy drator)
⑭ 기타 슬라이서
⑮ 믹싱기(mixing machine)
⑯ 야채 절단기(vegetable cutter)
⑰ 드링크 디스펜서(drink dispencer)
⑱ 쥬스 디스펜서(juice dispencer)
⑲ 아이스 디스펜서(ice dispencer)
⑳ 청주 보온기(sake warmer)
㉑ 기타 디스펜서
㉒ 제빙기(ice maker)

3) 편의기기의 종류

(1) 작업·수납기기

① 싱크(sink)
② 작업대(working table)
③ 마블 테이블(marble table)
④ 선반(shelf)

(2) 작업보조기기

① 온수기

② 디스펜서(dispencer)
③ 컵 워머(cup warmer)
④ 기름 여과기(oil filter)
⑤ 덤 웨이트(dump weight)
⑥ 웨건(wagon)
⑦ 카트(cart)
⑧ 진공포장기

(3) 세척소독기기

① 식기 세척기(dish washer)
② 칼·도마 살균고(sterilizer)
③ 증기 소독기(steam sterilizer cabinet)
④ 폐기물 처리기/컴팩터(soiled table / compacter)

제 13 장

주방설계와 사례

1. 호 텔

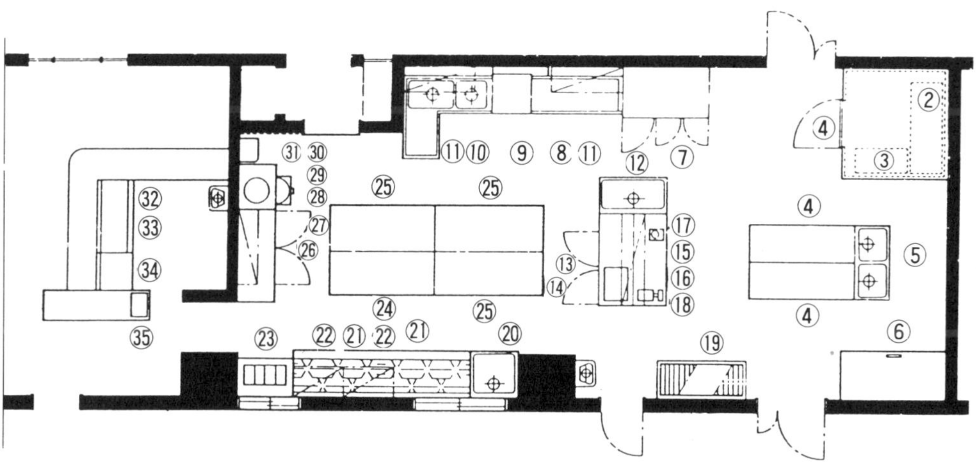

번호	설비명	번호	설비명	번호	설비명	번호	설비명
1	조립식 냉장고	11	랙 선반	21	가스렌지	31	가스 온수기
2	4단 선반	12	씽크대	22	사라만더	32	그리들
3	4단 선반	13	클린테이블	23	워머	33	그리들 받침대
4	배식대	14	전자렌지	24	디쉬워머	34	작업대
5	2조 씽크	15	작업대	25	배식대	35	타올워머
6	냉동스토커	16	상선반	26	콜드 테이블		
7	냉동냉장고	17	만능분쇄교반기	27	파이프선반		
8	클린 테이블	18	밋쵸파	28	받침대		
9	세척기	19	4단 선반	29	가스 취사기		
10	잔반처리대	20	씽크대	30	전자 밥통		

2. 카페테리아

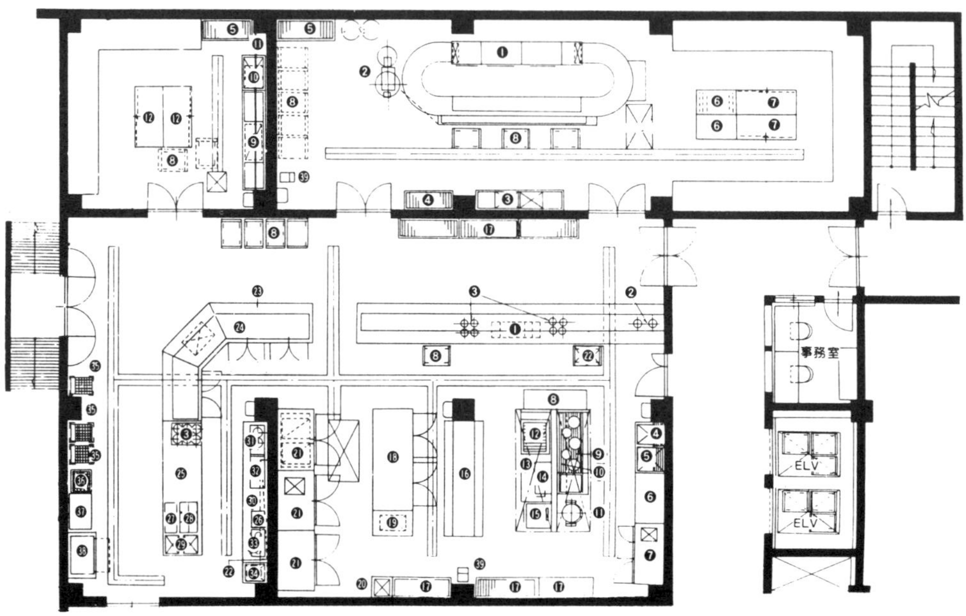

번호	설 비 명	번호	설 비 명	번호	설 비 명	번호	설 비 명
1	카운터	11	스프솥	21	냉장고	31	커피메이커
2	히터 램프	12	그릴러	22	벽선반	32	컵워머
3	디쉬디스펜서	13	작업대	23	냉테이블	33	가스테이블
4	파이프선반	14	사라만더	24	샐러드케이스	34	씽크
5	씽크	15	컨벡션오븐	25	서비스스테이션	35	컵 디스펜서
6	캐비넷	16	작업대/랙	26	토스터	36	음료기
7	냉장고	17	랙	27	타월워머	37	테이블
8	작업대	18	콜드테이블	28	나이프포크홀더	38	제빙기
9	가스렌지	19	작업대	29	크림스토커		
10	선반	20	씽크	30	쥬스디스펜서		

3. 패스트푸드점(햄버거중심-대형업소)

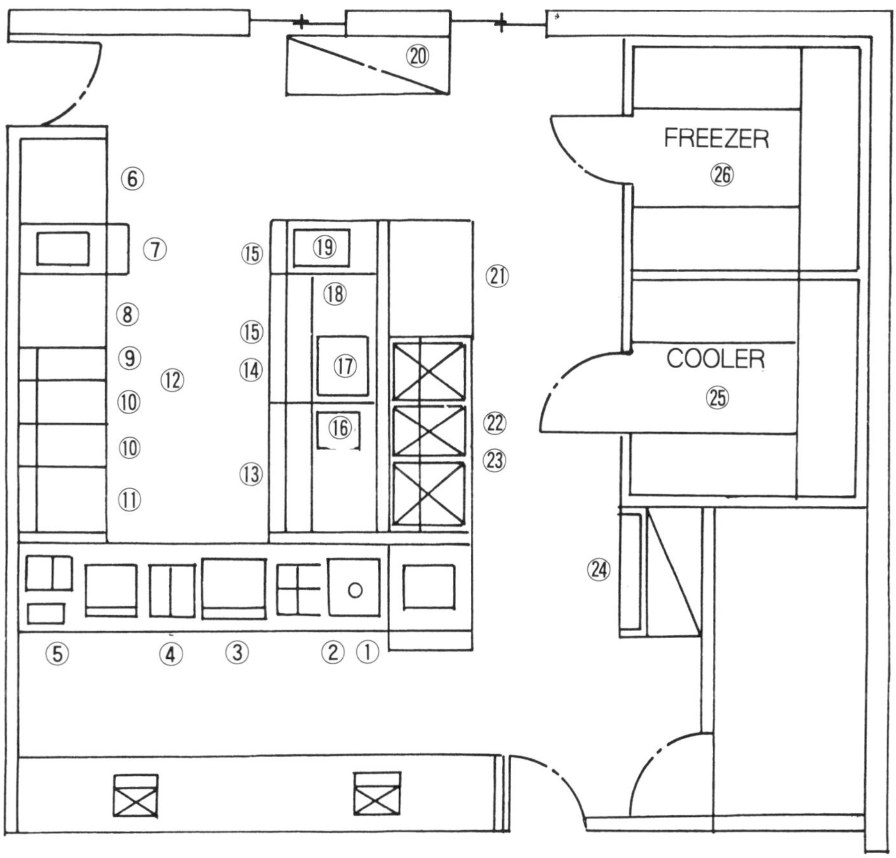

번호	설 비 명	번호	설 비 명	번호	설 비 명	번호	설 비 명
1	카운터	8	칠리오븐	15	배기후드	22	3조 씽크
2	칠리워머	9	오픈프라이어	16	핫도그워머	23	2단선반
3	햄버거 슈트	10	오픈프라이어	17	번스워머	24	제빙기
4	애플 덤플링	11	덤프테이블	18	워머	25	냉장실
5	카운터/씽크	12	배기후드	19	패티 스토커	26	냉동실
6	브레딩테이블	13	콜드테이블	20	작업대		
7	H.P.프라이어	14	그리들	21	작업대		

4. 패스트푸드점(햄버거중심－중소규모)

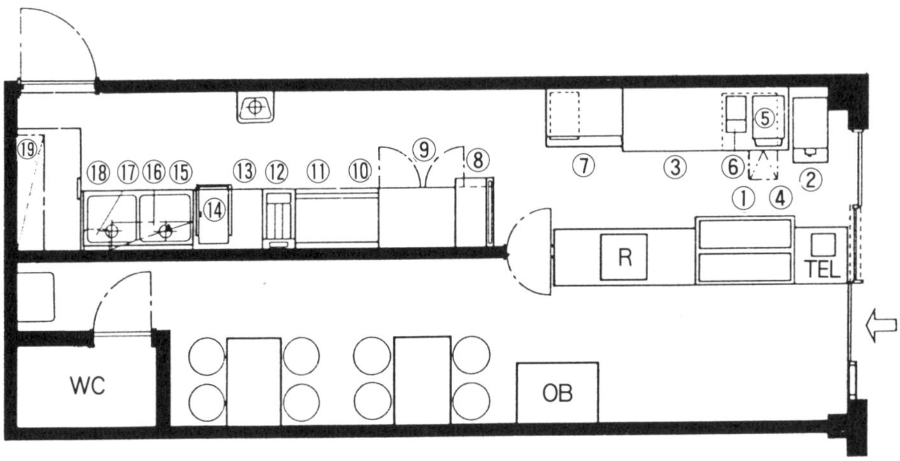

번호	설 비 명	번호	설 비 명	번호	설 비 명	번호	설 비 명
1	케이스	6	커피메이커	11	그리들	16	파이프선반
2	쉐이크 머신	7	덤프스테이션	12	프라이어	17	가스온수기
3	드링크테이블	8	번스워머	13	작업대	18	냉동스토커
4	아이스메이커	9	콜드테이블	14	번스토스타	19	벽찬장
5	콜라디스펜셔	10	받침대	15	2조 씽크		

5. 패스트푸드점(프라이드치킨)

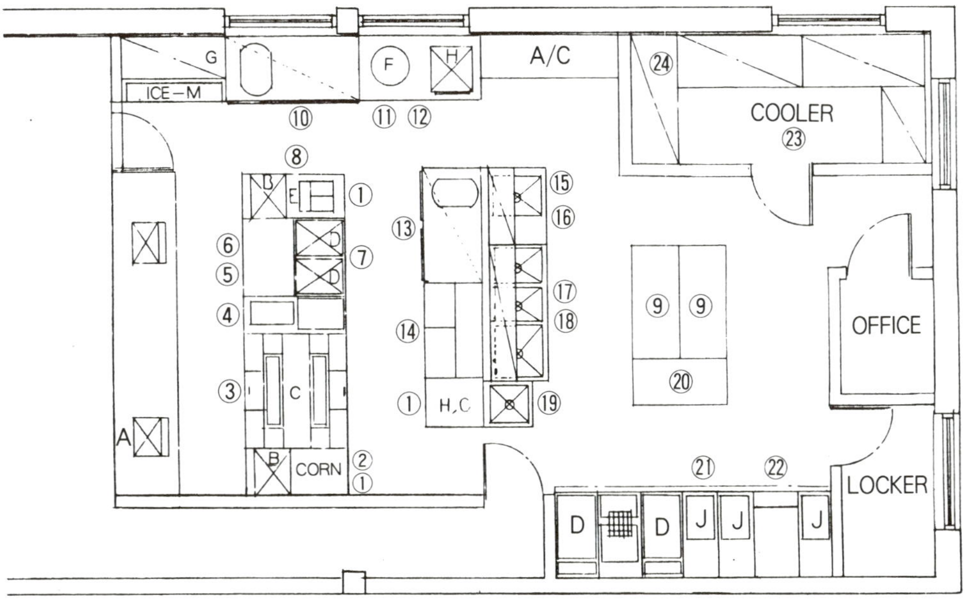

번호	설 비 명	번호	설 비 명	번호	설 비 명	번호	설 비 명
1	사이드테이블	11	비스켓테이블	21	덤프 테이블	H	비스켓오븐
2	콘 쿠커	12	비스켓냉장고	22	후드스탠드	I	홀딩케비넷
3	패킹 테이블	13	냉동고	23	냉장실	J	H.P. 프라이어
4	스테이션	14	샌드위치테이블	A	계산기		
5	콜드테이블	15	1조 씽크	B	콜라디스펜서		
6	콜드쇼케이스	16	벽선반	C	온장 쇼케이스		
7	배기 후드	17	3조 씽크	D	오픈 프라이어		
8	파이프벽선반	18	벽선반	E	쥬스디스펜서		
9	브레딩테이블	19	몹 씽크	F	믹서		
10	냉동고	20	마리네이터	G	제빙기		

6. 레스토랑

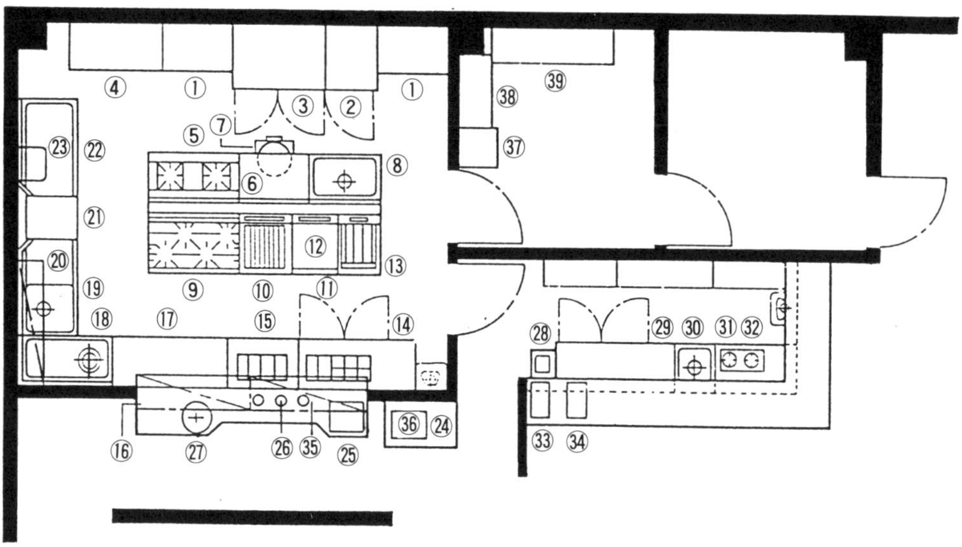

번호	설 비 명	번호	설 비 명	번호	설 비 명	번호	설 비 명
1	팬랙	11	보조대	21	식기 세척기	31	가스대
2	냉동고	12	그리들	22	클린 테이블	32	가스곤로
3	냉장고	13	프라이어	23	순간 온수기	33	쥬스 디스센서
4	식기선반	14	샌드위치테이블	24	제빙기	34	커피 메이커
5	렌지	15	스팀 테이블	25	워터 스테이션	35	냉장 쇼케이스
6	취사기 받침대	16	벽선반	26	히트 램프	36	타올 워머
7	취사기	17	조리대	27	전자 밥솥	37	쌀통
8	1조 씽크	18	더스트테이블	28	스톳커	38	4단 선반대
9	가스렌지	19	잔반처리대	29	콜드 테이블	39	4단 선반대
10	브로일러	20	랙	30	1조 씽크		

7. 중식당

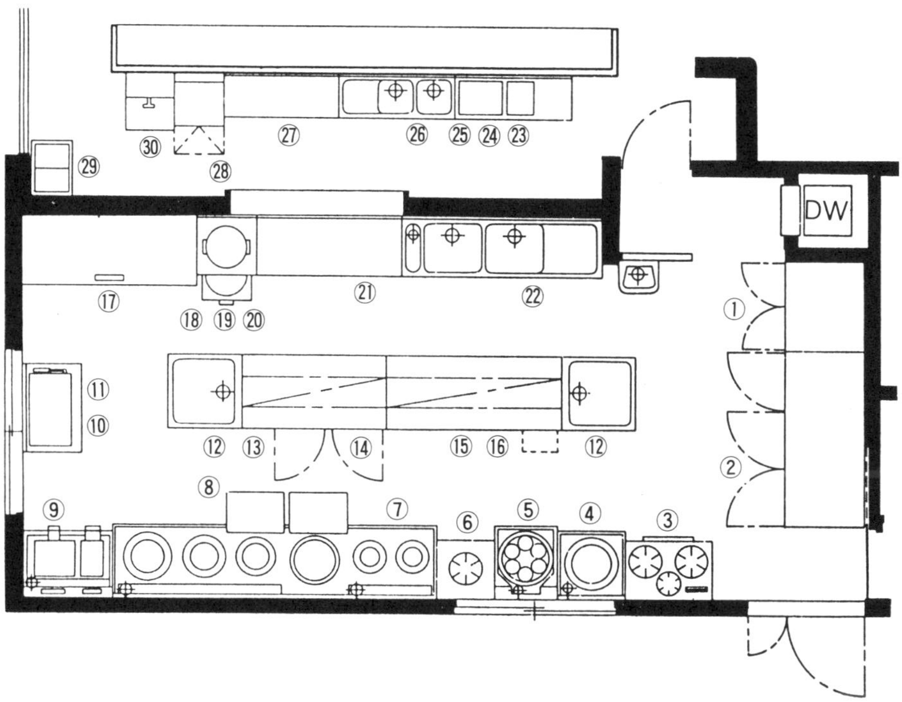

번호	설 비 명	번호	설 비 명	번호	설 비 명	번호	설 비 명
1	냉동고	9	상선반	17	받침대	25	타월워머
2	냉장고	10	냉동스토커	18	그릴러	26	2조씽크작업대
3	가스렌지	11	취사기	19	1조 씽크	27	배식대
4	죽솥	12	취사기받침대	20	콜드테이블	28	제빙기
5	면솥	13	보온밥통	21	상선반	29	음료쇼케이스
6	스프렌지	14	조리대	22	조리대	30	생맥주코크주
7	중화렌지	15	2조 씽크	23	서비스카운터		
8	조리대	16	만두기계	24	보온물통		

8. 한식당

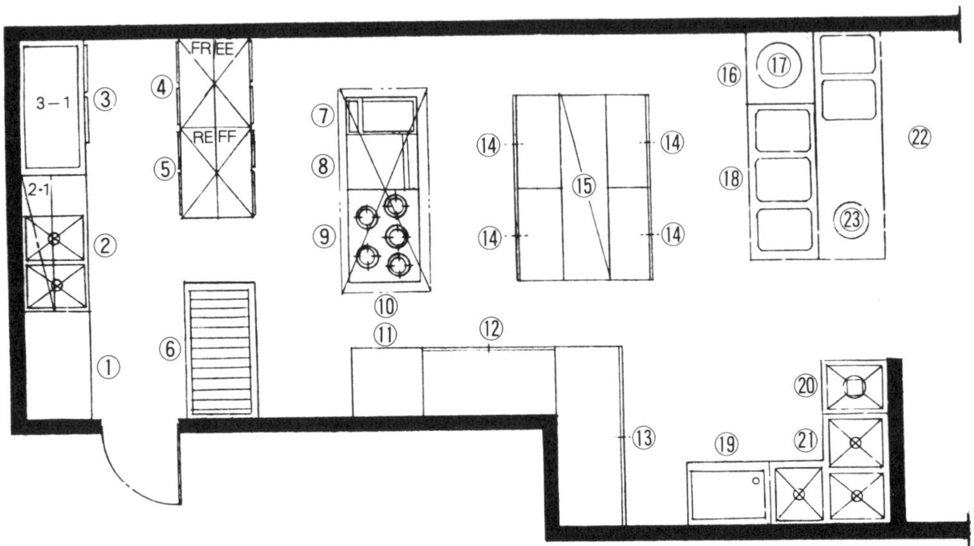

번호	설 비 명	번호	설 비 명	번호	설 비 명	번호	설 비 명
1	작업대	6	4단 선반대	13	케비넷	20	잔반처리대
2	2조씽크작업대	7	오픈프라이어	14	작업대케비넷	21	3조 씽크
2-1	벽선반	8	그리들	15	2단선반/워머	22	배식대
3	콜드테이블	9	5구가스렌지	16	취사기받침대	23	컵워머
3-1	도마대	10	배기후드필타	17	취사기		
4	냉동고	11	작업대	18	콜드테이블		
5	냉장고	12	케비넷	19	작업대		

9. 삼계탕전문점

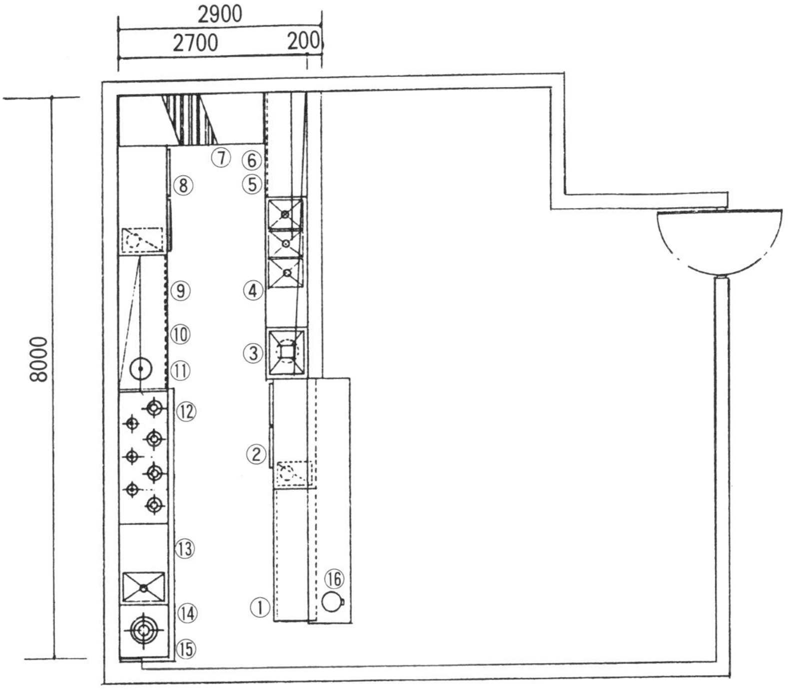

번호	설 비 명	번호	설 비 명	번호	설 비 명	번호	설 비 명
1	배식대/케비넷	5	작업대케비넷	9	작업대케비넷	13	1조씽크작업대
2	김치냉장고	6	벽선반	10	벽선반	14	간택기
3	잔반처리대	7	4단 선반	11	취사기	15	배기후드
4	3조씽크작업대	8	냉동냉장고	12	7구 가스렌지	16	보온물통

10. 일식당(A)

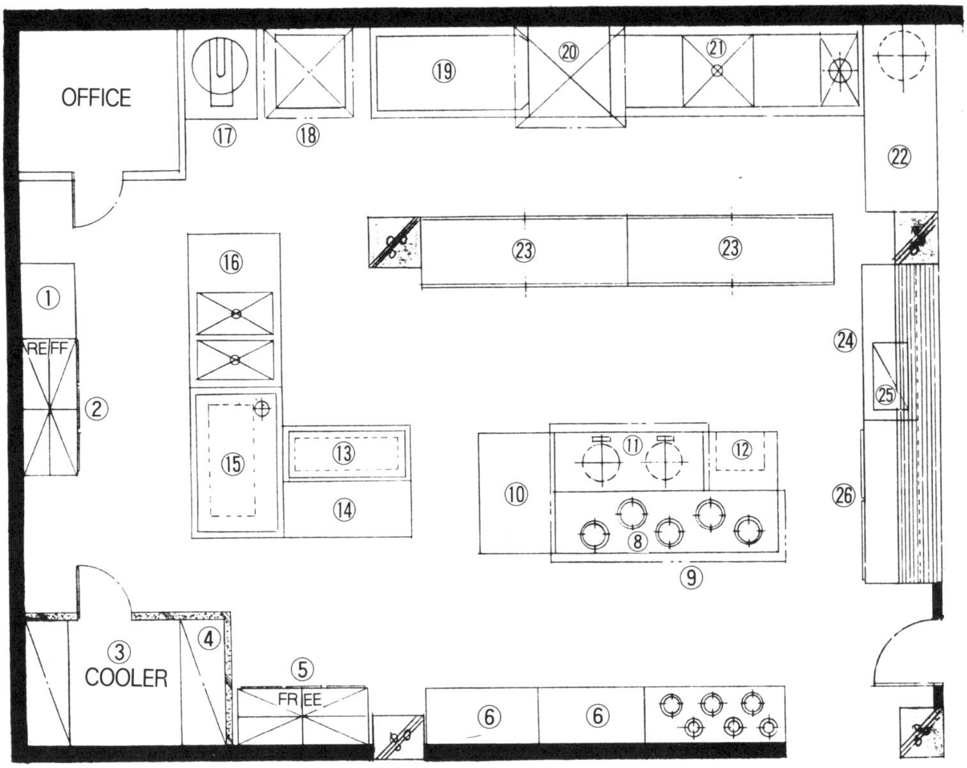

번호	설 비 명	번호	설 비 명	번호	설 비 명	번호	설 비 명
1	쌀통	8	가스렌지	15	씽크	22	작업대
2	냉장고	9	배기후드	16	2조씽크	23	케비넷작업대
3	냉장실	10	캐비넷작업대	17	세미기	24	작업대
4	선반	11	가스레인지	18	취사기	25	스시케이스
5	냉동고	12	작업대	19	세척테이블	26	콜드테이블
6	작업대	13	배형씽크	20	자동세척기		
7	가스렌지	14	작업대	21	씽크		

11. 일식당(B)

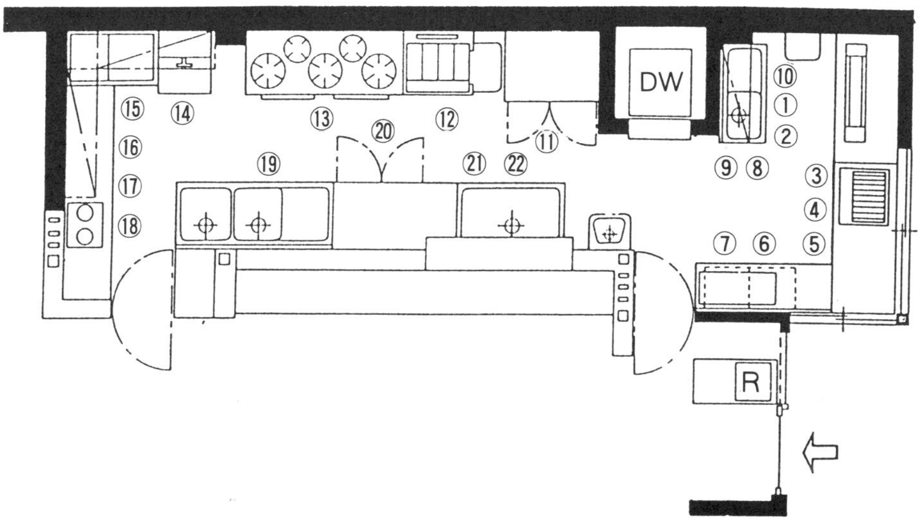

번호	설 비 명	번호	설 비 명	번호	설 비 명	번호	설 비 명
1	콜드 테이블	7	쇼케이스	13	가스렌지	19	2조 씽크
2	꼬치구이기	8	1조 씽크	14	생맥주 코크주	20	콜드 테이블
3	구이기	9	벽찬장	15	음료 쇼케이스	21	씽크
4	받침대	10	가스온수기	16	벽찬장	22	스시 케이스
5	받침대	11	냉장냉동고	17	서비스 테이블		
6	온장고	12	프라이어	18	사께워머		

12. 초밥전문점

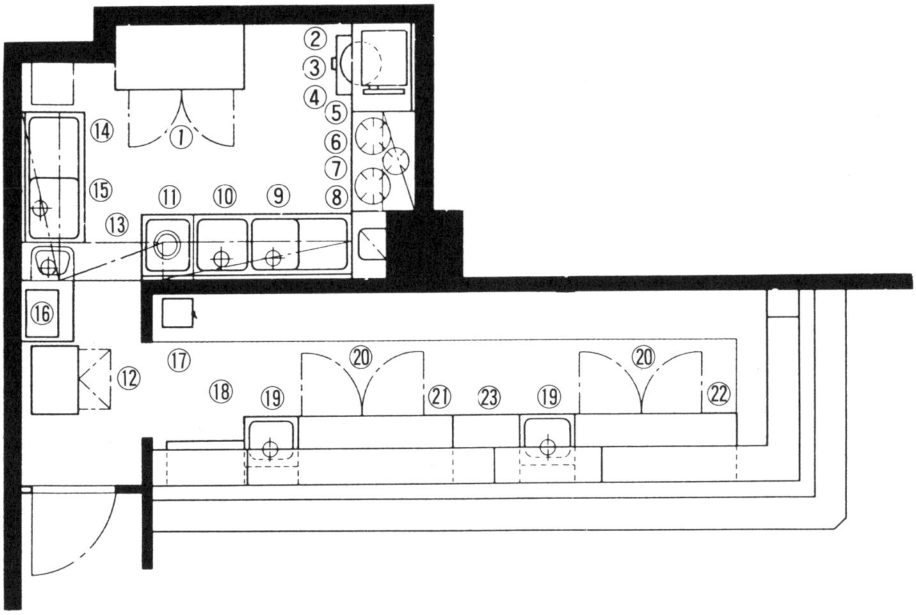

번호	설 비 명	번호	설 비 명	번호	설 비 명	번호	설 비 명
1	냉동냉장고	7	받침대	13	벽찬장	19	1조 씽크
2	그릴러	8	가스 온수기	14	벽찬장	20	콜드테이블
3	받침대	9	2조 씽크대	15	1조 씽크	21	스시 쇼케이스
4	취사기	10	벽선반	16	타올워머	22	스시 쇼케이스
5	파이프벽 선반	11	더스트 테이블	17	사께워머	23	조리대
6	가스테이블	12	제빙기	18	냉수 쇼케이스		

13. 우동전문점

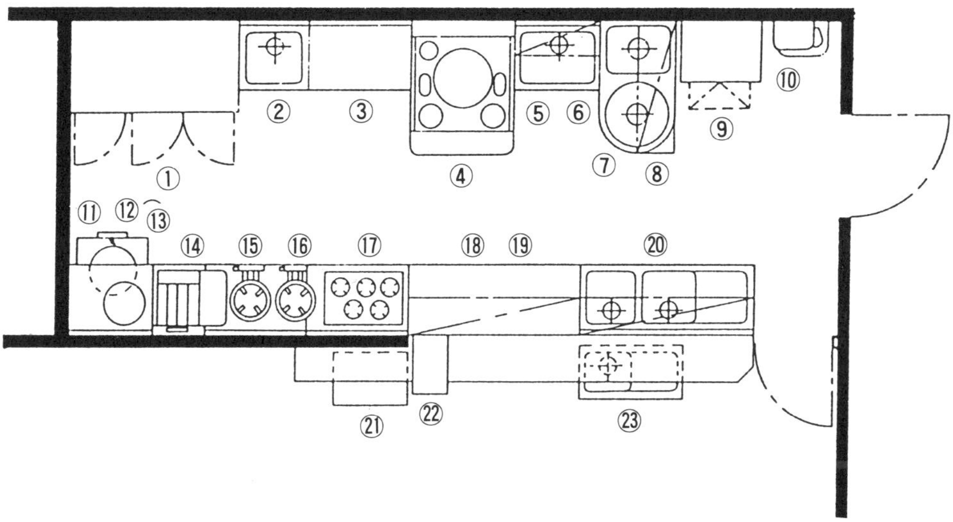

번호	설 비 명	번호	설 비 명	번호	설 비 명	번호	설 비 명
1	냉동냉장고	7	원형씽크	13	보온밥통	19	벽찬장
2	1조 씽크	8	랙 선반	14	프라이어	20	2조씽크작업대
3	작업대	9	제빙기	15	가스곤로대	21	냉장쇼케이스
4	면솥	10	순간온수기	16	가스곤로	22	보온물통
5	면 씽크	11	받침대	17	가스테이블	23	서비스 씽크
6	식기보관고	12	가스취사기	18	배식대		

14. 분식점

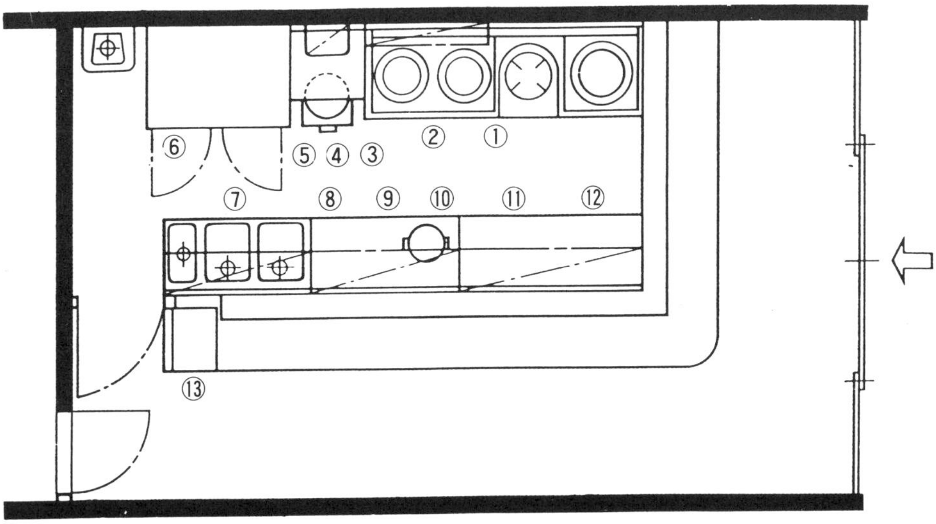

번호	설 비 명	번호	설 비 명	번호	설 비 명	번호	설 비 명
1	중화렌지	5	순간 온수기	9	조리대	13	보온물통
2	벽 찬장	6	냉동냉장고	10	전자밥통		
3	취사기 받침대	7	2조 씽크	11	조리대		
4	가스 취사기	8	벽찬장	12	벽찬장		

15. 카레전문점

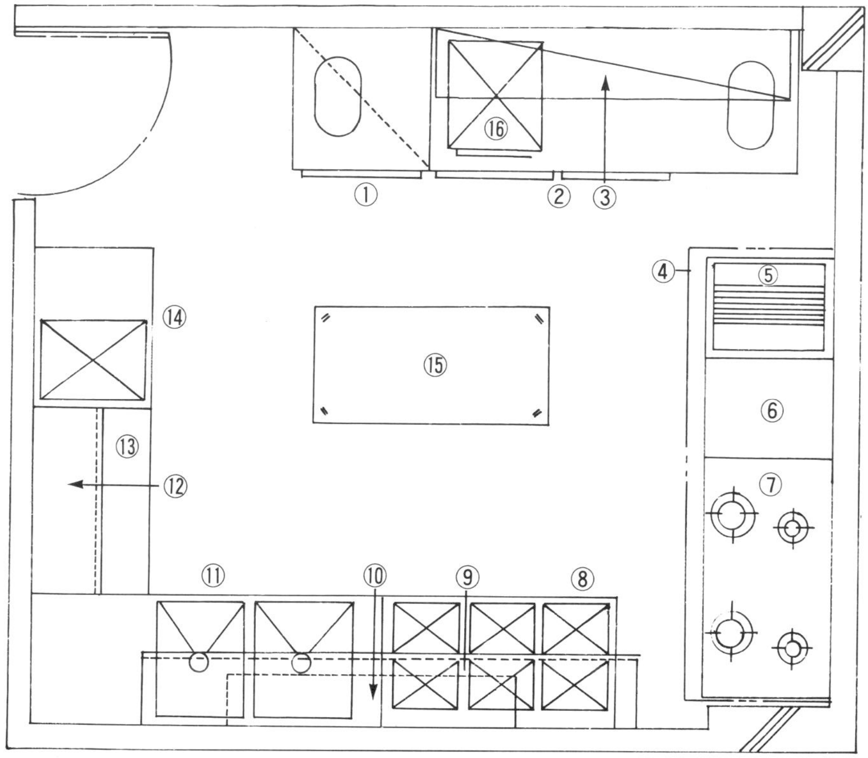

번호	설 비 명	번호	설 비 명	번호	설 비 명	번호	설 비 명
1	냉동고	5	가스 프라이어	9	상부 벽선반	13	냉장고
2	콜드테이블	6	작업대	10	하부 벽선반	14	1조 씽크
3	벽선반	7	4구 가스렌지	11	2조 씽크작업대	15	이동 작업대
4	배기후드	8	스프 워머	12	벽선반		

16. 피자전문점

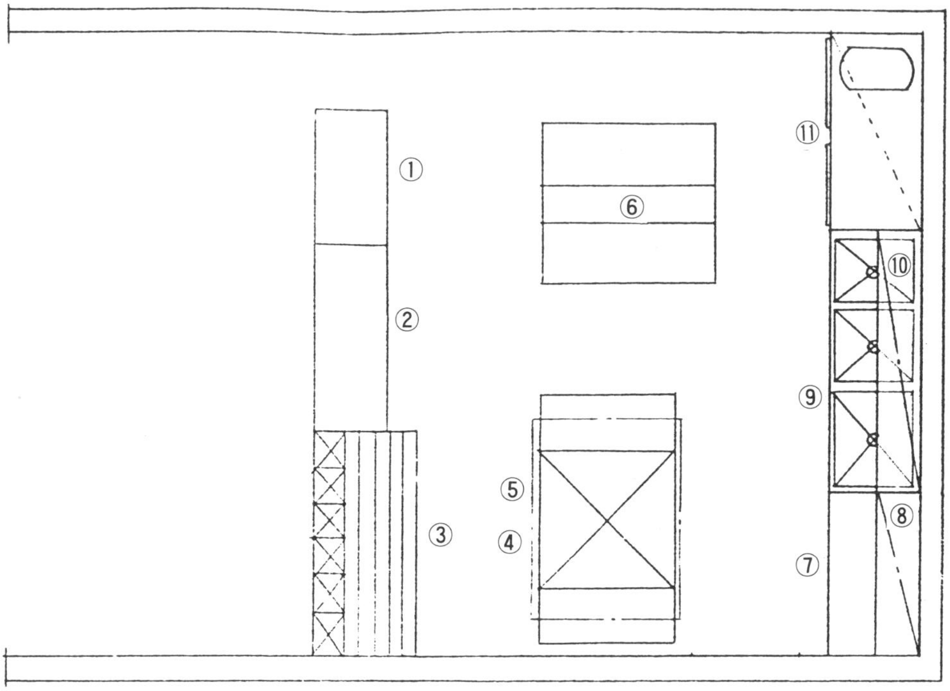

번호	설 비 명	번호	설 비 명	번호	설 비 명	번호	설 비 명
1	주문테이블	4	피자 오븐	7	작업대	10	파이프벽선반
2	슬립테이블	5	배기후드	8	벽선반	11	냉동냉장고
3	토핑테이블	6	커팅테이블	9	3조 싱크		

17. 만두전문점

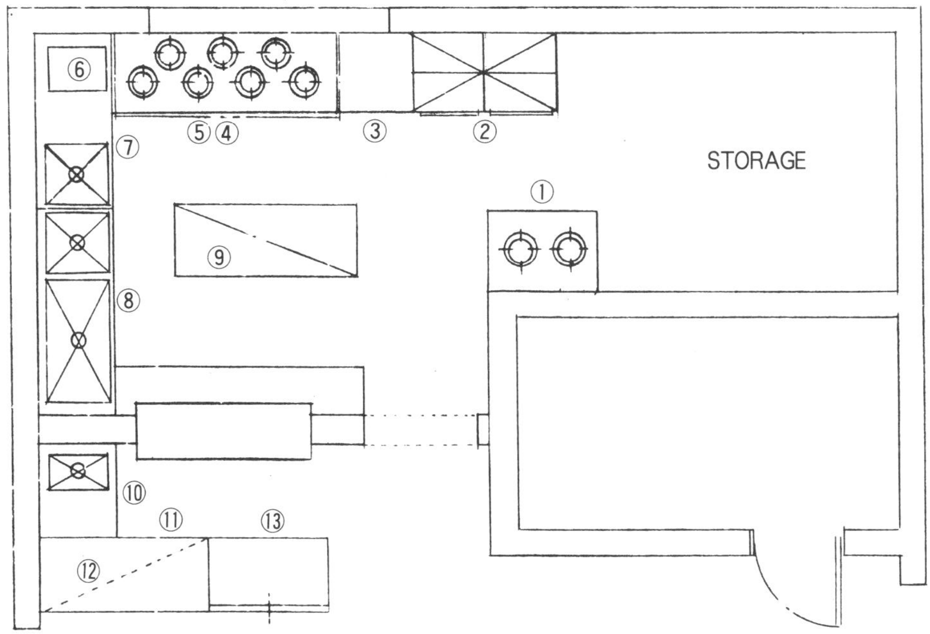

번호	설 비 명	번호	설 비 명	번호	설 비 명	번호	설 비 명
1	가스렌지	5	배기후드 필타	9	작업대	13	음료쇼케이스
2	냉동냉장고	6	만두기계	10	컵씽크		
3	보조대	7	1조씽크작업대	11	냉동냉장고		
4	가스테이블	8	2조씽크대	12	컵보관대		

18. 일반주점

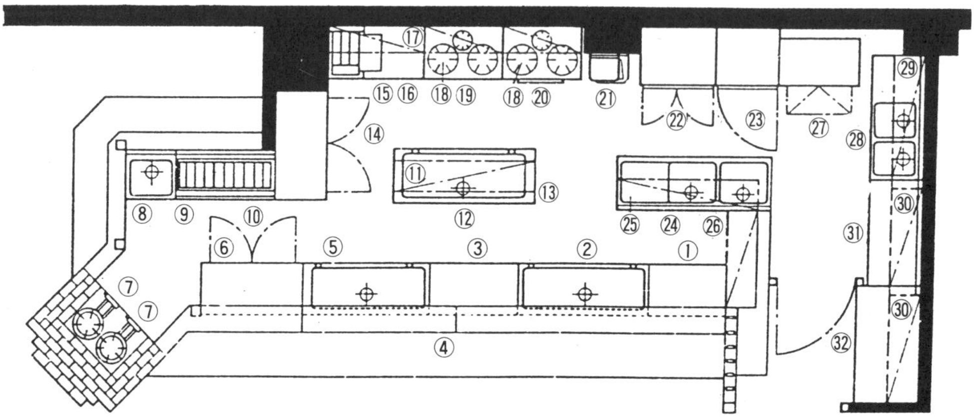

번호	설 비 명	번호	설 비 명	번호	설 비 명	번호	설 비 명
1	조리대	11	벽찬장	21	온수기	31	작업대
2	씽크대	12	상선반	22	냉장고	32	냉장쇼케이스
3	조리대	13	씽크대	23	냉동고		
4	냉장쇼케이스	14	콜드테이블	24	2조씽크 작업대		
5	씽크대	15	프라이어	25	벽 찬장		
6	콜드테이블	16	조리대	26	벽 찬장		
7	가스곤로	17	파이프벽선반	27	제빙기		
8	1조 씽크	18	파이프벽선반	28	2조 씽크		
9	가스곤로대	19	가스 테이블	29	벽 찬장		
10	구이기	20	가스렌지	30	벽 찬장		

19. 카페 겸 커피숍

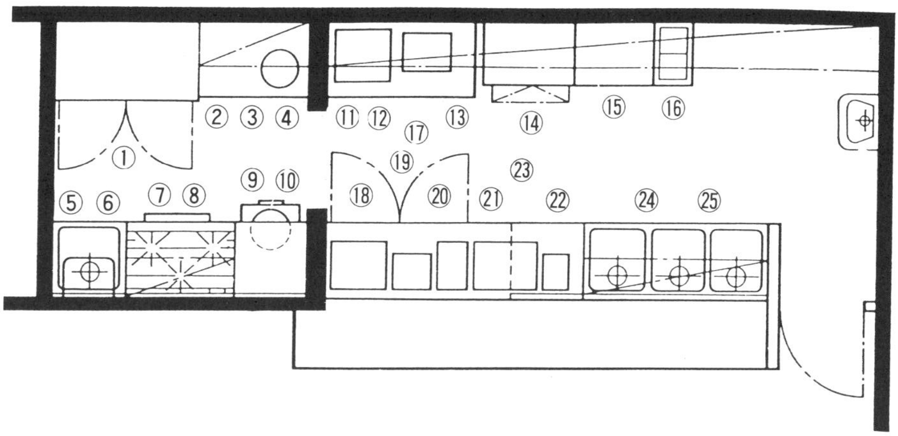

번호	설 비 명	번호	설 비 명	번호	설 비 명	번호	설 비 명
1	냉동냉장고	8	파이프선반	15	냉장쇼케이스	22	믹서
2	조리대	9	취사기 받침대	16	스토커	23	조리대
3	벽찬장	10	가스 취사기	17	콜드테이블	24	3조 씽크
4	보온밥통	11	전자렌지	18	타올워머	25	벽찬장
5	1조 씽크	12	조리대	19	전기곤로		
6	순간온수기	13	토스터	20	커피메이커		
7	가스렌지	14	제빙기	21	컵워머		

제 14 장

주방설비의 종류와 특징

1. 조리기기의 종류와 특징

1) 주조리기기

(1) 가스렌지(gas range)

주조리기기의 중심기기로 구이, 볶음, 튀김, 찜 등에 폭넓게 사용한다. 상부에 설치된 버너로 직접 가열하는 조리방법이 일반적이며 평판을 통한 간접 가열로서 스프, 스튜 등의 조리에도 사용된다. 하부에 오븐을 겸비한 구조가 표준형이며 도시가스나 LPG, 전기 등을 열원으로 한다. 메뉴에 필요한 열량에 따라 버너의 크기를 결정하며 완전연소와 더불어 국물이 끓어 넘쳤을 때도 안전한 방식이 최근에 소개되고 있다.

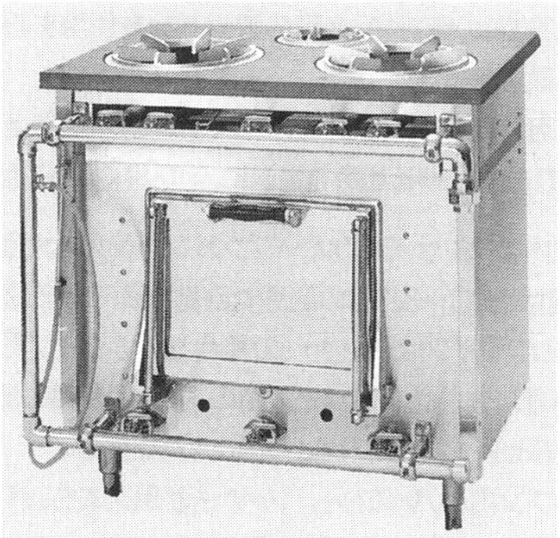

[그림 14－1] 가스렌지

(2) 가스테이블(gas table)

가스렌지와 같은 용도로 각종 식품의 가열 조리용으로 사용된다. 일반적인 주방에 가장 많이 보급되어 있는 조리기기의 중심기기로 열량의 적정공급 능력외 조작성과 경제성, 내구성 등을 도입시 고려한다. 가스렌지와 비교하여 하부에 오븐 대신 선반을 설치하여 솥이나 냄비류 등을 보관하기 편리하도록 설계되어 있다.

[그림 14－2] 가스테이블

(3) 간택기

가스렌지의 상부에 다수의 소량버너와 석쇠판을 채용하여 주로 일인분씩 제공되는 돌솥밥이나 탕류 등을 한번에 대량조리가 가능하도록 설계된 기기이다. 한식과 일식당 등에서 주로 사용되며 간택기의 구조는 가스렌지나 가스테이블 구조를 각기 취한다.

(4) 가스 로 렌지(gas low range)

큰냄비나 솥으로 조리하는데 편리하도록 높이를 낮게 한 가스기기로 일반적인 가스렌지의 높이가 850mm인 반면 가스 로 렌지는 높이를 450mm 정도로 제작하여 무거운 냄비, 솥 등을 이용한 조리와 그 이동이 용이하도록 하는 장점이 있다.

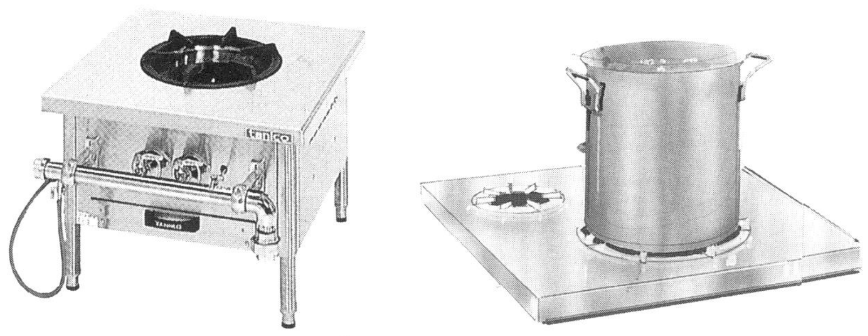

[그림 14－3] 가스 로 렌지

(5) 중화렌지(chinese range)

강한 화력을 필요로 하는 중화요리 전용렌지로 고열량의 특수버너가 부착되어 있다. 상판은 고열로 인한 변형을 방지하기 위하여 수냉식 냉각장치를 이용한다.

[그림 14－4] 중화렌지

(6) 취반기(rice cooker)

대용량의 취반기로 가스나 전기를 열원으로 한다. 좌석회전율과 온장고 등을 활용하며 피크타임의 수요에 대응할 수 있는 용량을 도입한다. 콘베이어식 연속취반기는 쌀을 씻는 것에서부터 취사에 이르는 일련의 과정이 자동으로 이루어진다.

[그림 14－5] 취반기

[그림 14－6] 컨베이어식 연속 취반기

(7) 브로일러(broiler)

복사열을 직접 또는 간접으로 이용하여 음식을 조리하는 기기이다. 구이에 적합하며 물, 기름 등을 사용하지 않아 특유의 높은 맛을 보존할 수 있다. 숯불구이의 맛을 나타내는 브로일러는 석쇠에 구운 모양을 나타내는 시각적 효과로 스테이크 등의 메뉴에 적합하다. 복사열원을 음식의 상하에서 가열하는 기기는 그릴러(griller)라고 한다.

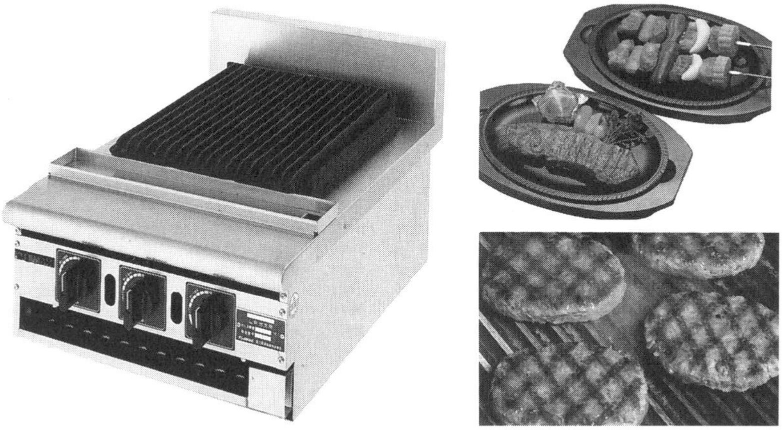

[그림 14-7] 브로일러

(8) 프라이어(fryer)

기름을 가열하여 프라이 등의 음식을 튀기는 조리과정에 사용하는 기기이다. 기름통의 하부를 가열하는 방식과 기름통 중간에 열원을 배치하여 가열하는 중간 가열방식이 있다. 중간 가열방식은 기름통 상하의 온도차로 기름이 타는 것을 방지하는 장점이 있다. 조리시 기름의 양은 튀김용량의 10배, 표면적은 투입물의 2배 정도가 적당하다.

(9) 그리들(griddle)

상부에 두께 19mm 이상의 두꺼운 강판을 플레이트로 채용하여 균일한 온도분포를 취하는 열 조리기기로 전(煎), 햄버거, 스테이크 등 부침요리에 적합하도록 제작되어 있다. 자동 온도 조절장치로 균일한 조리환경을 제공한다. 최근에는 적외선 버너를 채용한 세라믹그릴, 히트파이프 원리를 응용한 히트 파이프 그리들 등 플레이트의 열분포 균일성과 열효율을 높인 기기가 계속 소개되고 있다.

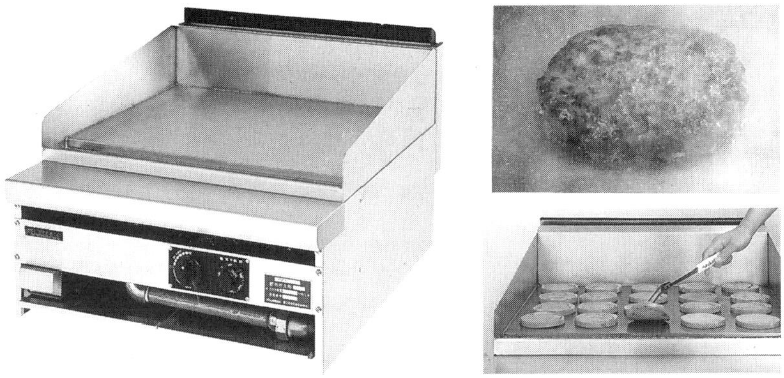

[그림 14-8] 그리들

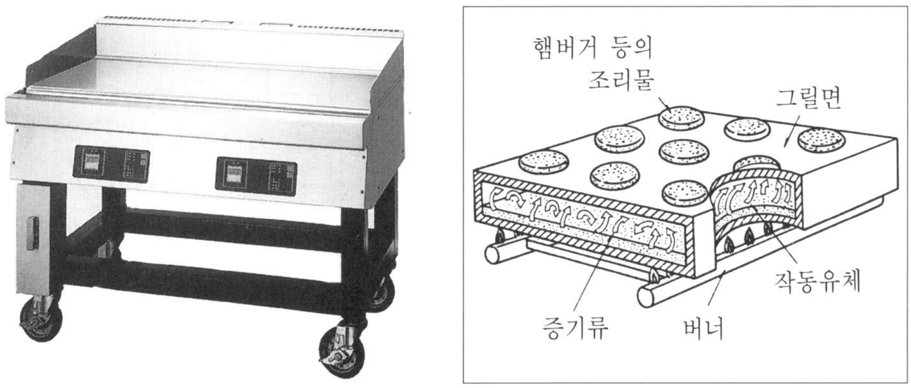

[그림 14-9] 히트파이프 그리들과 개념도

(10) 철판구이카운터

스테이크 등을 카운터에서 서비스하기 위한 철판구이 카운터는 가열용의 버너와 배기용 닥트, 단파 등을 카운터에 내장하여 연소가스와 방열 등을 함께 처리하는 설비기기이다. 업소에 적합한 설계와 레이아웃 등이 자유로운 장점이 있으며 쾌적한 분위기에서 고객에게 서비스를 할 수 있다. 가스나 전기를 주요 열원으로 사용하나 최근에는 전자유도 가열방식을 채택한 전자철판구이카운터가 각광을 받고 있다.

[그림 14－10] 철판구이 카운터

(11) 오븐(oven)

대류열을 이용하여 식품을 가열, 조리하는 기기이다. 오븐은 기능에 따라 피자오븐, 컨벡션오븐, 로스트오븐, 베이킹 오븐, 전자렌지 등으로 구분된다.

① 피자오븐(pizza oven)

피자전용오븐으로 표준형의 경우 오븐고의 높이는 185mm 정도이다. 보통 피자를 굽는 온도인 350℃ 열이 피자의 표면에 충분히 전달될 수 있도록 제작되어 있다. 전기나 가스를 열원으로 사용한다.

[그림 14－11] 피자오븐

② 컨벡션 오븐(convection oven)

팬을 설치하여 복사열의 강제대류를 일으키는 오븐으로 구이, 로스트, 해동 등에 주로 사용한다. 대량조리에 적합하며 전용카트를 이용하는 카트인(cart－in) 방식은 캐터링 등 단체 급식에 많이 이용된다.

[그림 14－12] 컨벡션 오븐

[그림 14－13] 카트인 컨벡션 오븐

③ 베이킹오븐(baking oven)

제과 · 제빵용 오븐으로 전기와 가스를 주요 열원으로 사용하며 2단식을 많이 사용한다.

[그림 14－14] 베이킹오븐

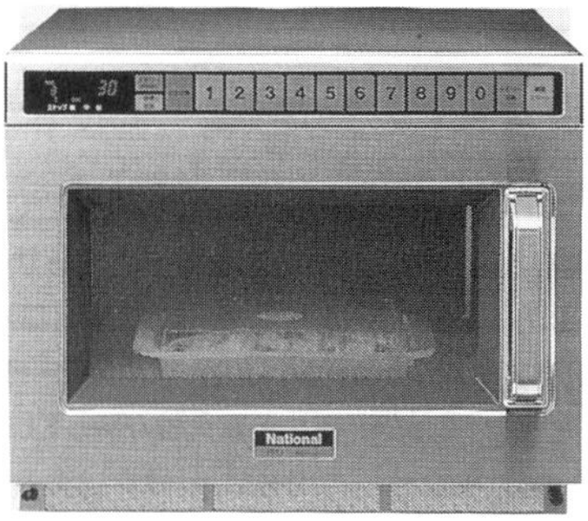

[그림 14－15] 전자렌지

④ 전자렌지(microwave oven)

극초단파가 식품을 통과하며 미세한 진동의 마찰을 일으키는 현상을 이용하는 기기로 이 마찰열로서 식품을 가열조리한다. 주로 해동, 재가열 등의 용도로 사용하며 식품의 착색현상이 일어나지 않는 특징이 있다.

(12) 틸팅팬(tilting pan)

다용도 조리기기로 튀김, 볶음, 부침 등 모든 용도에 사용한다. 한대로 여러 종류의 조리가 가능한 장점이 있는 반면 전용기기로서는 그 성능이 불충분하다. 요일별로 메뉴를 달리하는 단체급식 등에 주로 이용된다.

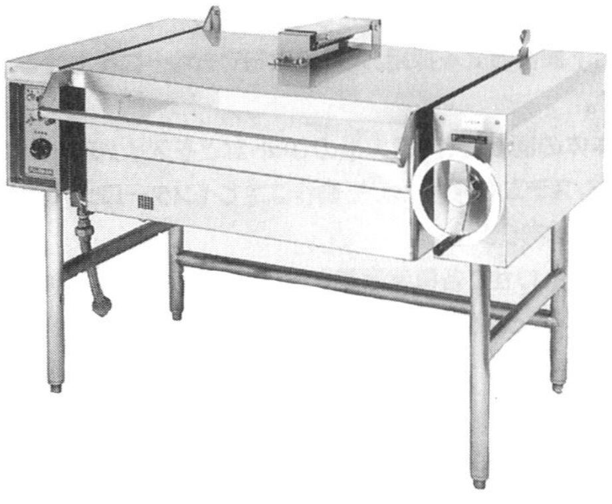

[그림 14－16] 틸팅 팬

[그림 14－17] 면 솥

(13) 솥류

솥은 삶기, 끓이기 등 다용도로 사용된다. 냉면 등의 면을 삶는데 주로 사용하는 면솥은 상부에 면을 뽑는 장치와 하부에 면을 삶는 구조로 제작되어 있다. 주로 가스를 열원으로 사용한다.

(14) 면기

우동이나 국수 등을 조리하는 전문기기로 제공분량만큼의 면을 조리하는 과정에 사용된다. 국물을 공급하는 디스펜서와 결합하여 일체화된 시스템을 구성하기도 한다.

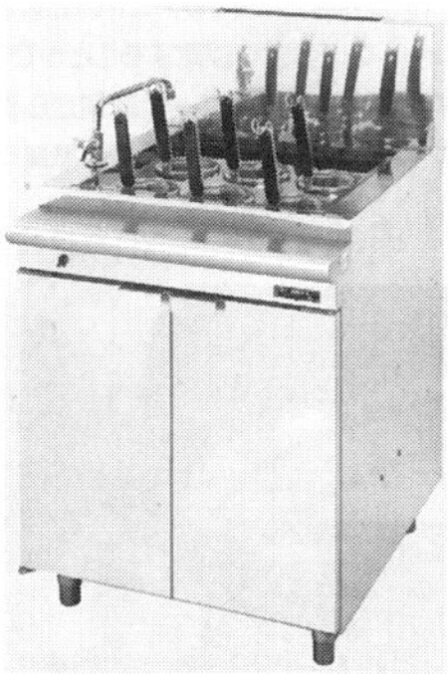

[그림 14－18] 면기

(15) 전자조리기(electronic pan)

전자조리기는 가스버너나 니크롬선에 의한 가열방식이 아닌 전자유도 발열방식으로, 배기가스가 없으므로 조리환경이 크게 향상되는 장점이 있다. 안전성이 뛰어난 전자조리기는 가스의 사용이 금지된 고층빌딩이나 지하층 등의 사용에 적합하다.

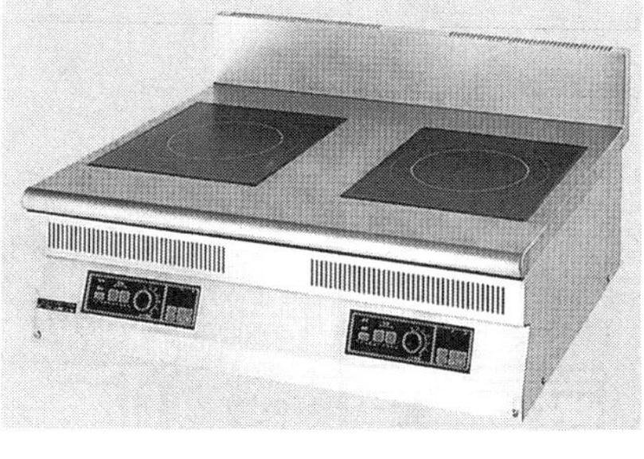

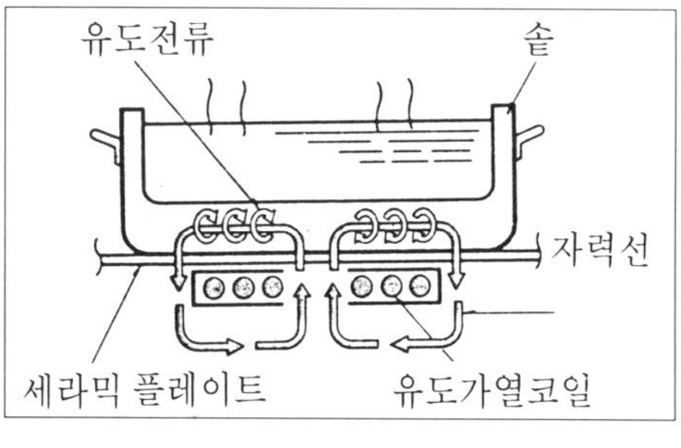

[그림 14－19] 전자조리기와 개념도

2) 보조조리기기

(1) 커피메이커(coffee maker)

한번에 다량의 커피를 추출, 보온하는 기기와 한잔 분량을 제공하는 기기 등이 있다. 향과 온도를 일정하게 유지시켜 주며 시간당 250잔 이상을 공급한다.

(2) 쥬서기(juicer)

카운타에 배치하여 사용하는 기기로 천연쥬스류의 제공에 사용된다.

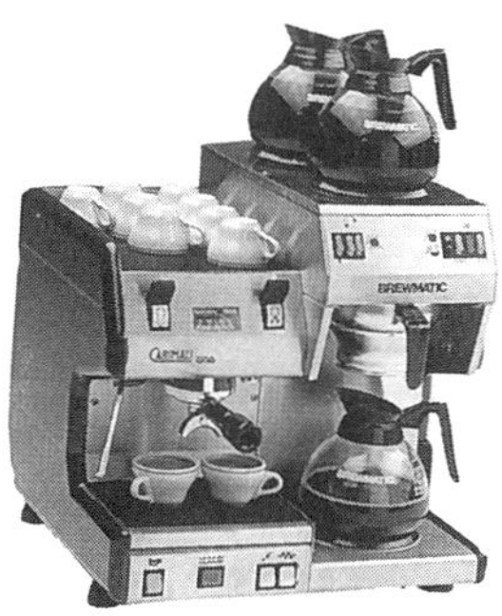

[그림 14－20] 커피메이커

[그림 14－21] 쥬서기

(3) 토스터(toaster)

식빵 등을 굽는데 사용되는 기기이다.

(4) 샌드위치 그릴러(sandwich griller)

샌드위치용 베이컨이나 햄, 햄버거 등을 굽는데 이용된다. 두장의 빵사이에 속을 넣고 상하로 눌러 형태를 유지하며 조리를 한다.

(5) 번스 토스터(buns toaster)

햄버거빵을 굽는데 사용하는 전용기기로 빵의 위쪽과 아래쪽을 각각 분리하여 빵을 누르는 방식으로 가열조리한다. 타이머와 온도의 설정으로 메뉴의 특성에 가장 적합한 상태로 빵을 구워낸다.

[그림 14－22] 토스터

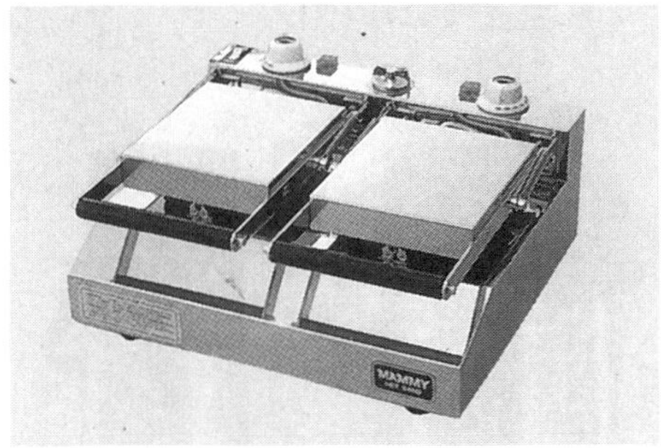

[그림 14－23] 샌드위치 그릴러

[그림 14－24] 번스 토스터

(6) 에그 쿠커(egg cooker)

계란을 자동으로 삶는 기기이다.

(7) 슬라이서(slicer)

회전하는 둥근칼로 식품을 자르는데 사용한다. 주로 고기나 빵, 햄 등을 자르는데 사용하며 푸드슬라이서라고도 부른다. 특히 용도에 따라서 칼을 자유롭게 선택하는 슬라이서를 다목적 슬라이서라 하며 널리 사용되고 있다.

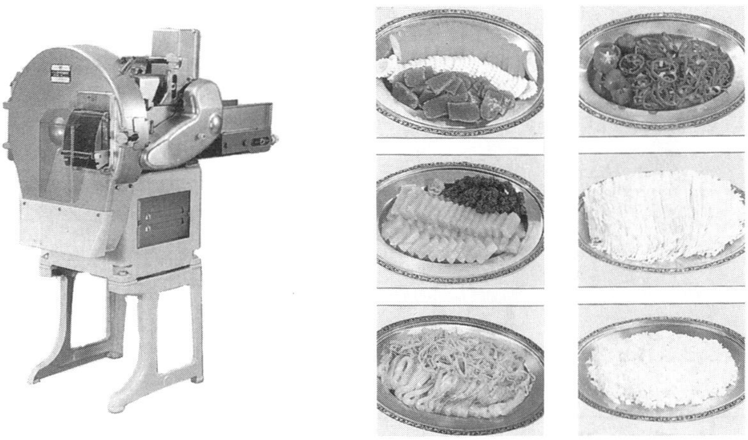

[그림 14－25] 슬라이서

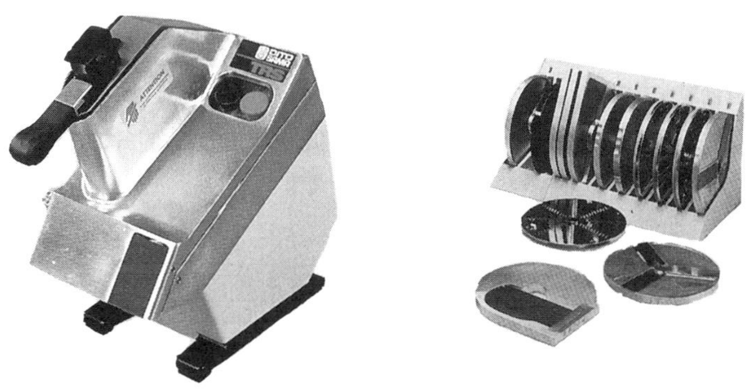

[그림 14－26] 다목적 슬라이서

(8) 탈피기(peeler)

감자등의 껍질을 벗기는데 사용한다. 원통형의 탈피기기가 고르게 탈피를 시키나 오목부의 경우에는 탈피가 잘되지 않는 결점이 있다.

(9) 고기분쇄기(meat chopper)

고기 등을 잘게 가는데 사용한다. 스크류로 고기를 밀어내고 절단기와 판에 의하여 잘게 분쇄시킨다. 육류의 분쇄에 주로 사용하며 어육에도 사용한다.

[그림 14-27] 탈피기

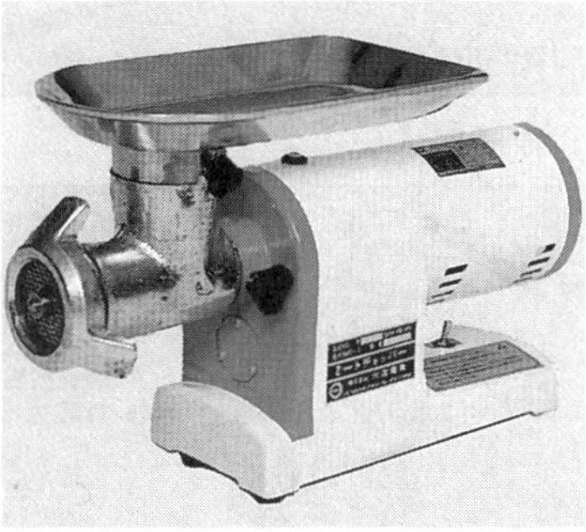

[그림 14-28] 고기분쇄기

(10) 연육기(tenderizer)

고기의 힘줄을 제거하여 부드럽고 먹기좋게 하는데 사용된다. 연육과정중 향신료를 고기안에 넣어 풍미를 좋게하는 것이 가능하다.

(11) 육류 슬라이서(meat saw)

띠모양의 톱날로 부피가 크고 절단부위가 큰 냉동육이나 갈비, 왕새우 등을 자르는데 주로 사용된다.

[그림 14-29] 연육기

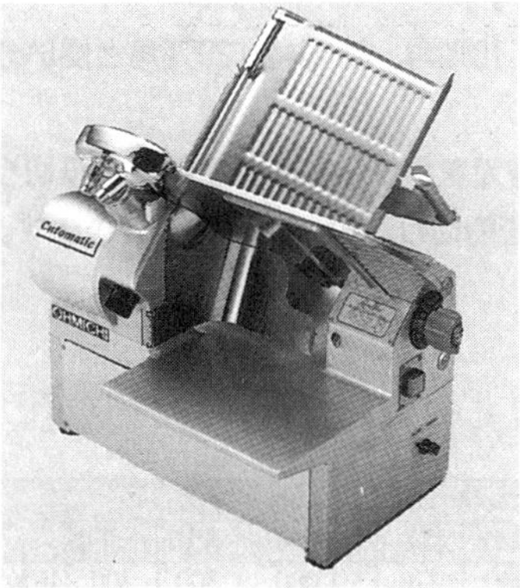

[그림 14-30] 육류 슬라이서

(12) 믹서기(mixer)

식품의 혼합, 교반 등에 사용한다. 식품의 종류에 따라 푸드믹서, 케이크 믹서,

커터믹서, 제과용 도우믹서, 분유용 밀크믹서, 쥬스·드링크 믹서 등이 있다. 스탠드형 믹서가 일반적으로 사용되며 햄버거, 소세지, 고로케, 샐러드 등의 대량 교반에는 횡형(橫型)믹서 또는 블렌더(blender)가 사용된다.

(13) 탈수기(dehydrator)

식품에 포함된 수분을 원심분리방식으로 제거하는데 사용되는 기기이다.

[그림 14-31] 믹서

[그림 14-32] 탈수기

(14) 기타 슬라이서

전용 슬라이서로 파를 잘게 썰거나 무우 등을 자르는데 사용된다.

[그림 14-33] 기타 슬라이서

(15) 믹싱기(mixing machine)

푸드 프로세서(food processor)라고도 하며 식품을 섞어 반죽하거나 분쇄, 절단하는 작업에 편리한 기기로 소세지나 만두속 등을 만들 때 주로 사용한다.

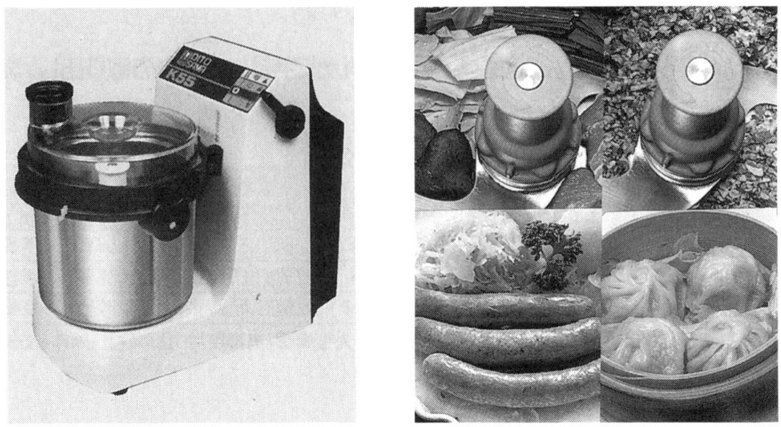

[그림 14－34] 믹싱기

(16) **야채 절단기**(vegetable cutter)

야채 등을 대량으로 절단하거나 육면체와 같은 각종 형태로 무우나 당근 자르기에 주로 사용한다.

[그림 14－35] 야채절단기

(17) **드링크 디스펜서**(drink dispencer)

주로 청량음료의 저장과 공급시에 사용된다.

(18) **쥬스 디스펜서**(juice dispencer)

과일쥬스 등의 교반과 냉각 및 저장, 공급 등에 사용된다.

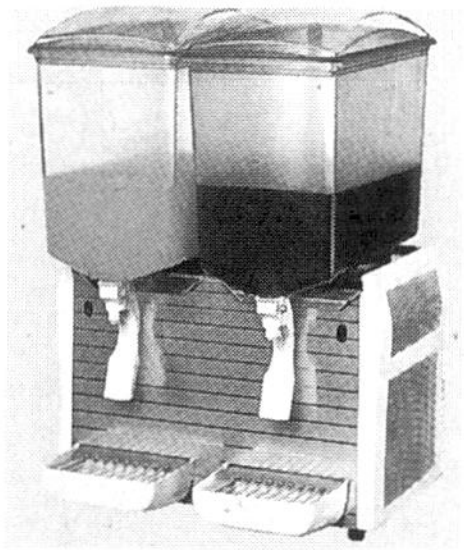

[그림 14－36] 드링크 디스펜서　[그림 14－37] 쥬스 디스펜서

(19) 아이스 디스펜서(ice dispencer)

찬음료의 제공에 사용된다.

(20) 청주 보온기(sake warmer)

별도의 병에 따뜻한 청주를 제공하는 경우에 편리한 기기이다.

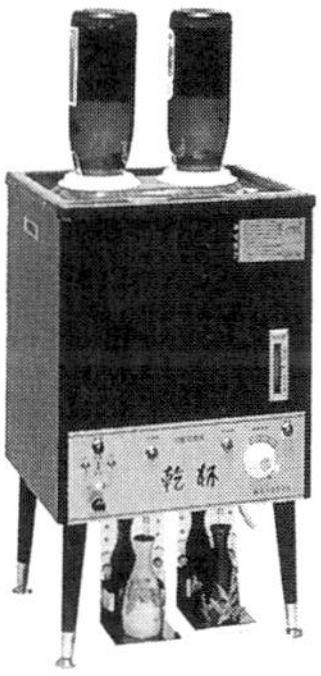

[그림 14－38] 아이스 디스펜서　[그림 14－39] 청주보온기

(21) 기타 디스펜서

차를 공급하는 차 디스펜서와 음료를 공급하는 업소용 정수기 등이 있다.

(22) 제빙기(ice maker)

대량의 찬음료를 제공하는 패스트푸드업체나 단체급식, 일식요리 등에서는 제빙기를 사용하여 대량의 얼음을 생산한다.

[그림 14－40] 정수기

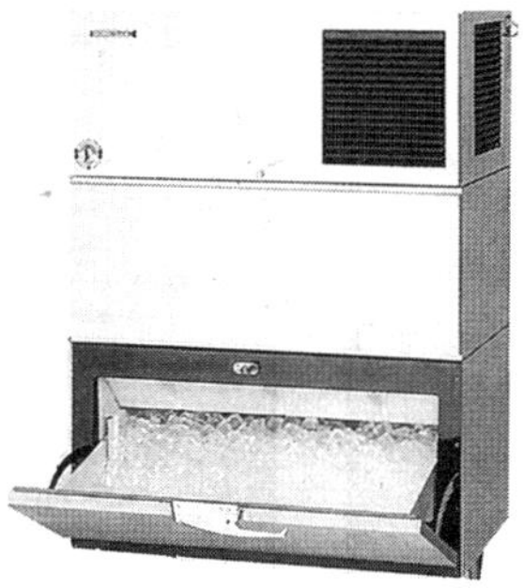

[그림 14－41] 제빙기

2. 편의기기의 종류와 특징

편의기기는 주방의 작업 및 식기 처리 등에 사용하는 작업대나 싱크류의 작업·수납기기와 작업을 보조하는 작업보조설비, 그리고 식기 및 작업도구 등의 세척과 소독, 잔반처리 등을 실행하는 세척·소독기기로 분류한다.

1) 작업·수납기기

(1) 싱크(sink)

식품과 식기의 세척 작업용 기기로 사용목적에 따라 1조식, 2조식 등 다양한 형태가 있다. 싱크다리에 높낮이 조절기를 부착하여 수평을 유지하며 작업자의 신장을 고려하여 보통 850mm 정도의 높이로 제작된다. 용도에 따라 싱크의 일부를 작업대로 제작한 싱크작업대나 생선을 조리하는데 적합하도록 도마를 탕조안에 설치한 배형싱크 등의 변형이 있다. 특히 싱크에서 물이 튀는 것을 방지하기 위해서는 거품식 수도꼭지가 사용된다.

(2) 작업대(working table)

평판으로 상부를 처리한 스탠드타입으로 원재료나 반조리된 식재, 배식전의 장식 등 다양한 작업에 사용된다. 작업 하중을 견딜 수 있으며 뒤틀림 등과 같은 변형이 일어나지않는 재질의 선정(주로 강판의 두께와 용접 등)에 유의해야 한다. 케비넷을 하부에 설치하여 저장 및 수납공간으로 활용할 수 있는 형태를 케비넷 작업대라 한다. 작업대에 서랍을 설치한 방식도 최근에 소개되고 있다.

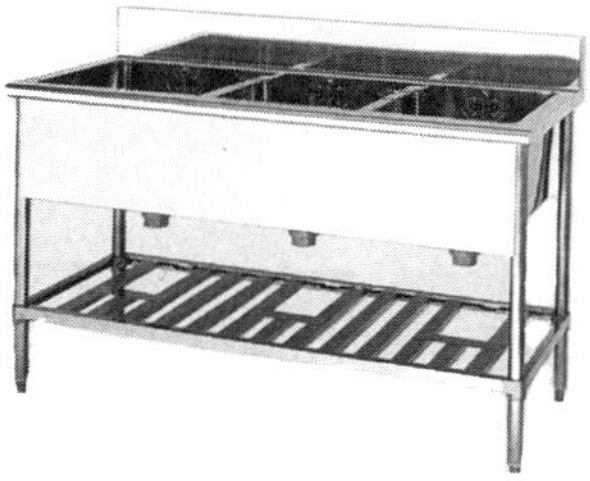

[그림 14-42] 싱크

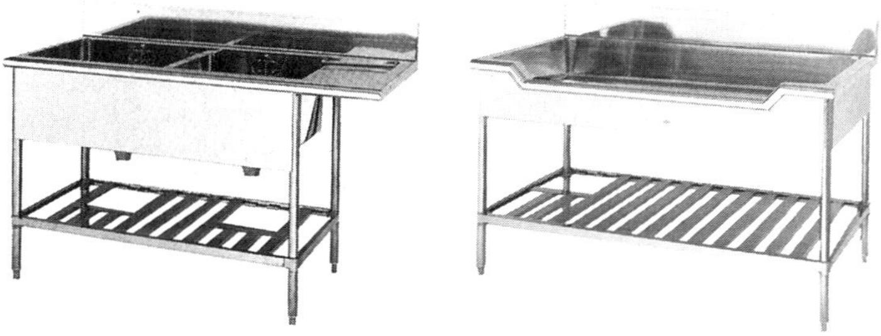

[그림 14-43] 싱크작업대와 배형싱크

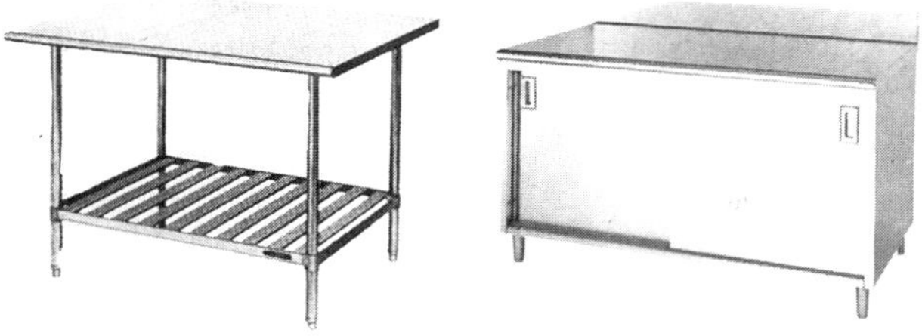

[그림 14-44] 작업대와 케비넷 작업대

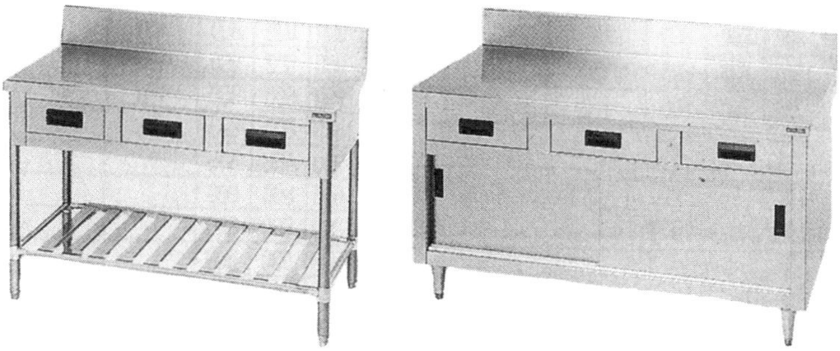

[그림 14-45] 서랍 작업대와 서랍 케비넷 작업대

(3) 마블테이블(marble table)

대리석 등의 판을 깔아 하부를 차게함으로써 빵, 케익 등의 성형이나 온도에 민감한 식품의 조리나 정형에 사용된다.

(4) 선반(shelf)

식품, 식기, 물품 등의 수납에 편리하도록 제작된다. 벽면에 설치하는 방식과 작업대 위에 설치하는 스탠드방식 및 천장에 매달아 설치하는 행거방식 등이 있다. 선반은 작업자의 신장과 식기 등의 용기를 고려하여 위치를 결정하며 작업의 동선에 따른 활용도를 높힘으로써 주방의 생산성을 향상시킬 수 있다.

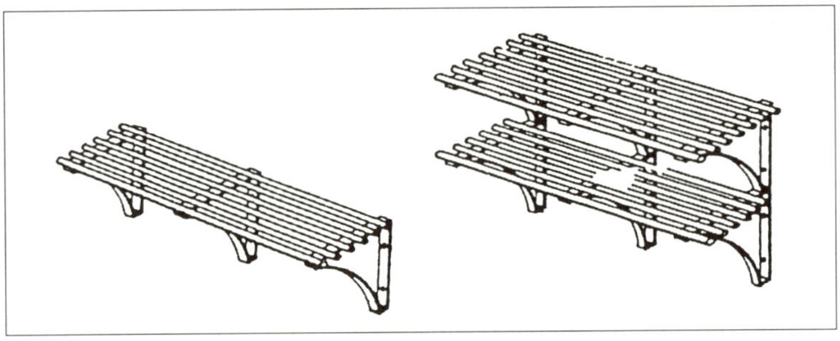

[그림 14-46] 선반(WALL SHELF)

참고 16 스테인레스 소재의 효용성

스테인레스 재질은 외양이 뛰어나고 내구력이 높은 소재로 화학적으로도 안정되어 식품의 직접접촉에도 안전하며 착색 및 부식에 견디는 힘이 강하다. 위생적이며 안정된 주방설비의 기초 소재로 스테인레스 스틸이 주로 사용된다.

2) 작업보조기기

(1) 온수기

작업에 필요한 온수를 공급하는 설비기기로 온수보일러나 순간온수기(가스·전기)가 사용된다. 세척작업에 필요한 온수의 온도는 60℃ 이상이 되어야 단백질과 지방의 제거가 용이하다.

(2) 디스펜서(dispencer)

접시류 등의 식기나 쟁반 등을 공급하는 설비로 단체급식과 카페테리아 등 셀프서비스 형태의 업소에 주로 사용된다.

[그림 14-47] 가스 온수기

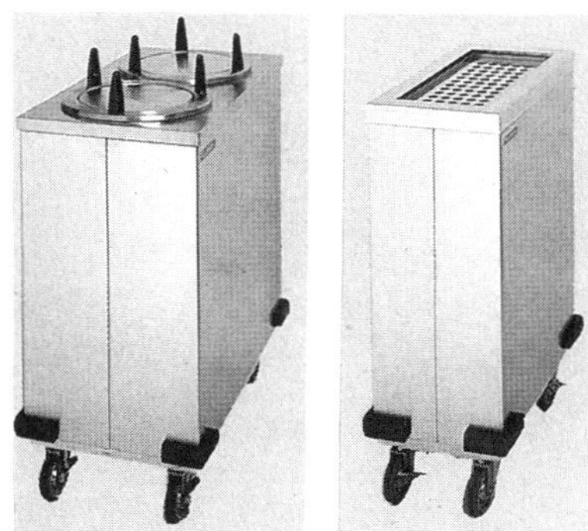

[그림 14-48] 디스펜서

(3) 컵워머(cup warmer)

음료나 주류, 스프류 등을 제공하는 경우에 컵이나 용기를 예열하는 설비로 커피나 홍차, 청주 및 스프 등의 향기와 맛을 그대로 서비스하는 장점이 있다. 맥주등 찬음료의 경우는 냉장고에 보관한 차가운 컵을 제공하기도 한다

(4) 기름여과기(oil filter)

튀김후 더러워진 기름을 여과하는데 사용하는 설비기기로 최고 150℃의 기름까지 1회 40리터 이상 여과시키는 용량의 것이 일반적으로 사용된다.

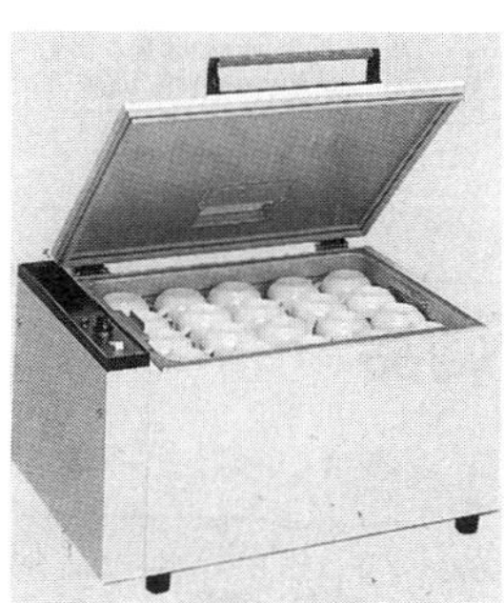

[그림 14-49] 컵워머

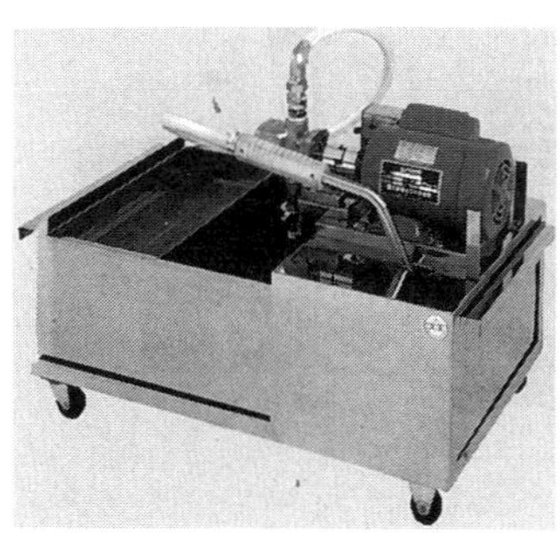

[그림 14-50] 기름여과기

(5) 덤 웨이트(dump weight)

음식과 식기 등을 상하로 운반하는데 사용하는 소형 엘리베이터로 다층구조의 업소에서 원활한 작업흐름을 보조하는 역할을 한다.

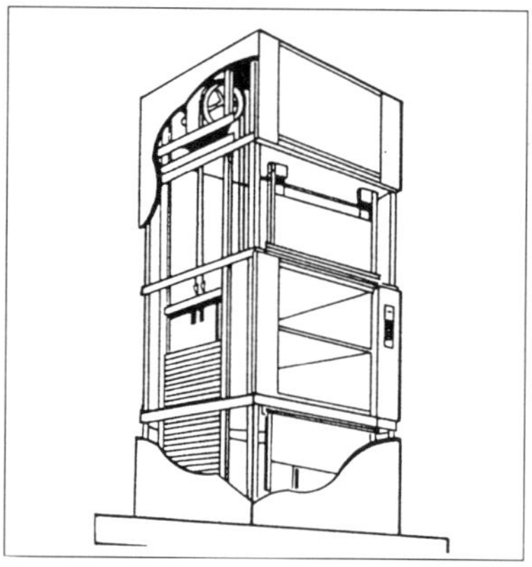

[그림 14－51] 덤 웨이트

(6) 웨건(wagon)

완성된 음식을 운반하는데 사용되는 것으로 푸드웨건, 배식차 등으로 불리운다.

(7) 카트(cart)

식품의 운반이나 랙 등의 작업기구 등 물품을 운반하는데 사용된다.

[그림 14－52] 웨 건

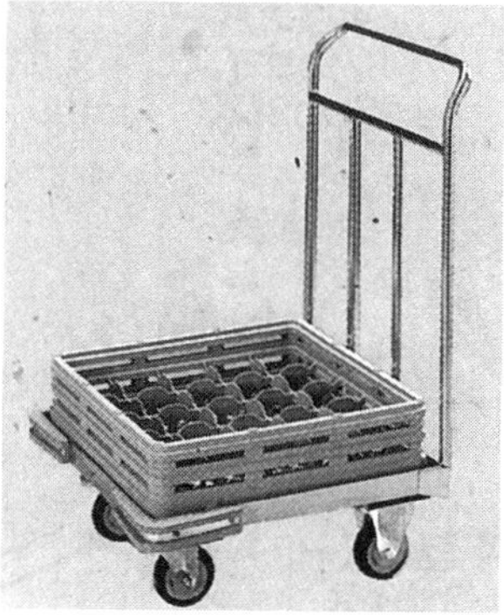

[그림 14－53] 카 트

(8) 진공포장기

식품의 선도와 위생관리에 적합한 진공포장기는 식품의 보존기간을 연장시켜 주는 효과외에도 유기조직의 질을 보존하고 원래의 맛을 유지하는 장점이 있다. 원재료 상태의 식재나 완성요리의 저장 등에 이용되며 박테리아의 억제 및 식품 보존기간을 연장시켜 맛과 색을 보존시켜주는 혼합가스충전기 등이 있다.

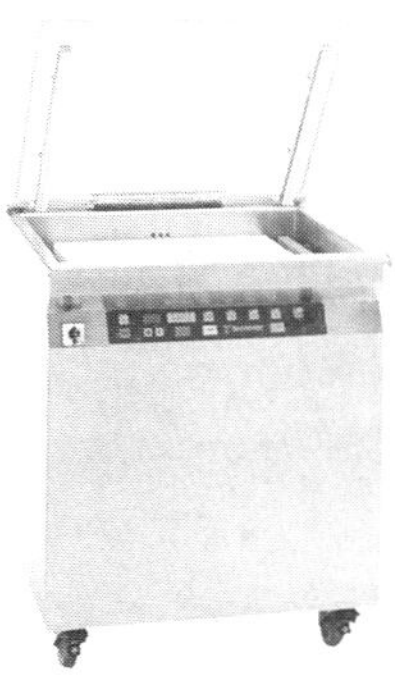

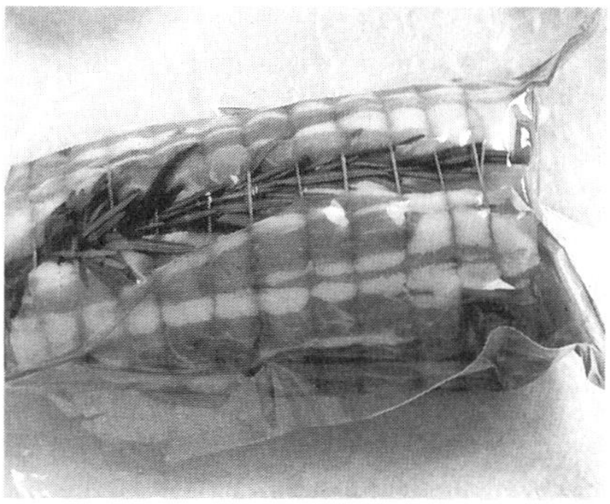

[그림 14-54] 진공포장기

3) 세척소독기기

(1) 식기세척기(dish washer)

고압살수에 의한 세척과 헹굼, 건조 등 일련의 자동화 과정으로 식기를 세척하는 기기로 주로 랙에 식기를 넣어 사용된다. 대규모 업소나 단체급식처, 캐이터링 업체 등에서 사용하는 컨베이어 자동식기세척기는 세척에서 폐기물의 건조까지 일련의 공정이 자동으로 이루어진다. 최근에는 불판(불고기용 등)전용세척기와 캔, 유리잔 등을 세척하는 식기세척기도 도입되고 있다.

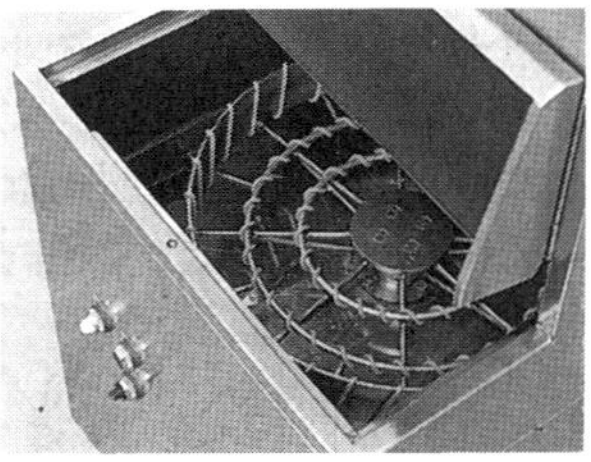

[그림 15-55] 불판전용세척기

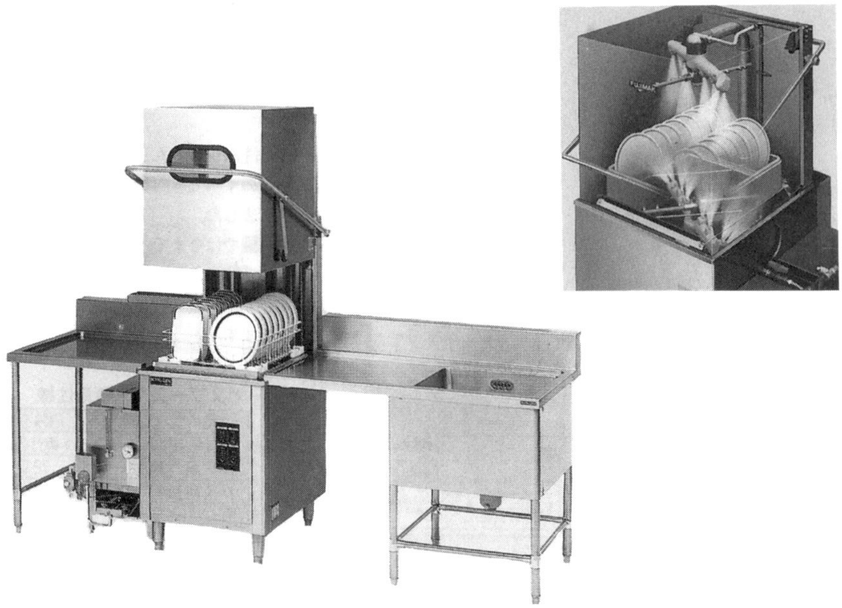

[그림 14-56] 식기세척기

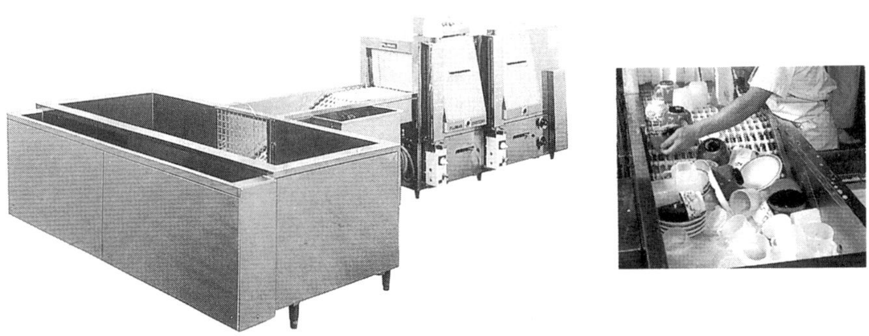

[그림 14-57] 컨베이어식 자동식기세척기

(2) 칼 · 도마 살균고(sterilizer)

세균에 오염되기 쉬운 칼, 도마 등을 살균하는 기기로 자외선 살균을 제대로 하기 위해서는 대상기구가 자외선 램프의 빛을 직접 쬐일 수 있도록 배치하여야 한다. 램프에서 그늘진 곳에서는 살균이 제대로 이루어지지 않는 점에 유의한다.

(3) 증기소독기(steam sterilizer cabinet)

증기를 소독기안에 불어넣어 습열·소독하는 기기로 소독후 건조의 과정을 거치도록 설계되어 있다. 특히 압력식 증기소독기는 식기 등을 살균하는데 사용되는 기기로 병원등에서 사용된다.

[그림 14-58] 칼·도마 살균고

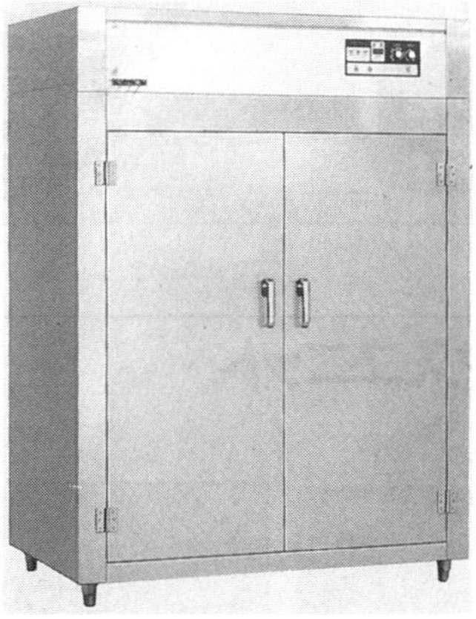

[그림 14-59] 증기 소독기

(4) 폐기물 처리기/컴팩터(soiled table/compacter)

남은 음식(잔반 등)을 처리하는 설비로 카페테리아나 단체급식 등 대규모 업소에서 사용되는 자동 폐기물처리기는 잔반의 처리에서부터 건조와 컴팩트화시키는 과정이 일체화되어 있다.

[그림 14-60] 폐기물처리대

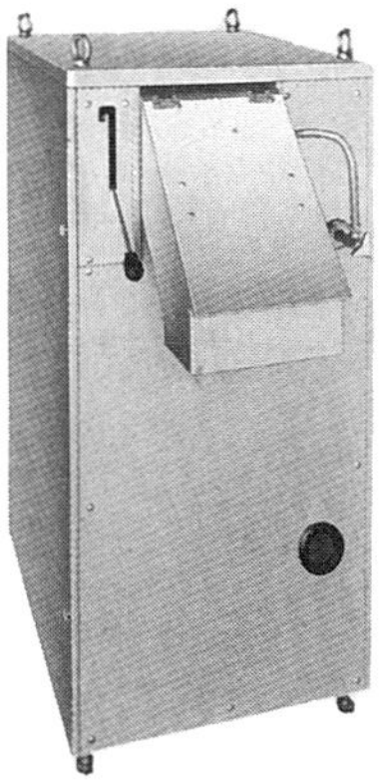

[그림 14-61] 컴팩터

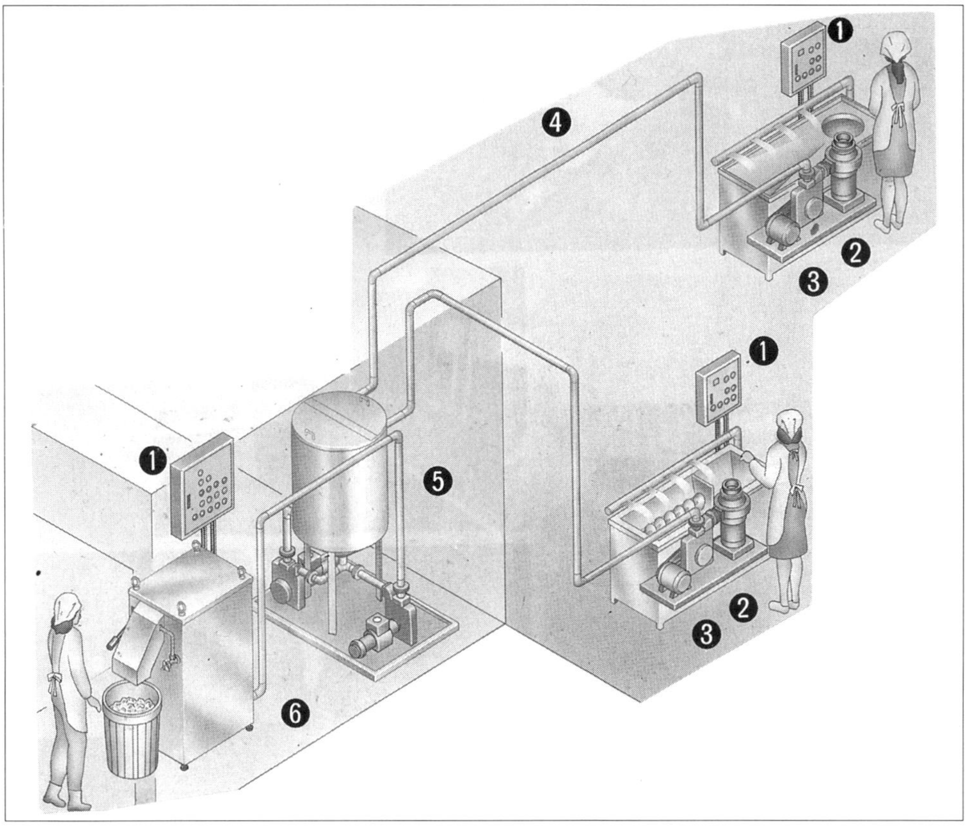

① 제어판	② 분쇄기(잔반처리)	③ 운반펌프
④ 폐기물파이프	⑤ 조정탱크	⑥ 폐기물처리기

[그림 14－62] 폐기물 처리 흐름도

참 고 문 헌

김광옥·이영춘. 『식품의 관능검사』. 서울:학연사, 1993.

김성혁. 『외식업의 서비스』. 서울:백산출판사, 1996.

김현오 외 6인. 『식생활관리』. 서울:광문각, 1995.

나정기. 『메뉴관리론』. 서울:백산출판사, 1995.

박병렬·임붕영. 『외식사업주방관리론』. 서울:대왕사, 1995

박상배·임붕영. 『외식사업개론』. 서울:대왕사, 1995.

박충환·오세조. 『시장지향적 마케팅관리』. 서울:박영사, 1993.

손대현. 『기분좋은 사회, 서비스의 연출』. 서울:일신사. 1993.

손대현·전희정·지순. 『단체급식관리』. 서울:교문사, 1993.

오승일. 『식음료사업경영』. 서울:백산출판사, 1992.

원융희. 『외식산업론』. 서울:대왕사, 1994.

유철형. 『호텔식음료 경영과 관리』. 서울:백산출판사, 1994.

이정자. 『식음료 원가관리』. 서울:형설출판사, 1990.

이학식·안광호. 『소비자행동:마케팅전략적 접근』. 서울:법문사, 1993.

전길희. 『레스토랑서비스』. 서울:기문사, 1994.

전희정·전세열·심영자. 『식품과 현대인의 건강』. 서울:지구문화사, 1995.

정청송. 『레스토랑경영관리』. 서울:기전연구사, 1992.

최대웅. 『외식사업경영론』. 서울:백산출판사, 1992.

한국식품영양학회·식품위생분과위원회 편저. 『식품위생관계법규』. 서울:광문각, 1991.

한국외식산업연구소. 『외식사업경영론』. 서울:백산출판사, 1995.

____________. 『외식사업실무론』. 서울:백산출판사, 1995.

나정기. "메뉴계획과 디자인의 평가에 관한 실증적 연구". 한국관광학회. 「관광학연구」, 제18권 2호. 1994. 2.

남궁석. "서울 지역 거주자의 외식행동에 관한 연구". 동아시아식생활학회. 「동아시아식생활학회지」, 제5권, 제1호. 1995.

오세영. "생물학적, 문화적 측면에서 본 한국인의 식생활 행동: 지난 50여년을 중심으로". 한국식문화학회. 1993년도 추계학술대회, 1993. 11. 27.

이 철. "Fishbein 구매 이사 결정 모델의 한국적 수정모델의 개발". 한국마케팅학회. 「마케팅연구」, 제5권, 제1호. 1990. 3.

조문수·주영환. "호텔메뉴계획에 있어서 마케팅 개념적용 방안에 관한 연구". 원주전문대학. 「학술논총」, 제19집. 1993.

차복재. "관광호텔 선호태도에 영향을 미치는 호텔속성에 관한 연구". 계명대박사학위논문. 1988.

채병식. "21세기를 향한 바람직한 식생활의 전략". 대한보건협회. 국민건강 증진과 보건교육 전략에 관한 세미나. 1993. 12.

황춘선·박모라·양이선. "중년기의 식습관 및 기호가 건강상태에 미치는 영향". 한국식문화학회. 『한국식문화학회지』, 제6권, 제4호, 1991.

안창근. "미래지향적 외식마케팅 전략", 『월간식당』, 1993, 10월호.

Ajzen, I. and M. Fishbein. *Understanding Attitudes and Predicting Social Behavior.* Englewood Cliffs: Prentice－Hall, 1980.

Davis, Bernard & Sally Stone. *Food and Beverage Management,* 2nd ed. Butterworth Heinemann. 1991.

Keiser, James. *Controlling and Anaiyzing Costs in Foodservice Operations,* 2nd ed. N.Y.:Macmillan Publishing Co., 1989.

Khan, Mahmood A. *Foodservice Operations. Westport, Connecticut:* AVI Pub. Co., Inc., 1987.

____________. Michael D. Olsen and Turgut Var, eds. *VNR'S Encyclopedia of Hospital and Tourism.* N.Y.: VNR, 1993.

The Restaurant from Concept to Operation. N.Y.: John Wiely & Sons. 1985.

Lundberg, Donald E. *The Hotel and Restaurant Business. 6th ed.* N.Y.: VNR, 1994.

Ninemeier, Jack D. *Principles of Food and Beverage Operations.* AH & MA, 1989.

Reich, Allen Z. *The Restaurant Operator's Manual.* N.Y.: VNR, 1990.

Scanlon, Nancy Laman. *Marketing by Menu.* 2nd ed. N.Y.: CBI Book Pub., 1990.

Stokes, John W. *How to manage a restaurant,* W.C.: Brown Co. 1982.

Wilkie, William L. *Consumer Behavior.* N.Y.:John Wiley & Sons, Inc., 1994.

前田 勇. 實踐サービスマネジメント. 日本能率協會. 1989.

야마구찌 토모. 『점포디자인』. CM비지니스, 1993.

技能士專門調査委員會 編著. 『廚房設備施工ハンドブック』. 日本廚房器機工業會.

Ajzen, Icek and Martin Fishbein. "The Prediction of Behavior from Attitudinal and Normative Variables." *Journal of Experimental Social Psychology,* Vol.6. 1970.

Bayou, M. E. & Bennet, L. B. "Restaurant Operations Profitability Analysis for Table-Service Restaurants." *The Cornel H.R.A. Quarterly,* Vol.33, No.2. 1992.

Cadotte, E. R. & Turgeon N. "Key Factor in Guest Satisfaction." *The Cornell H.R.A. Quarterly,* Vol.28, No.1. 1988.

Carlson, Beth L. "Meeting consumer needs-the basis for successful maeketing of nutrition in foodservice." *Int. J. of Hospitality Management,* Vol.5, No.4. 1986.

Carmin, JoAnn and Gregory X. Norkus. "Pricing Strategies for Menus: Magic or Myth?" *The Cornell H.R.A. Quarterly,* Vol.31, No.3, Nov. 1990.

Feltenstein, Tom. "New-Product Development in Food Service: A Structured Approach." *The Cornell H.R.A. Quarterly,* Vol.27, No.3, Nov. 1986.

Greenberg, Carol. "Analyzing Restaurant Performance Relating Cost and Volume to Profit." *The Cornell H.R.A. Quarterly,* Vol.27, No.1, May. 1986.

Hayes, David K. & Huffman L. "Menu Analysis: A Better Way." *The Cornell H.R.A. Quarterly,* Vol. 25, No.4, Feb. 1985.

Keiser, James. "Cost Control in Foodservice". in *VNR'S Encyclopedia of Hospitality and Tourism.* N.Y.:VNR, 1993.

Khan, Mahmood A. "Factors Affecting Consumer Food Preferences and Their Utilization in Hospitality Management." in Pizam, A., R.S. Lewis and P.Manning, *Practice of Hospitality Management,* West Port:

AVI Publishing Co. Inc., 1982.

Kreul, Lee M. "Magic Numbers: Psychological Aspects of Menu Pricing." *The Cornell H.R.A. Quarterly,* Vol.23, No.2. 1982.

Meyers, Don. "Restaurant Service; Making Memorable Presentations." *The Cornell H.R.A. Quarterly,* Vol.32, No.1, May, 1991.

Miller, Stephen G. "Fine-Tuning Your Menu with Frequency Distributions." *The Cornell H.R.A. Quarterly,* Vol.29, No.3, Nov. 1988.

Pavesic, David V. "Cost-Margin Analysis: A Third Approach to Menu Pricing and Design." *International J. of Hospitality Management,* Vol.2, No.3. 1983.

Regan, Claire, "Operators Responding to Consumer Nutrition Concerns." *Restaurants USA*. Vol.6(7). 1986.

Sherwood, K. "Nutrition and Food Service." *National Restaurant Association Current Issue Report*. 1984.

Skelton, Marilyn. "Sensory Evalution of Food." *The Cornell H.R.A. Quarterly,* Vol.24, No.4, Feb. 1984.

Sutherlin, Deborah H. "Food Production and Recipe Standardization." in *VNR'S Encyclopedia of Hospitality and Tourism*. N.Y.: VNR, 1993.

木村修一. "食文化形成の基般にあるの食行動の特徵と營養的背景考察". 韓國食文化學會. 1991년도 春季심포지움. 아시아지역의 食文化 1991. 6. 22

저 자 소개

조 문 수

경희호텔경영전문대학 식품영양과(조리전공)와 경희대학교 정경대학 경제학과를 졸업하였으며, 同대학교 경영대학원 관광경영학과를 수료하여 경영학석사를 취득하였다. 그리고 한양대학교 대학원 관광학과에서 호텔경영전공으로 박사학위를 취득하였다.

호텔롯데 조리부에서 근무하였으며, 한양대 관광연구소 연구원, 한양대·우송산업대 등의 대학에서 강사를 지냈다. 경주대학교 호텔경영학과 교수 및 학과장을 역임하였으며, 현재는 제주대학교 경상대학 관광경영학과 교수로 재직하면서 한국외식경영학회와 한국호텔경영학회의 이사로 활동하고 있다.

관심 연구 및 강의 분야는 식음료경영, 외식사업, 호텔경영, 관광서비스 등이며, "호텔 고객의 메뉴 선택행동과 메뉴기획"이라는 제목으로 1996년 2월에 한양대에서 박사학위를 취득하였다. 그 외의 주요 연구논문으로는 "메뉴 아이템의 가격과 위치에 관한 연구", "호텔 식음료분류체계의 전산화에 관한 연구", "호텔정보시스템의 전략적 활용을 위한 상황모형개발에 관한 연구", "서비스마케팅의 제품믹스와 촉진전략에 관한 연구"등이 있다.
〔chomns@ cheju.cheju.ac.kr 또는 chomns@ hanmail.net〕

윤 혁 수

지난 25년간 외식사업분야에서 경력을 쌓은 저자는 연세대학교 산업대학원과 특허법무대학원, 보스턴대학교 경영자과정, 중앙대학교 외식산업 경영자과정, 고려대학교 경영대학원 최고경영자과정을 마쳤다. 현재 덕우실업과 서문회관의 대표로 있으며 중앙대학교 외식산업 경영자과정에 출강하고 있다.

저서로는 「외식산업에 성공하려면」이 있다.

외식사업경영론

● 발행일

1998년 8월 3일 초 판 발행
2002년 1월 25일 1판 3쇄 발행
2004년 1월 15일 1판 4쇄 발행
2006년 7월 25일 1판 5쇄 발행
2008년 3월 25일 1판 6쇄 발행
2010년 3월 5일 2판 1쇄 개정판 발행
2012년 2월 20일 2판 2쇄 발행

● 저 자

조 문 수, 윤 혁 수

● 발행인

한 인 환

● 발행처

도서출판 **기 문 사**
서울시 동대문구 용두2동 730-4번지 홍신빌딩 3층
전 화 : 02) 2265-7214, 922-8662~8663
팩 스 : 02) 922-8772
등 록 : 1978. 8. 9. NO. 6-0637

〈정가 : 17,000원〉

ISBN : 978-89-7723-443-7 13590
homepage : www.kimoonsa.co.kr
e-mail : book@kimoonsa.co.kr